A CULTURA DE LUTA ANTIRRACISTA E O MOVIMENTO NEGRO DO SÉCULO 21

Copyright © 2024
Thayara de Lima

Todos os direitos reservados à Pallas Editora e Distribuidora Ltda.

EDITORAS
Cristina Fernandes Warth
Mariana Warth

COORDENAÇÃO EDITORIAL E CAPA
Daniel Viana

ASSISTENTE EDITORIAL
Daniella Riet

REVISÃO
BR75 | Aline Canejo e Nayana Ferraz

Este livro segue as novas regras do Acordo Ortográfico da Língua Portuguesa.

DADOS INTERNACIONAIS DE CATALOGAÇÃO NA PUBLICAÇÃO (CIP)
(CÂMARA BRASILEIRA DO LIVRO, SP, BRASIL)

Lima, Thayara de
   A cultura de luta antirracista e o movimento negro do século 21 / Thayara de Lima. -- 1. ed. -- Rio de Janeiro : Pallas Editora, 2024.

   ISBN 978-65-5602-131-7

   1. Antirracismo 2. Cultura negra 3. Movimento negro popular 4. Negros - Brasil - História 5. Racismo - Aspectos sociais 6. Relações étnico-raciais I. Título.

24-206001   CDD-305.8009

Índices para catálogo sistemático:
1. Racismo : Relações raciais : Sociologia 305.8009
Aline Graziele Benitez - Bibliotecária - CRB-1/3129

PALLAS EDITORA E DISTRIBUIDORA LTDA.
Rua Frederico de Albuquerque, 56 – Higienópolis
cep 21050-840 – Rio de Janeiro – RJ
Tel.: 21 2270-0186
www.pallaseditora.com.br | pallas@pallaseditora.com.br

A CULTURA DE LUTA ANTIRRACISTA E O MOVIMENTO NEGRO DO SÉCULO 21

THAYARA DE LIMA

COLEÇÃO
CULTURA E
EDUCAÇÃO
ANTIRRACISTA

Para Alicia, minha maior parceria nesta terra. É, finalmente, tempo de acender uma fogueira e encher o céu de balão!

SUMÁRIO

PLANTANDO SEMENTES   **11**

Agradecimentos   **12**

Abreviaturas e siglas   **15**

Prefácio   **17**

Apresentação   **20**

O ENTRELAÇAR DOS CAMINHOS   **25**

CAPÍTULO 1
A CULTURA DE LUTA ANTIRRACISTA   **39**

Novas e antigas formas de fazer movimento negro   **40**

A construção de futuros e a luta contra o colonialismo – notas sobre cultura, na luta por libertação   **67**

CAPÍTULO 2
MOVIMENTO NEGRO DO SÉCULO 21   **99**

"Eu não me sinto parte do movimento negro justamente por não conseguir entender o que ele é hoje"   **103**

O século 21 e suas transformações **114**

Caminhando para a formação de professores **174**

CAPÍTULO 3
ENSINO DE HISTÓRIA FORJADO NA LUTA **175**

Currículo é a experiência de tornar-se sujeito em meio a um emaranhado de conversas complicadas **177**

Um emaranhado de conversas complicadas **187**

Relações Étnico-raciais e Direitos Humanos **211**

CONSIDERAÇÕES FINAIS **235**

REFERÊNCIAS **241**

ANEXOS **253**

Anexo 1 – Programa da disciplina Relações Étnico-raciais e Direitos Humanos (Versão Final) **254**

Anexo 2 – Programa da disciplina Relações Étnico-raciais e Direitos Humanos (Versão Inicial) **263**

PLANTANDO SEMENTES

AGRADECIMENTOS

É tempo de encerrar um ciclo que se iniciou há mais de 12 anos, quando eu chegava à Universidade Federal do Rio de Janeiro (UFRJ), vinda de Campo Grande, Zona Oeste do Rio de Janeiro, com grandes sonhos e chances bem pequenas. Nessa universidade, vivi e realizei todos os planos que aquela menina de 20 anos conseguiu imaginar sozinha. Só cheguei até aqui porque os persegui coletivamente. É tempo de começar a sonhar novos sonhos, mas, antes, é preciso agradecer.

Começo agradecendo à CAPES pela bolsa concedida no Brasil durante o período do doutorado e pela oportunidade de vivenciar a experiência de pesquisa em Nova York, na New York University (NYU), através da bolsa CAPES-Print. Espero poder retribuir à sociedade por esse investimento feito em mim.

Agradeço a cada entrevistada e entrevistado que topou compartilhar suas histórias, memórias, lutas, afetos e projetos de futuro. Sem essas mulheres e homens negras e negros que lutam cotidianamente pelo fim do racismo, não haveria tese e certamente também não haveria futuro. Aproveito para agradecer à equipe do projeto Movimento Negro na Atualidade, sem a qual essa experiência não teria sido tão transformadora; e ao Baobá – Fundo para a Equidade Racial, pelo financiamento das viagens pelo Brasil.

Agradeço pela generosidade da banca de qualificação e de defesa da tese, que resultou neste livro. Na qualificação, pude contar com a Dra. Nilma Lino Gomes, a Dra. Ana Flávia Magalhães Pinto e a Dra. Ana Maria Monteiro, presenças fundamentais para solidificar o caminho até o resultado. Já na defesa, tive o privilégio de contar com a enorme generosidade da Dra. Martha Campos Abreu, da Dra. Graça Regina Franco da Silva Reis, da Dra. Iris Verena Oliveira e da Dra. Ynaê Lopes dos Santos. Sou feliz por ter podido aprender com o comprometimento, a dedicação e a intelectualidade dessas mulheres.

Agradeço por todos os companheiros que encontrei nessa trajetória que sempre foi coletiva. Primeiro aos amigos da graduação em História, um grupo de desajustados como eu, que dei a sorte de encontrar logo no início e que fez eu me sentir em casa. Aos amigos do PET – Conexões de Saberes, por terem cruzado comigo aquele momento de descobertas, incertezas e grandes desafios que foi a graduação; e, finalmente, às amigas e aos amigos do AYA – GEPEAR, pelas trocas, pela cumplicidade, pelas experiências, pelas transformações, pelas tatuagens e pelos eventos que vivemos juntos.

Esse agradecimento não estaria completo sem Amilcar, meu orientador nesses últimos 11 anos, minha principal referência na vida acadêmica e a pessoa mais generosa que conheço. Obrigada por chegar antes e disputar espaços para que a permanência de jovens negras e negros, como eu, fosse possível. Obrigada por ter expectativas!

Agradeço a Pedro, meu companheiro durante toda a jornada acadêmica. Mergulhamos juntos no sonho de Nova York e no pesadelo que foi a covid-19. Não importa em que circunstâncias, se nas melhores ou nas piores: você esteve comigo nesses dez anos de parceria. A vida é imprevisível, como foi nesse período do doutorado. Obrigada por ter encarado esse ciclo duríssimo comigo!

Agradeço à minha mãe, Maria Lúcia, por todos os cafés quentinhos que eu pedia nos horários mais absurdos e pelas lições de resistência ao longo da vida. Agradeço à minha irmã, Thaynara, por me salvar dos surtos, por ser "a" minha pessoa neste mundo difícil e pelos docinhos quando eu mais precisei. Agradeço à Alicia, minha filha. Uma criança sensível e doce, que encarou esses 11 anos, entre graduação, mestrado e doutorado, comigo, todos os dias, do início ao fim. Obrigada pela sua paciência, pelo seu carinho e por ser um raio de sol na minha vida.

Obrigada, sobretudo, à linhagem de mulheres extraordinárias que caminharam antes de mim e às que hoje caminham ao meu lado. Gostaria de marcar o nome da minha tia Puluca neste livro, lembrando as tardes de infância com cheiro de guaraná e as passagens bíblicas muito presentes. Cito algo que a Shah Aguiar disse e que marca a minha caminhada até aqui e além: "Todas as vezes que eu vaguei pelo tal vale da sombra da morte, foram as mulheres que me levantaram". Obrigada às mulheres negras que movimentam toda a sociedade.

Escrevo essas linhas sem medo de como você pode interpretar
Um chamado, tá tudo acordado, o bonde tá forte nóis veio cobrar
Do ouro ao conhecimento não vai ter lamento e eu vou te mostrar
Minha história é contada oralmente, não adiantou cê querer apagar
De boca a boca nóis vamo contando um levante e armando para dominar

Seus livros, seus filmes, sua casa, seus filhos e a televisão que cê vê no seu lar
Mexendo com gentes, plantando sementes, germinando mentes, logo vai brotar
Vai virar floresta, não vou deixar fresta pra minha história você contestar
Entrei nas escolas e nas faculdades, igrejas não vão mais me silenciar

Aqui não é teu culto nem congregação, nessa mata fechada cê não vai entrar
Fazendo esse alarde pois não sou covarde, não vai nem dar tempo o plano tá em ação
É ação direta, sai da minha reta, é mais do que só gritar "revolução"
Sou psicopreta, tomei sua caneta, sou bem mais que teta, bunda e corpão
Sou mente afiada, festa tá armada, fogos de artifício, segura o rojão

("Um chamado", Bia Ferreira)

ABREVIATURAS E SIGLAS

ABPN – Associação de Pesquisadores/as Negros/as
ANPSINEP – Articulação Nacional de Psicólogas(os) Negras(os) e Pesquisadoras(es)
CAPES-PRINT – Coordenação de Aperfeiçoamento de Pessoal de Nível Superior/Programa Institucional de Internacionalização
CCN – Centro de Cultura Negra do Maranhão
CECUN – Centro de Estudos da Cultura Negra
CECUNE – Centro Ecumênico de Cultura Negra
CEDENPA – Centro de Estudos e Defesa do Negro do Pará
CNE – Conselho Nacional de Educação
CNPJ – Cadastro Nacional de Pessoa Jurídica
COJIRA – Comissão de Jornalistas pela Igualdade Racial
CONEN – Coordenação Nacional de Entidades Negras
CONNEABS – Consórcio Nacional de Núcleos de Estudos Afro-Brasileiros
CPDOC – Centro de Pesquisa e Documentação de História Contemporânea do Brasil
CULTNE – Acervo Digital de Cultura Negra
DCE – Diretório Central dos Estudantes
DEDS – Departamento de Educação e Desenvolvimento Social
ENEN – Encontro Nacional de Entidades Negras
FNB – Frente Negra Brasileira
FRELIMO – Frente de Libertação de Moçambique
GEPEAR – Grupo de Estudos e Pesquisas em Educação Antirracista
GTAR – Grupo de Trabalho Antirracista
IFPA – Instituto Federal de Educação, Ciência e Tecnologia do Pará
IPCN – Instituto de Pesquisa das Culturas Negras
LDB – Lei de Diretrizes e Bases da Educação Nacional
LGBT – Lésbicas, Gays, Bissexuais e Transgêneros
MNA – Movimento Negro na Atualidade
MNU – Movimento Negro Unificado

MPLA – Movimento Popular de Libertação de Angola
ONG – Organização Não Governamental
PAIGC – Partido Africano para a Independência da Guiné e Cabo Verde
PET – Programa de Educação Tutorial
PLE – Período Letivo Especial
PT – Partido dos Trabalhadores
PUC – Pontifícia Universidade Católica
RAP – Rede de Afro Profissionais
RENAFRO – Rede Nacional de Religiões Afro-Brasileiras e Saúde
REUNI – Reestruturação e Expansão das Universidades Federais
SEPPIR – Secretaria de Políticas de Promoção da Igualdade Racial
SINBA – Sociedade de Intercâmbio Brasil-África
UDF – Universidade do Distrito Federal
UERJ – Universidade do Estado do Rio de Janeiro
UFMG – Universidade Federal de Minas Gerais
UFRGS – Universidade Federal do Rio Grande do Sul
UFRJ – Universidade Federal do Rio de Janeiro
UFRRJ – Universidade Federal Rural do Rio de Janeiro
UFSC – Universidade Federal de Santa Catarina
UNAMA – Universidade da Amazônia
UNB – Universidade de Brasília
UNEAFRO – União de Núcleos de Educação Popular para Negras(os) e Classe Trabalhadora
UNEGRO – União de Negras e Negros Pela Igualdade
UNICEUB – Centro Universitário de Brasília
UNIRIO – Universidade Federal do Estado do Rio de Janeiro

PREFÁCIO

Ao compreender a afirmação de Amílcar Cabral de que a luta política não é apenas um fato cultural, mas também um fator de cultura, Thayara de Lima assume que a luta empreendida pelo movimento negro brasileiro, no passado e no presente, também produz cultura: a cultura de luta antirracista.

É o conceito de cultura de luta antirracista produzida pelo movimento negro no século 21 o grande eixo que orienta a argumentação deste livro.

Além de toda a reflexão e argumentação teórica da obra, a autora brinda-nos com reflexões e análises construídas durante a sua própria trajetória, desde as suas experiências profissionais, políticas, pedagógicas e realização do mestrado até a prática em sala de aula. Uma prática que se realiza em um contexto diferenciado para a formação inicial de professoras e professores e que trouxe questões, compromissos e reformulações: a obrigatoriedade do ensino de história e cultura afro-brasileira e africana na Educação Básica por meio da alteração da Lei de Diretrizes e Bases da Educação Nacional (LDB) pela Lei 10.639/03.

Se passarmos em revista o processo de debate interno no parlamento até a sanção dessa lei, verificaremos como ele está vinculado à força reivindicatória do movimento negro. Ou seja, a obrigatoriedade presente na atual legislação é fruto da luta e da cultura de luta antirracistas produzidas pelo movimento negro que resultam em (re)educação, revisão e reformulação curriculares. Esse é um processo que ainda está em curso, vagarosamente, em todas as licenciaturas do país, apesar de a sanção da Lei 10.639/03 ter completado 20 anos em 2023. Só não está mais lento devido às pressões do movimento negro e do investimento de pesquisadoras e pesquisadores negras e negros que agem nas mais variadas instâncias educacionais e de pesquisa para que a lei seja cumprida. Nesse grupo, de forma muito atuante, jovens pesquisadoras e pesquisadores negras e negros, entre os quais Thayara de Lima e o seu trabalho pedagógico e intelectual, se encontram.

O Brasil, apesar das resistências, tem sido historicamente afetado por essa ação incansável do movimento negro desde as organizações, criações culturais, produção intelectual, política e artística mais antigas, até as do presente, entre as quais podemos compreender o afrofuturismo, trabalhado pela autora. Tudo isso afeta as pessoas, entre elas, as sujeitas e os sujeitos da pesquisa, ouvidos cuidadosamente por ela por meio de entrevistas de história oral.

Articulando teoria, prática, conceitos construídos nas lutas anticoloniais africanas, de intelectuais negras e negros, brasileiros e estrangeiros, comprometidos com o desvelamento do colonialismo, do racismo e do patriarcado, Thayara de Lima aponta-nos as principais características da luta antirracista presentes na configuração do movimento negro do século 21. São elas: a descentralização das organizações de movimento negro, que passam a se articular em uma perspectiva de rede, que conecta agências e grupos, que colaboram entre si, a partir de suas especificidades, promovendo "infiltração antirracista" e afetação nas mais diversas frentes que um sujeito possa ocupar; a inter-relação entre a aceleração das tecnologias de comunicação e as várias novas possibilidades de produção de luta e de circulação de cultura de luta antirracista; e o intenso protagonismo das mulheres negras dentro do movimento negro.

Trabalhar com conceitos que também foram forjados na luta e construir novos conceitos, tal como a autora do livro desafiou a si mesma a realizar, faz parte da virada epistemológica necessária para o pensamento negro brasileiro. Faz tempo que intelectuais negras e negros têm apontado que os conceitos convencionais não têm dado conta de interpretar a robustez trazida pela questão das relações raciais, da história, da filosofia, da educação e das culturas afro-brasileiras e africanas no Brasil.

Compreendo este livro como a reafirmação do compromisso da autora com a ação política e pedagógica na formação de professoras e professores de História e com a sua própria escolha docente afetada pelos ensinamentos e aprendizados das lutas do movimento negro.

Para o movimento negro, a experiência não se separa do conhecimento. Pelo contrário, é por meio dela, da paixão, da indignação, do desejo, da solidariedade, do reconhecimento da sabedoria dos mais velhos, que nós, negras e negros, historicamente, produzimos conhecimento. Ou melhor, assumimos e explicitamos que as experiências, os sentimentos e os valores – presentes em todos os fazeres humanos – participam da nossa forma de compreender e agir no mundo e, por conseguinte, da nossa produção intelectual.

Ao se guiar pela cultura de luta antirracista, todas e todos nos contrapomos à colonialidade do ser, do poder e do saber e fortalecemos o antirracismo como um dos eixos dos currículos.

Fico feliz e honrada pelo fato de que a elaboração conceitual por mim construída, a saber, o movimento negro educador, tenha sido uma das orientações teóricas seguidas por Thayara de Lima na construção do seu trabalho de pesquisa de doutorado, que agora vem a público no formato de livro. Entendo que, tomando o potencial educador do movimento negro como uma de suas premissas, a autora vai além da própria formulação teórica por mim construída e traz uma excelente contribuição para o debate. Seu trabalho alerta-nos para o fato de que o antirracismo forjado na luta política, cultural, social, racial e que nos afeta de maneira profunda é um ato político e reeducativo.

Nilma Lino Gomes
Professora titular da FAE/UFMG
Professora emérita da UFMG
Maio/2023

APRESENTAÇÃO

> *[...] É um mundo cão pra nóis, perder não é opção, certo?*
> *De onde o vento faz a curva, brota o papo reto*
> *Num deixo quieto, não tem como deixar quieto*
> *A meta é deixar sem chão quem riu de nóis sem teto [...]*
> **("AmarElo", Emicida, 2019)**

Feliz por escrever esta apresentação, começo, com imenso orgulho, afirmando aqui a minha admiração pela autora deste importante livro. Aprendi e continuo aprendendo muito com Thayara, tanto com seu trabalho intelectual quanto com ela própria, com quem tenho a sorte de conviver há muitos anos. Aprendi com ela, por exemplo, a admirar o Emicida e sua obra musical. Hoje, me reconheço na trajetória dele, assim como na dela. Identifico-me com suas lutas e com suas diferentes produções.

Conheci Thayara bem no início do seu curso de graduação em História na UFRJ, muito antes de ela se tornar doutora em Educação pela mesma universidade. Eu a conheci como uma jovem negra de origem popular, moradora, assim como eu fui por 25 anos, do distante bairro de Campo Grande, na Zona Oeste da cidade do Rio de Janeiro, "onde o vento faz a curva", como já ouvi muitas vezes. Sempre muito assertiva, "papo reto" mesmo, com inteligência e grande interesse pela vida acadêmica; curiosa, criativa e com uma enorme força de vontade. Ainda em março de 2011, entendi que deveria selecioná-la como bolsista de um projeto de extensão e pesquisa (Conexões de Saberes/Diversidade) que eu coordenava na época, um projeto que era parte do Programa de Educação Tutorial (PET) do Ministério da Educação. Esse programa foi criado antes da implementação da Lei 12.711/12, que estabeleceu a política de cotas para estudantes de escolas públicas e, entre eles, negros, indígenas, pessoas com deficiência e também estudantes de baixa renda, no acesso às universidades federais. O PET – Conexões de Saberes/Diversidade era voltado, justamente, para a "permanência qualificada" de estudantes universitários de origem popular, preferencialmente negros e indígenas, numa universidade, à época, branca e elitista.

Beneficiários de uma, ainda incipiente, política pública voltada para a democratização do acesso e da permanência de estudantes pobres e negros na universidade federal, Thayara e seu trabalho têm ajudado a transformar a UFRJ. Assim como muitas outras pessoas negras e indígenas, de origem popular, sobretudo a partir da implementação das políticas de ação afirmativa implementadas nas universidades no Brasil do século 21, têm ajudado a transformar essas instituições e a produção acadêmica brasileiras, especialmente no que diz respeito às relações étnico-raciais e às histórias e culturas africanas, afro-brasileiras e indígenas. Muita gente racista e elitista tem ficado "sem chão" nas últimas décadas, graças às políticas de ação afirmativa nas universidades, implementadas a partir de 2003...

Como essas políticas são resultados da luta antirracista historicamente protagonizada pelo movimento negro, é disto tudo que trata o livro que você tem em mãos: da história da luta antirracista, especialmente a do movimento negro no século 21; e das transformações geradas no âmbito da educação, especificamente através das análises sobre as mudanças curriculares na formação de professores de História na UFRJ e, também, no Brasil. Este é um importante livro, originalmente tese de doutorado em Educação, defendida por Thayara em 2022 na UFRJ, e que eu tive a sorte de poder orientar. É uma obra que resulta de uma luta política que vem de longe... E que, com excelência acadêmica, traz outras perspectivas para pensarmos o processo educativo a partir das experiências protagonizadas por pessoas negras e por sua produção político-cultural na luta contra o racismo na sociedade brasileira.

A pesquisa de Thayara, que tornou possível a escrita deste livro, teve início ainda em 2011. As experiências em projetos de pesquisa, vivenciadas desde o início de seu curso de graduação em História, a começar por sua atuação no PET – Conexões de Saberes/Diversidade, bem como as entrevistas por ela feitas com professoras e professores de História e com lideranças históricas e outros militantes do movimento negro ao longo de 12 anos de pesquisa, lhe possibilitaram ampliar as suas "leituras de mundo", levando-a a entender a própria história do Brasil e o processo de formação de professores de História a partir de outros olhares. Ao construir e nos apresentar o conceito de "cultura de luta antirracista", dialogando com autores negras e negros, como Amílcar Cabral, Frantz Fanon, Stuart Hall e Nilma Lino Gomes, entre outras referências, Thayara analisa aspectos do processo histórico da luta antirracista, desde as lutas anticoloniais na África até a ação plural, descentralizada e capilarizada do movimento negro brasileiro liderado majoritariamente pelas mulheres negras no século 21.

Assim, com a força ancestral de uma mulher negra de origem popular que vive e luta neste "mundo cão", estruturado pelo racismo, onde ainda se respira "colonialidade", alguém para quem "perder não é opção", com a ousadia intelectual de quem "não tem como deixar quieto", Thayara produz teoria ao desenvolver o conceito de "cultura de luta antirracista" e contribui para a crescente e necessária historiografia produzida nas últimas décadas sobre o movimento social negro no Brasil e na diáspora africana. Ao mesmo tempo, e refletindo de maneira crítica sobre a noção de um "tempo linear" que caminha num sentido de progresso, própria de uma visão de mundo marcada pelo colonialismo, ela também propõe, em seu livro, a expansão do presente através da luta política antirracista, partindo de uma perspectiva que enxerga a convergência entre passado, presente e futuro e vislumbra conexões no âmbito da cultura, por exemplo, com o "afrofuturismo", para criar novos imaginários e alimentar novas possibilidades e estratégias na luta antirracista no âmbito da educação, a partir dos resultados de sua extensa pesquisa voltada para o ensino de História.

Com seu trabalho, Thayara amplia as possibilidades de análise sobre as relações entre as histórias de luta de populações racializadas e o ensino de História em nosso país, contribuindo, de maneira brilhante, para o processo de reeducação das relações étnico-raciais que está em curso no Brasil e que tem como um de seus principais marcos a Lei Federal 10.639/03, que tornou obrigatório o ensino de história e cultura afro-brasileira e que completou 20 anos em 2023! Por tudo isso, reafirmo a importância desta obra e convido você à leitura e às possibilidades de afeto oportunizadas pela "cultura de luta antirracista", que é compreendida e também alimentada por Thayara Cristine Silva de Lima neste livro.

    Boa leitura!

Amilcar Araujo Pereira
Universidade Federal do Rio de Janeiro
Em 4 de maio de 2023

O ENTRELAÇAR DOS CAMINHOS

O interesse que desenvolvi pelas relações entre o movimento negro e a educação, impulso inicial para a pesquisa que lhes apresento aqui, encontra solo fértil para se desenvolver na trajetória que percorri na universidade. No ano de 2011, iniciei meus estudos no curso de graduação em História na UFRJ. Naquela época, não havia diferenciação na entrada para licenciatura e bacharelado. Nesse mesmo ano, iniciei também minhas atividades no grupo PET – Conexões de Saberes/ Diversidade. Esse grupo, que recebia alunos de Pedagogia, História e Ciências Sociais, era coordenado pelo Prof. Dr. Amilcar Araujo Pereira, da Faculdade de Educação da UFRJ.

Em sua proposta, o grupo aliava o acompanhamento da vida acadêmica de estudantes universitários de origem popular às atividades de ensino, pesquisa e extensão com foco nas relações raciais no Brasil, voltando suas atividades, mais especificamente, para a implementação da Lei 10.639/03, que obriga o ensino de história e cultura afro-brasileira e africana nas escolas de Educação Básica em todo o país. Foi no âmbito desse programa, ainda no ano de 2011 e depois novamente em 2015, que foram desenvolvidas entrevistas com professoras e professores de História das redes municipal e estadual do Rio de Janeiro, acerca do processo de implementação da Lei. Parte dos resultados dessa pesquisa pode ser encontrada no livro *Narrativas do Rio de Janeiro nas aulas de história* (GABRIEL; MONTEIRO; MARTINS, 2016, p.107-128).

A realização e a análise dessas entrevistas foram fundamentais no meu processo de formação, tanto pelo primeiro contato com a metodologia da história oral, que segue sendo parte importante do meu exercício enquanto pesquisadora, quanto pelos incômodos e desestabilizações ali produzidos e que mais tarde viriam a se tornar questões. A partir de algumas narrativas docentes, como a da professora Sandra Regina Coutinho dos Santos, da Escola Municipal Roraima, em Cordovil, na cidade do Rio de Janeiro, tive o primeiro contato com a ideia de que, para implementar a lei de maneira potente, é preciso que o professor já traga consigo algum tipo de compromisso prévio.

Em entrevista concedida em 18 de março de 2015 a mim, Paula Farias e Jorge Maia, no âmbito do projeto PET – Conexões de Saberes/ Diversidade, a professora Sandra Regina Coutinho dos Santos diz:

> Toda proposta pedagógica tem uma visão de mundo. Ela reflete o que você pensa desse mundo, o que você espera desse mundo e tem gente que não vê a questão da diferença: "Sempre foi assim e assim será", "Por que eu tenho que valorizar os negros? Eles não estavam tão bem ali no lugar deles?", [...] "Se sempre foi contado que não teve a participação deles, por que eu tenho que mostrar que é diferente agora?". Não é a lei que garante isso. Eu compreendo, na educação pública, que você tem lá o conteúdo, mas se você não valoriza, se você não se identifica com aquela luta ali, ele passa como outro conteúdo. O objetivo da lei é o quê?
>
> É o reconhecimento, é garantir a identidade, a valorização dessa cultura, mostrar como formação desse povo, mas para ele tanto faz. [A lei] é um passo, mas a questão do fazer pedagógico vai caber ao profissional. Por exemplo, tem colega que conta piada que você sabe que é uma piada racista. Agora, a partir do momento em que eu digo que eu estou querendo, que tenho esse desejo profissional de contribuir para [que] a lei prevaleça, para que essa lei tenha o seu valor, garanta o seu objetivo, essa é uma escolha minha.

No ano de 2015, tive a oportunidade de participar do projeto Memórias do Baobá, que tinha como objetivo a produção de memória do processo de criação do Fundo Baobá para Equidade Racial. Esse fundo consolidou-se a partir da colaboração crítica entre lideranças do movimento negro brasileiro e a Fundação Kellogg, uma entidade filantrópica estadunidense que, no início dos anos 2000, começava a preparar o encerramento de suas atividades no Brasil. Nesse momento de encerramento, com a intenção de promover algo sólido como "legado" para os movimentos sociais brasileiros, em função de todos os anos de atividades precedentes, a fundação buscou contato com os militantes do movimento negro, e o diálogo teve início.

Durante esse projeto, tive a oportunidade de entrevistar algumas lideranças históricas do movimento negro no Brasil, como Hélio Santos, único negro a fazer parte da Comissão Provisória de Estudos Constitucionais, mais conhecida como "Comissão Afonso Arinos", criada no âmbito do Ministério da Justiça para elaborar um anteprojeto que subsidiasse o trabalho dos futuros parlamentares na elaboração da Constituição de 1988; Luiza Bairros, integrante da Coordenação de Ações Interagenciais e de Projetos no processo de preparação e acompanhamento na III Conferência Mundial contra o Racismo, Discriminação Racial, Xenofobia e Intolerância Correlata, em 2001, em Durban, na África do Sul, e ex-ministra da Secretaria de Políticas de Promoção da Igualdade Racial (SEPPIR) do governo Dilma Rousseff (2011-2014); e Sueli Carneiro, que coordenou o Programa da Mulher Negra do Conselho Nacional dos Direitos da Mulher, órgão do Ministério da Justiça, e atuou como conselheira e secretária-geral do Conselho Estadual da Condição Feminina do Estado de São Paulo, além de, com outras mulheres negras, ter fundado o Geledés – Instituto da Mulher Negra, em 1988 (PEREIRA; OLIVEIRA; LIMA, 2015).

Embora o objetivo central dessas entrevistas não tenha sido a implementação da Lei 10.639/03, a educação foi um dos temas abordados. Tendo como catalisadora a análise de todo esse material, surgiram as inquietações que me levaram à elaboração da minha dissertação. Seu principal objetivo foi o de compreender as potencialidades do diálogo entre o movimento negro e os professores de História, com vistas à consolidação de uma educação antirracista, através da implementação potente da Lei 10.639/03.

É daquele trabalho, na dissertação, que emergiu o conceito de *cultura de luta antirracista*, que foi, naquele momento, utilizado na tentativa de compreender como os professores são afetados no contato direto com o movimento negro, como isso influi no tal "compromisso prévio" e, portanto, como isso pode afetar suas práticas pedagógicas. Por conta do reduzido tempo de elaboração disponível para uma dissertação, delimitei as reflexões acerca da *cultura de luta antirracista* apenas à discussão teórica. Ali, o principal ponto de virada foi perceber que o movimento negro não era um ator social que se restringia à luta pela educação, embora seu papel nessa luta seja de extrema importância, mas foi compreender também que pensar sobre a *cultura de luta antirracista* abria um caminho para entender como o movimento negro reeduca a sociedade.

Nesse ciclo, não há como desconsiderar nenhum dos pontos. No Brasil, o movimento de resistência negra se articula desde há muito tempo, e tão longa quanto sua articulação é a centralidade da educação em sua luta. Mesmo antes da promulgação da Lei do Ventre Livre, a educação de crianças negras já era tema de grandes debates na sociedade. Pelo menos desde meados do século 19, temos notícias de movimentos que faziam suas reivindicações e traziam suas demandas para a complexificação desse debate na sociedade. Conforme nos contam Adriana Maria Paulo Silva (2000) e Higor Figueira Ferreira (2013) em suas dissertações de mestrado, em 1853 se deu a criação de uma escola de primeiras letras por Pretextato dos Passos e Silva, um professor declarado preto, para atender a um público de meninos pretos e pardos na Freguesia de Santíssimo Sacramento, região urbana do Rio de Janeiro. Tal criação teria resultado da ação dos pais desses meninos em prol de uma educação que atendesse efetivamente aos seus filhos, conforme Adriana Silva evidencia em seu título, na busca por "Aprender com perfeição e sem coação". Higor Ferreira indica que esse cuidado poderia estar buscando, na realidade, "constituir, através do seu currículo, algumas especificidades que poderiam tornar aquela experiência escolar mais potente, melhor provida de sentido e mais eficaz para os meninos que a ela frequentavam" (FERREIRA, 2013, p. 26). Já no século 20, surgido em 1924, o jornal *O Clarim da Alvorada* se ocupava de denunciar o abandono com que fora tratada a população negra em relação à escolarização ao mesmo tempo que estimulava essa mesma população a se instruir. Na matéria intitulada "Cuidemos da educação dos nossos filhos", publicada no número 18, de 24 de janeiro de 1926, dizia:

> Patrícios, meus, Mandae vossos filhos às escolas, depois, procurae colocá-los em uma officina para especializarem-se num officio... Este apelo, quem

o faz, aos patrícios de cor é o último dos pretos brasileiros que almeja o progresso e a grandeza de sua raça. (O Clarim da Alvorada, 1926)

Mais tarde, nas décadas de 1930 e 1940, a Frente Negra Brasileira construía escolas, e o Teatro Experimental do Negro protagonizava, entre muitas outras iniciativas, campanhas de alfabetização da população negra. Na década de 1970, despontava, na sociedade, o Movimento Negro Unificado (MNU). Já em sua carta de princípios, essa organização manifestava, como parte de suas metas, lutar por mais oportunidades de educação e "pela reavaliação do papel do negro na história do Brasil" (PEREIRA, 2012, p. 113). Seguindo por esse caminho, num esforço pela reavaliação do papel do negro na história, surgiam iniciativas como a do Centro de Cultura Negra do Maranhão (CCN), que, na década de 1980, numa parceria com a Secretaria de Educação, produzia cartilhas para informar alunos e professores a respeito de uma outra forma de participação dos negros na história do Brasil, que não as já largamente difundidas e que remetiam apenas à história da escravidão. Mundinha Araújo, fundadora e presidenta do CCN entre os anos de 1982 e 1984, nos conta sobre essa experiência:

> Nós achávamos que a luta era dentro das escolas, era fazendo parcerias. Em 1982, nós fizemos um convênio com a Secretaria de Educação porque nós queríamos a participação dos professores. Eles colocaram os professores à disposição para participar da Semana do Negro. A gente fazia assim: "Vamos para o bairro do João Paulo". Todos os professores das escolas que ficavam no bairro do João Paulo e adjacências iam para o mesmo local. E nós distribuíamos o material que a Secretaria de Educação também ajudou a rodar, deu o papel e tudo. (ARAÚJO apud PEREIRA, 2012, p. 114)

Em 2001, com a preparação e a realização da III Conferência Mundial contra o Racismo, a Discriminação Racial, a Xenofobia e a Intolerância Correlata realizada em Durban, na África do Sul, o movimento negro, através de suas grandes mobilização e participação, começa a obter conquistas institucionais, principalmente na área da educação.

Fundamentada e solidificada no decorrer de toda a mobilização de luta e resistência negra no Brasil, tivemos, no ano de 2003, a sanção da Lei Federal 10.639/03, um projeto protagonizado pelo movimento negro, que sempre esteve à frente na construção de iniciativas por uma educação antirracista. A Lei 10.639/03 foi sancionada pelo presidente Luís Inácio Lula da Silva; ela alterou a LDB e tornou obrigatório o ensino de história e cultura afro-brasileira e africana nas escolas de todo o país. Tal legislação indicava a inclusão de "História da África e dos Africanos, a luta dos negros no Brasil, a cultura negra brasileira e o negro na formação da sociedade nacional, resgatando a contribuição do povo negro nas áreas social, econômica e política pertinentes à História do Brasil [...] no âmbito de todo o currículo escolar, em especial nas áreas de Educação Artística e de Literatura e História Brasileiras", além de incluir o 20 de novembro como Dia Nacional da Consciência Negra (BRASIL, 2003).

Para regulamentar tal legislação, no ano seguinte, em março, foram aprovados, pelo Conselho Nacional de Educação (CNE), o parecer e a resolução que instituíram as Diretrizes Curriculares Nacionais para a educação das relações étnico-raciais e para o ensino de história e cultura afro-brasileira e africana. A partir da aprovação desse documento, tornou-se possível compreender de maneira mais esmiuçada o espírito da referida lei. Segundo o próprio relatório, a ideia é promover:

> [...] o direito dos negros de [se] reconhecerem na cultura nacional, expressarem visões de mundo próprias, manifestarem com autonomia, individual e coletiva, seus pensamentos. [Promover] o direito dos negros, assim como de todos cidadãos brasileiros, cursarem cada um dos níveis de ensino, em escolas devidamente instaladas e equipadas, orientados por professores qualificados para o ensino das diferentes áreas de conhecimentos; com formação para lidar com as tensas relações produzidas pelo racismo e discriminações, sensíveis e capazes de conduzir a reeducação das relações entre diferentes grupos étnico-raciais, ou seja, entre descendentes de africanos, de europeus, de asiáticos, e povos indígenas [...] Nesta perspectiva, propõe a divulgação e produção de conhecimentos,

a formação de atitudes, posturas e valores que eduquem cidadãos orgulhosos de seu pertencimento étnico-racial – descendentes de africanos, povos indígenas, descendentes de europeus, de asiáticos – para interagirem na construção de uma nação democrática, em que todos, igualmente, tenham seus direitos garantidos e sua identidade valorizada. (BRASIL, 2004, p. 10)

Nesse sentido, o propósito é transpor a integração física que apenas tolera a presença dos negros nas salas de aula que epistemologicamente continuam sendo brancas. Aqui, a atuação dos professores é estratégica, e, por isso, sua formação passa a ser o foco de minha atenção. Para a conformação de uma educação antirracista, não é suficiente apenas a inserção dos conteúdos que se referem à história e à cultura da população negra nos currículos na formação desses professores. É preciso, na realidade, pensar o currículo a partir de suas mais distintas dimensões, onde a cultura de luta antirracista tem o potencial de afetá-los.

Partindo dessa questão, a minha pesquisa do doutoramento iniciou-se em 2018 e contou com dois momentos principais de trabalho de campo. O primeiro deles, e que mais aciona a metodologia da história oral, foi realizado ainda no ano de 2018 e conta com um largo grupo de fontes produzidas. Essa produção se deu a partir da atuação do Grupo de Estudos e Pesquisas em Educação Antirracista (GEPEAR), da UFRJ, no projeto Movimento Negro na Atualidade.[1]

A intenção desse projeto pode ser vista no convite, veiculado em plataformas digitais, para preenchimento do formulário inicial, "Movimento Negro na Atualidade", que dizia em sua mensagem de introdução:

Em cada momento da história do Brasil no século 20, de acordo com as diferentes conjunturas sócio-históricas e com as possibilidades de atuação

---

1 O projeto em questão recebeu financiamento do Fundo Baobá para a equidade racial para seu desenvolvimento. Gostaria de agradecer aos companheiros de projeto: Amilcar Araujo Pereira, Amauri Mendes Pereira e Jorge Lucas Maia, que atravessaram comigo esse processo e, em constante diálogo, contribuíram para o amadurecimento de toda a reflexão posterior.

construídas, o movimento social negro organizado possuía características distintas. Com o objetivo de compreender as características do movimento negro em atuação neste momento histórico, diante das lutas e contingências em evidência na segunda década do século 21, no Brasil, convidamos você a contribuir para a nossa pesquisa com informações sobre sua atuação e/ou de sua instituição/entidade na luta antirracista em nosso país. Agradecemos desde já pela sua participação em nossa pesquisa!

Contando com duas fases distintas, utilizamos um método combinado. A primeira fase, de recolhimento de dados, consistiu na aplicação do formulário digital intitulado "Movimento Negro na Atualidade", com o intuito de compreender o estado da arte desse movimento, de maneira nacional. Sua circulação se deu por e-mail, redes sociais e aplicativos de mensagens instantâneas. Como resultado, obtivemos 261 respostas de pessoas inseridas na luta antirracista em todas as regiões do país.

A segunda fase consistiu na realização de entrevistas de história oral, nas cinco regiões do país. A metodologia da história oral nos permite compreender as ações, as expectativas e as percepções dos atores envolvidos sem, no entanto, deixar de lado todo o rigor metodológico necessário para o trato com as fontes. Conforme evidencia Verena Alberti no artigo "O que documenta a fonte oral: ação da memória" sobre as especificidades dessa metodologia: "Sua grande riqueza está em ser um terreno propício para o estudo da subjetividade e das representações do passado tomados como dados objetivos capazes de incidir (de agir, portanto) sobre a realidade e sobre o nosso entendimento do passado" (ALBERTI, 2004, p. 42). Dessa maneira, tal metodologia se mostrou profícua no trabalho de memória que buscávamos empreender durante o projeto.

Fomos a campo para a realização das entrevistas no período entre os dias 6 de junho e 20 de julho de 2018. Nesse período, foi realizado um total de 26 entrevistas, somando 30 pessoas entrevistadas, e 40 horas e 44 minutos de gravação, em áudio e vídeo. Isso significa uma amostragem de cerca de 10% do número de formulários preenchidos que recebemos de todo o país. Para a tese de doutorado, por conta de questões logísticas que influenciaram duas dessas entrevistas, optei por trabalhar com um grupo de 24 entrevistas, totalizando 26 entrevistados. Passamos por sete estados brasileiros, conversando com militantes das cinco regiões do país. Esse grupo foi selecionado a partir da análise dos formulários recebidos, seguindo os seguintes critérios:

1. O grau de consistência/coerência nas respostas às questões discursivas.
2. A diversidade de perfis e tipos de atuação em organizações/redes/coletivos na militância antirracista.
3. A organização e a logística para a realização das entrevistas em pelo menos uma capital de estado de cada uma das cinco regiões do Brasil, no período de apenas dois meses, entre junho e julho de 2018.

O primeiro critério utilizado referia-se à coerência e à consistência nas respostas para as seguintes questões discursivas: "O que você entende por 'movimento negro', em poucas palavras?"; "Indique quais são as estratégias e ações desenvolvidas pela entidade/por você?"; "Como se deu a construção da(s) entidade(s) de que faz parte?"; e "Cite três das principais instituições/personalidades que inspiram você/sua instituição na luta contra o racismo". Compreendemos que respostas mais estruturadas tinham potencial de indicar ações mais consolidadas na luta antirracista.

O segundo critério referia-se à nossa necessidade de compreender o movimento negro atual na sua diversidade. Nesse sentido, tivemos um especial cuidado para selecionar pessoas que trouxessem para a pesquisa experiências geracionais distintas, diferentes áreas de atuação e que tivessem diferentes estruturas organizacionais. Respeitando a diversidade do movimento, alcançamos grupos com características bastante diversas, tais como redes de ciberativismo e de afroempreendedorismo, coletivos universitários, grupos de estudos ligados a institucionalidade universitária, clubes negros e ONGs, entre outros.

Por fim, nosso último critério referiu-se à logística para a organização e a realização das entrevistas. Buscando compreender o movimento em sua pluralidade, nossa intenção era realizar entrevistas nas cinco regiões brasileiras, privilegiando as capitais de estado, por compreender que nessas áreas teríamos condições de, em poucos dias, encontrar um número maior de possíveis entrevistados. Ao fim da aplicação desses critérios, acabamos por selecionar as seguintes capitais: Porto Alegre, Belém, Distrito Federal, Recife, Salvador, São Paulo e Rio de Janeiro. As duas últimas regiões, Nordeste e Sudeste, tiveram duas capitais selecionadas, cada, pelo fato de que foram as regiões de onde veio o maior número de formulários respondidos.

Para as entrevistas, trabalhamos com roteiros semiestruturados que giraram em torno de três eixos temáticos principais. O primeiro deles referia-se às histórias de vida de nossos entrevistados. Nesse eixo, favorecíamos o contato com as trajetórias familiares, a infância, a formação escolar e os caminhos pelos quais as questões raciais ganharam destaque na vida desses sujeitos. O segundo eixo girava em torno da atuação mais específica dos indivíduos ou de seus respectivos grupos no movimento negro. Nesse eixo, valorizávamos questões acerca das redes/coletivos/organizações que as pessoas entrevistadas compunham, das estratégias por elas desenvolvidas, da estrutura e da manutenção financeira de suas ações ou das próprias organizações. Por fim, o último eixo girava em torno das percepções desses sujeitos sobre o movimento negro e a luta antirracista no Brasil, de forma geral. Aqui, incorporavam-se questões acerca do estado da arte do movimento negro na atualidade e realizava-se um aprofundamento de questões presentes no formulário preenchido por cada pessoa entrevistada.

Assim, além da tese que concluiu meu processo de doutoramento, temos coletivamente socializado nossas pesquisas e reflexões acerca desse projeto. Entre os trabalhos já publicados, estão "Performance e estética nas lutas do movimento negro brasileiro para reeducar a sociedade" (PEREIRA; LIMA, 2019) e *"Os 'rolês' do movimento negro brasileiro na atualidade, nas 'pegadas' da educação"* (PEREIRA; MAIA; LIMA, 2020).

O segundo momento de trabalho de campo se deu no ano de 2020, e, imagino que como muitos outros trabalhos realizados nesse período, passou por uma série de percalços. O plano inicial envolvia experienciar espaços distintos de formação de professores de História, no Brasil e nos Estados Unidos, mais especificamente em Nova York, onde iniciei um doutorado-sanduíche com apoio da bolsa CAPES-Print. No entanto, diante da pandemia de covid-19 e de todas as transformações que esse momento *sui generis* provocou, impossibilitando contatos físicos e transformando subitamente a própria noção de sociabilidade, a vivência planejada para esse momento, na intenção de experienciar a circulação da cultura de luta antirracista em espaços de formação de professores, foi afetada. Com o retorno adiantado do doutorado-sanduíche e as incertezas acerca da volta às aulas nas universidades brasileiras, fiz a opção de realizar o trabalho de campo na disciplina de Relações Étnico-raciais e Direitos Humanos, oferecida, pela primeira vez em 100 anos de UFRJ, com *status* de disciplina obrigatória na licenciatura em História, de maneira completamente remota. Minha atuação nessa disciplina compreendeu não apenas a observação das aulas em si, mas também a participação na produção do programa da disciplina, a condução de algumas aulas e a análise de questionários acerca das expectativas discentes e da experiência do curso, além de considerar também toda a produção discente no decorrer da disciplina.

    A realização de um doutorado é um processo longo. São quatro anos inteiros ao sabor das imprevisibilidades da vida. Pode parecer pouco, mas, nesse caminho, minha vida mudou algumas vezes. O projeto Movimento Negro na Atualidade, em 2018, alimentou a pesquisa que apresento a vocês, mas foi também um projeto que me transformou inteira. Foi um processo imersivo e de mudanças profundas em que fui afetada pela cultura de luta antirracista produzida pelo movimento negro do século 21, e aprendi na pele que é com o corpo inteiro que produzimos cultura de luta. Em 2020, mais uma vez, minha vida mudou completamente graças à covid-19, agora, experimentando esse processo que, apesar de ter sido vivido coletivamente naquela sala de aula específica do serviço de videoconferência Google Meet e pelo mundo inteiro, também radicalizou sentimentos de isolamento.

O que trago para vocês é fruto dessas vivências, porque pesquisadora e pesquisa são indissociáveis, mas é também fruto dessas contradições. Se aprendi em campo, viajando por todas as regiões deste Brasil, que a experiência de estar junto é transformadora, pude viver, na sala de aula, isolada, que, mesmo que não estejamos fisicamente perto, a cultura de luta antirracista, produzida pelo movimento negro, é capaz de afetar sujeitos e potencializar travessias para um ensino de História forjado na luta.

CAPÍTULO 1
A CULTURA DE LUTA ANTIRRACISTA

NOVAS E ANTIGAS FORMAS DE FAZER MOVIMENTO NEGRO

Um trabalho que carrega em seu título "Cultura de luta antirracista" precisa, inicialmente, se preocupar em tornar explícitos seus pressupostos acerca da cultura. Neste capítulo, percorrerei debates no interior do movimento negro brasileiro acerca dessa categoria e passarei a uma análise da compreensão que os sujeitos implicados na luta anticolonial tinham sobre cultura, para, enfim, iniciar o caminho pelos possíveis usos estratégicos da cultura no século 21.

Nas discussões gerais que envolvem o campo da História e da Antropologia, é perceptível que as noções acerca do que vem a ser cultura estão longe de um consenso.

> Alguns enxergam a cultura decomposta em cultura popular/cultura erudita, o que é questionado por Roger Chartier, que argumenta sobre a impossibilidade de se estabelecer uma distinção radical entre as mesmas, assinalando a existência de circulações fluidas, práticas partilhadas e diferenças imbricadas entre o erudito e o popular. Nesse sentido cabe igualmente lembrar E. P. Thompson ao contrapor-se a percepção de Clifford Geertz, que entende a cultura como teia de significados compartilhados, compondo um sistema. Thompson alerta sobre os cuidados quanto a generalizações como "cultura popular", a qual se configura como arena de elementos conflitantes, e acentua que o termo "cultura", com sua invocação confortável de um consenso, pode distrair nossa atenção das contradições sociais e culturais, das fraturas e oposições existentes dentro do conjunto. (SOIHET; BICALHO; GOUVÊA, 2005, p. 9)

Quando nos debruçamos sobre os debates dentro do movimento negro brasileiro, a questão da cultura se complexifica ainda um pouco mais. Os movimentos negros de cada época são fortemente influenciados pelos contextos sócio-históricos nos quais se conformam. Dessa maneira, apesar de terem sempre como constante a luta pelo fim do racismo no

Brasil, esses movimentos incorporam continuidades e descontinuidades entre si através do tempo, mas também características específicas que conversam com as questões e contextos de seus próprios tempos.

Em seu livro *O mundo negro: relações raciais e a constituição do movimento negro contemporâneo no Brasil*, Amilcar Araujo Pereira (2013) nos apresenta, a partir de entrevistas de história oral, a percepção de importantes lideranças do movimento negro contemporâneo, acerca de suas próprias trajetórias. Apesar de ter sido reconhecido como "contemporâneo" – esse é o risco de categorizações que se baseiam numa perspectiva temporal –, o que era contemporâneo já não é mais. Da mesma maneira, iniciei este trabalho de pesquisa categorizando o "movimento negro da atualidade" e logo percebi que a noção de "atualidade" era insuficiente para qualificar o grupo social específico que é sujeito desta pesquisa. Optei, assim, pelo uso de "movimento negro do século 21", entendendo evidentemente que este século ainda tem muito a percorrer. Pereira, por sua vez, delimita temporalmente sua análise sobre a constituição do movimento negro contemporâneo entre os anos 1970 e 1995. Acatando esse marco temporal, o autor indica como processos significativos, que influenciaram o contexto sócio-histórico no qual esse movimento negro está inserido, a luta contra a ditadura civil-militar estabelecida no Brasil e a Marcha Zumbi dos Palmares, ocorrida em Brasília, na Esplanada dos Ministérios, em 1995, em alusão aos 300 anos da morte de Zumbi. Através da forte articulação do movimento negro, foram mobilizadas mais de 30 mil pessoas, para demonstrar indignação em relação ao mito da democracia racial e denunciar a ausência de políticas públicas para a população negra (MARCHA, 2016).

Uma das características importantes do movimento daquele período, ressaltada pelo autor, era uma evidente tensão entre cultura e política. Conforme evidencia Pereira:

> Os debates sobre política e cultura no movimento negro contemporâneo brasileiro foram muito intensos **até recentemente**. Havia, principalmente no final da década de 1970 e início dos anos 1980, grupos do movimento que se autodenominavam como grupos estritamente políticos e avessos a

muitas práticas chamadas por eles de "culturais" ou "culturalistas". Talvez o melhor exemplo, nesse sentido, seja o Movimento Negro Unificado, que radicalizaria o discurso político no final da década de 1970, muito em função de haver, entre suas principais lideranças, pessoas ligadas a organizações radicais de esquerda, como a Convergência Socialista, por exemplo. Da mesma forma, havia também muitos outros grupos que utilizam até os dias de hoje práticas culturais diversas como elementos importantes para a mobilização política de setores da população negra. Talvez o exemplo mais emblemático nesse sentido seja o primeiro bloco afro, o Ilê Aiyê, criado em Salvador em 1974. (PEREIRA, 2013, p. 222, grifo meu)

Apesar da indicação de que esse debate era intenso **até recentemente**, contribuindo para a ideia de que no momento da escrita esse seria um assunto em vias de resolução, defendo aqui que, diante das demandas, características e contingências do século 21, essa tensão figura como uma das continuidades intergeracionais implicadas na luta antirracista, ainda que se encontre em novas roupagens.

Das entrevistas realizadas com militantes do movimento negro contemporâneo, Pereira destaca um exemplo emblemático dessa tensão entre cultura e política, a partir de dois pontos de vista distintos. Um é visto no depoimento de Antônio Carlos dos Santos, o Vovô, fundador do Ilê Aiyê, considerado o primeiro bloco afro no Brasil. Desde sua fundação, em 1974, em Salvador, o Ilê Aiyê atua de maneira antirracista, centrada na construção de uma imagem positiva do negro e da raiz africana da cultura brasileira, através da dança, da música e das artes visuais (ILÊ, 2022).

Vovô diz o seguinte:

Nós já fomos chamados de "falso africano" e de "tocador de tambor" pelo próprio pessoal do movimento negro. Essas pessoas achavam que tinha que ser pelo político e não pelo cultural. Só que nós mostramos ao pessoal que só o fato de a gente criar um bloco desses já é um ato político. E você faz o político junto com o cultural. Porque você fazia aqui reuniões de movimento negro e só iam os mesmos. Às vezes tinha mais brancos do que negros nas reuniões, nos seminários onde tinha pesquisadores. **E no bloco afro, você faz na rua. Você tem o apelo popular, e ali você passa todas as informações**. (SANTOS apud PEREIRA, 2013, p. 222-223, grifo meu)

Em depoimento prestado ao Centro de Pesquisa e Documentação de História Contemporânea do Brasil (CPDOC-FGV), em 2006, Gilberto Leal, liderança do MNU da Bahia, desde 1979, sobre o mesmo processo, apresenta sua percepção. Conforme Amilcar Pereira (2013) cita em *O mundo negro*:

> Eu sei que muita gente fala: "Nós temos um movimento cultural que também se desenvolveu no período". Mas não enfrentava a ditadura militar e não era um movimento de contestação política. **Era um movimento de ocupação de espaço estético** e era real, ainda é até hoje. Mas quem começou com o processo na Bahia de movimento político contestatório enfrentando os poderes constituídos foi o movimento negro organizado. (PEREIRA, 2013, p. 223, grifo meu)

No mesmo depoimento, Gilberto Leal afirma:

> Então quando alguém quer dizer: "Ah! Mas o Ilê começou o Movimento Negro Baiano", isso não é uma verdade! Agora, começou a performance cultural, é uma referência importantíssima do ponto de vista do resgate cultural, da autoestima, é importante, mas agora, **do ponto de vista dos postulados políticos, jamais**. Aí eu tenho que ser verdadeiro porque, se eu estiver negando isto, estou negando a minha própria história, o quanto eu vivi na ditadura militar. (LEAL, 2006, p. 34, grifo meu)

Compreender a historicidade da tensão que envolve a cultura, no movimento negro brasileiro, nos ajuda a perceber as rupturas e continuidades que atravessam geracionalmente essa luta. Pensar sobre a abertura de um espaço popular onde "você passa todas as informações" ou sobre a oposição direta do "espaço estético" aos "postulados políticos" ajuda, por exemplo, a perceber certas continuidades. A concepção de que o espaço estético é substancialmente apolítico, manifestada por Gilberto Leal, em entrevista realizada no ano de 2006, permeia, ainda hoje, as relações entre grupos e indivíduos engajados na luta antirracista. Não podemos caminhar adiante, portanto, sem ao menos uma noção sobre percepções de estética, já que esse tema permanece no centro do debate.

Em seu artigo "As políticas dos cabelos negros, entre mulheres: estética, relacionalidade e dissidência no Rio de Janeiro", apesar de tratar, de maneira mais específica, de uma estética corporal, Mylene Mizrahi (2019), a partir da percepção de diversos autores, nos ajuda a complexificar essa visão acerca do que seria estética. A autora inicia flexibilizando nosso entendimento da arte, indicando que, segundo Alfred Gell (1998), arte "não diz respeito ao belo, ao agradável, mas é definida por suas capacidades transformativas, provocativas, por suas potências de captura" (MIZRAHI, 2019). Podemos começar a considerar, a partir daqui, que o que é marcadamente visual não é superficial. Essa visão se aprofunda quando a autora apresenta a percepção de Susan Buck-Morss (2012), sugerindo que:

> A despeito das armadilhas que os usos do termo estética podem colocar, o que parece potente não é abandoná-lo, mas voltar a seu significado primeiro, primordial que [...] tem menos a ver com a arte, como a conhecemos no Ocidente, e mais com um vivenciar dos sentidos, um vivenciar feito fundamentalmente pelo corpo. Pensar em uma politização da estética torna-se possível assim, a partir de um corpo que conhece através dos sentidos, em contraposição a uma estetização da política, na qual a estética resultaria de uma anestesia à recepção dos estímulos externos que o mundo traz. Significa, portanto, escapar de uma *anestética*, uma estética como prazer desinteressado, esvaziado de sentido ético, de compromisso com aquela realidade mesma que descrevemos, atitude presente na própria raiz da noção de estetização. (MIZRAHI, 2019, p. 459)

Podemos perceber aí a legítima possibilidade de uma leitura politizada da estética mediatizada por um corpo que vivencia o mundo em oposição à estetização da política que, ao contrário, rompe a ligação entre a ética e a estética, centrando-se na ideia de um corpo que se desinteressa da realidade. Sendo a estética o produto de uma cognição exercida pelo corpo, conforme Buck-Morss, Mizrahi (2019, p. 462) indica que cada um dos estilos de cabelo apresentados ao longo de seu artigo refere-se a formas distintas "de o corpo sentir, conhecer e responder política e criativamente às imagens cristalizadas e racializadas produzidas sobre a negritude. Concordo com Mizrahi quando ela sugere que, ao ser apresentado a diferentes formas de opressão racial – que se reatualizam a depender dos contextos –, sujeitos negros criam universos estéticos distintos de maneira a responder politicamente em dimensões que não são alcançadas por uma forma tradicional de produzir narrativas.

Ainda que não haja mais uma crítica tão contundente ao que se convencionou chamar de "culturalismo", no contexto da produção de conhecimento e da luta antirracista das décadas de 1970 e 80, ainda hoje, muitos desses universos estéticos imaginados e criados pela população negra para fazer frente ao racismo acabam em uma balança que tenta medir quais atitudes e práticas podem ser consideradas políticas e quais não podem. Os diferentes universos estéticos, mesmo que venham ocupando um lugar de grande importância, tanto na década de 1970 quanto para a juventude negra do século 21, recorrentemente, ainda hoje, são compreendidos como futilidade e apontados, até mesmo em alguns setores do próprio movimento, a partir de seu suposto esvaziamento político. Movimentos como a geração tombamento, definida como uma juventude negra urbana que usa a estética como arma antirracista (FLEUR, 2017), e o afrofuturismo (que será explicado mais adiante), por exemplo, que possuem forte apelo estético, são comumente apreendidos fora de um contexto de "corpo que vivencia o mundo" e, portanto, produz impactos nele; dentro de uma ideia de apreciação do "belo" e do "agradável", mas etéreo e fora de sua relação com a realidade.

Na pesquisa de campo que deu origem à minha tese, tive a oportunidade de vivenciar a experiência na primeira turma de Relações Étnico-raciais e Direitos Humanos da licenciatura em História da UFRJ, disciplina que consta como obrigatória no mais recente currículo do curso, implementado a partir de 2019/2. Essa experiência será analisada mais detidamente adiante, porém me interessa aqui uma questão colocada no formulário de início do curso. Esse formulário foi uma peça muito importante para o trabalho de campo, uma vez que experimentávamos pela primeira vez a dinâmica das aulas não presenciais. Minha intenção era compreender algumas percepções dos alunos sobre questões centrais que povoam o imaginário acerca da questão racial no Brasil e, assim, ter possibilidades de construir estratégias no sentido de afetar tais discentes. A questão colocada era a seguinte: "Marque se você considera essas expressões positivas: humanos direitos, alta cultura, política, geração tombamento, cotas" e continuava "Por que você considera essas expressões positivas? Por que considera as demais negativas?". Obtive, de alunos de História e Pedagogia, que participaram da disciplina, respostas como as seguintes:

- [Política e cotas foram marcadas]: "As outras expressões, considero negativas, pois suas origens têm base em opiniões diretamente relacionadas à direita política e a aspectos fúteis empregados pela geração que mais utiliza as redes sociais."
- [Política e cotas foram marcadas]: "Geração tombamento: a mim me parece uma proposta de tomada de posição muito esvaziada de conteúdo, que tem por finalidade 'causar', espantar, e não destruir o modelo desigual de sociedade."
- [Política e cotas foram marcadas]: "Geração tombamento se refere a um grupo de jovens, geralmente negros, que estão mais preocupados em chamar muita atenção na internet sobre temas polêmicos, muitas vezes, temas de cunho racial, sem uma reflexão mais aprofundada desses temas."

Em artigo denominado "Performance e estética nas lutas do movimento negro brasileiro para reeducar a sociedade" (PEREIRA; LIMA, 2019), Amilcar Pereira e eu discutimos o papel de algumas práticas performativas e estéticas como importantes ferramentas políticas do movimento negro. Fizemos isso a partir do diálogo entre algumas entrevistas do projeto Movimento Negro na Atualidade (MNA), do qual resultou a minha tese de doutorado, com algumas entrevistas do já mencionado projeto Histórias do Movimento Negro no Brasil: Depoimentos ao CPDOC.

No ano de 2018, eu, Amilcar Pereira e Jorge Maia realizamos uma série de entrevistas para o MNA. Em 28 de junho, foi entrevistada, na Universidade Federal do Pará (UFPA), em Belém, a professora Joana Carmen do Nascimento Machado, militante do Centro de Estudos e Defesa do Negro do Pará (CEDENPA) criado naquela cidade, no ano de 1980, e que tem entre suas fundadoras Nilma Bentes e Zélia Amador de Deus.

A professora Joana nos falou sobre algumas de suas percepções acerca da estética:

> Eu ainda percebo uma certa fragilidade nessa estética, porque virou muito estética. [...] Eu não vejo esses *blacks* dentro do DCE. A gente tem 50% desses *blacks* em cada curso aqui dentro e a gente não consegue arrancar uma consolidação. [...] É contraditório esse *black* todo dentro da universidade, essa estética, esses negros na universidade, mas a gente está só na estética. (MACHADO apud PEREIRA; LIMA, 2019, p. 22)

A entrevistada, ainda que não evidencie diretamente o conflito cultura *versus* política em sua fala, permanece elencando fazeres políticos *stricto sensu*, como a participação no Diretório Central dos Estudantes (DCE) – mesmo em um cenário de sensível fortalecimento da organização estudantil em formatos alternativos a esse modelo, como é o caso dos coletivos negros universitários. Essa agregação em torno de um modelo institucionalizado e tradicional de reivindicação estudantil seria, então, o parâmetro utilizado para considerar sujeitos negros, portadores de uma determinada estética, enquanto politizados.

Em 7 de julho, foi a vez de Tatiana Nascimento, doutora em Estudos da Tradução pela Universidade Federal de Santa Catarina (UFSC), cantora, compositora, tradutora e poetisa brasiliense, além de realizadora experimental em audiovisual, organizadora da Palavra Preta Mostra Nacional de Negras Autoras e editora-fundadora da Padê Editorial.

Na entrevista, realizada em sua residência em Brasília, Tatiana torna evidente sua perspectiva de que pensar política antirracista, no século 21, unicamente a partir de uma estrutura institucionalizada é, no mínimo, limitante.

> A gente fez a primeira edição da mostra e foi grandiosa, maior do que a gente esperava [...] e acabou virando uma plataforma muito interessante desse ativismo no qual eu estou mais conectada hoje, que é a frente da cultura. Pensar de que formas a gente tem atuado nesse espaço de produção de imaginários, que é muito precioso e que é muito contaminado e dominado pelos discursos coloniais. [...] Aí eu acho que eu saí da militância mais dura, mais formal, essa militância de coletivo lésbico, entidades negras, para esse espaço de produção de imaginários que, para mim, é muito interessante. Eu fico vendo, talvez vocês reparem isso também, quem tem mais de 35 anos consegue reparar isso com muita nitidez. Se antes você entrava no ônibus e 70% das pessoas eram mulheres negras, 90% [dessas] tinha o cabelo chapado. Hoje você entra no ônibus e vai ter um monte de mina com o cabelão cabuloso. [...] É outro lugar. A produção imagética, estética, artística, cultural está em um lugar de afirmação e de multiplicidade que alimenta um outro olhar.

Indo no mesmo sentido da fala de Tatiana Nascimento, a professora da Universidade Federal de Brasília (UnB) Ana Flávia Magalhães Pinto foi entrevistada em 5 de julho, em sua sala. Brasiliense e militante do movimento negro, a professora Ana é articuladora da Rede de HistoriadorXs NegrXs e participava, na época, da organização do Festival Latinidades, o mais importante festival latino-americano e caribenho de mulheres negras, realizado desde 2008 pelo Instituto Afrolatinas. Com 15 edições realizadas até 2022, o projeto tem sido um grande encontro da cultura negra produzida na África e na diáspora e também uma plataforma de impulsionamento de trajetórias de mulheres negras nos mais diversos campos de atuação.

A professora Ana Flávia foi questionada acerca das potencialidades do festival em afetar os sujeitos:

> A gente estava conversando sobre como popularizar as possibilidades de afetação dessas outras narrativas. O Latinidades vai muito nesse sentido, não é?

Em resposta, a professora Ana destacou seus contatos com Chaia Dechen (videomaker, fundadora da Griô Produções e idealizadora do Festival Latinidades) e Jaqueline Fernandes, jornalista, pesquisadora, produtora e gestora cultural, fundadora do Instituto Afrolatinas e do Festival Latinidades que, de 2015 a 2016, foi subsecretária de Cidadania e Diversidade Cultural, na Secretaria de Cultura do Distrito Federal, onde desenvolveu políticas, programas e projetos estratégicos voltados para a proteção e a promoção da cidadania e da diversidade das expressões culturais, tendo como foco grupos historicamente excluídos e em situação de vulnerabilidade. Lembrou ainda o EnegreSer, um coletivo de estudantes negros de diversos cursos da UnB. Esse coletivo engajou-se e teve importante participação na luta pelas cotas raciais naquela instituição.

> Vai, não por minha responsabilidade. A responsabilidade disso está em Jaqueline Fernandes e Chaia, ela é uma pessoa não convencional. Ela tem esse espírito afrofuturista e o mais louco é que ela fala "Vamos!", eu digo "Deixa eu cuidar só dos livros" e ela "Não! Bora", então eu digo "Tá bom! Vamos". A gente precisa disso. Eu não posso passar a minha vida com aquela experiência do EnegreSer, que apesar de muito dinâmico era muito informado por estratégias já tradicionais de fazer movimento negro.

A partir do contato com o Festival Latinidades, o afrofuturismo emerge do campo como uma possibilidade de ocupação do espaço estético, enquanto reação produzida pela população negra às distintas dimensões de opressões sofridas por ela. Notem que, diante das características específicas de um contexto sócio-histórico marcado pela ditadura militar, se criava no movimento negro contemporâneo (1970-1995) uma tensão expressa entre cultura e política, correspondendo às características sócio-históricas específicas do século 21, marcado por novas tecnologias e uma profunda aceleração da circulação de informações e de narrativas; Ana Flávia Magalhães Pinto traz à baila a tensão, já antes apresentada por Tatiana Nascimento, entre as "formas tradicionais" e as "formas não convencionais" de fazer movimento negro. Diante da aparente oposição entre "tradicional" e "não convencional", discutir acerca do movimento afrofuturista me parece um caminho frutífero para evidenciar a continuidade das tensões entre o que é político e o que não é, e as potencialidades que residem nas composições estéticas no sentido da produção de imaginários descolonizados.

AFROFUTURISMO

A expressão "afrofuturismo" é cunhada, pela primeira vez, na década de 1990 por Mark Dery (1994), crítico cultural, ensaísta e autor branco estadunidense, num artigo chamado "*Black to the Future*" que compunha o livro *Flame Wars: the Discourse of Cyberculture*. Nesse artigo, a partir de entrevista com três artistas e intelectuais negros (Samuel R. Delany, autor de ficção científica; Tricia Rose, socióloga focada em discussões sobre hip-hop; e Greg Tate, músico, produtor e crítico cultural), Dery demonstrava sua preocupação acerca da presença de afro-americanos na literatura de ficção científica, gênero em destaque no período.

Muito embora o conceito tenha sido elaborado apenas na década de 1990, outros autores afrofuturistas, como Alondra Nelson (2002), por exemplo, chamam a atenção para o fato de que o movimento afrofuturista não se inicia no artigo de Dery. Tal artigo teria apenas dado o nome a uma tradição já anteriormente existente, a exemplo da obra de Sun Ra e do conto "*The Comet*", de W. E. B. Du Bois (1920), que foram revisitados e redefinidos enquanto afrofuturistas.

Sun Ra, compositor de jazz, poeta e um dos pilares musicais do afrofuturismo, é conhecido por sua filosofia cósmica e por suas composições musicais e *performances*. O filme *Space is the Place*, de John Coney, é bem representativo de sua filosofia cósmica:

> [...] conta a história "oficial", tal como escrita por Sun Ra, que assina o argumento. Realizado em 1974, [...] começou a ser feito numa fase em que Sun Ra dava palestras em Berkeley sobre os negros e o cosmos. A convivência com estudantes universitários e intelectuais da contracultura criou as condições para fazer o filme e nele Sun Ra, desaparecido desde 1969, mas a viver noutro planeta com a sua Arkestra, regressa a Chicago em 1943 [...] e provoca um motim que dá origem a um jogo de cartas em que se decide o futuro da raça negra. (SANCHES, 2015)

A definição inicial de Dery para o que seria o afrofuturismo é a seguinte: "Ficção especulativa que trata temas sobre afro-americanos e aborda preocupações de afro-americanos no contexto da tecnocultura do século 20" (DERY, 1994, p. 180, apud SOUZA, 2019, p. 32). Acontece que, como um conceito/movimento vivo e em franco desenvolvimento, o afrofuturismo tem sido debatido, reimaginado, reconstruído e redefinido ao longo do tempo. Outros autores, pensando a partir de suas questões e de suas realidades, elaboraram definições diversas. Para Ytasha L. Womack:

> Tanto uma estética artística quanto uma estrutura para uma teoria crítica, o afrofuturismo combina elementos da ficção científica, ficção histórica, ficção especulativa, fantasia, afrocentricidade e realismo mágico com crenças não ocidentais. Em alguns casos, uma **reelaboração total do passado e uma especulação do futuro** repleta de críticas culturais [...], uma interseção entre a **imaginação**, a tecnologia, o **futuro** e a liberação. (WOMACK, 2015, p. 30, grifos meus)

Lisa Yaszek fala um pouco mais acerca da posicionalidade do afrofuturismo indicando que se trata de "ficção especulativa ou ficção científica escrita por autores afrodiaspóricos e africanos. É um movimento estético global que abrange arte, cinema, literatura, música e pesquisas acadêmicas" (YASZEK, 2012, p. 1). Enquanto isso, Fábio Kabral fala, a partir de uma perspectiva do afrofuturismo literário brasileiro, do qual é um dos expoentes:

Afrofuturismo é esse movimento de **recriar o passado, transformar o presente e projetar um novo futuro através da nossa própria ótica**. [...] se me solicitassem uma definição mais concreta, poderia dizer que afrofuturismo seria a mescla entre mitologias e tradições africanas com narrativas de fantasia e ficção científica, com o necessário protagonismo de personagens e autores negras e negros. (KABRAL, 2019, p. 106)

A partir das diversas definições de afrofuturismo apresentadas até aqui, avisto alguns encontros. Inicio com aquele que se relaciona com a questão do tempo. Em seu livro *Pele negra, máscaras brancas*, Frantz Fanon (2008, p. 194) debate sobre as marcas produzidas na psiquê do sujeito negro a partir da psicogênese, mas também da sociogênese do racismo. Nesse contexto, o autor nos apresenta, não de maneira fatalista, mas buscando visibilizar as entranhas do processo de colonização, a ideia de que, tanto psicológica como socialmente, numa sociedade colonizada e racista, "para o negro, há apenas um destino. E ele é branco" (FANON, 2008, p. 28); nesse futuro, especulado a partir da realidade política do momento, as projeções seriam ainda racistas e coloniais.

Samuel R. Delany, um dos três intelectuais entrevistados por Dery, apontou, em sua entrevista, no ano de 1994, uma importante questão acerca das temporalidades: como uma população que passou por um processo de destruição sistemática de seu passado, enquanto projeto nacional, consegue projetar perspectivas de futuro baseadas na ontologia de seu próprio ser? (DERY, 1994, p. 190-191). É importante destacar que, ainda que Delany se referisse especificamente à população negra estadunidense, essa realidade é perfeitamente válida para outras populações negras em diáspora, que tiveram o embranquecimento cultural, por vezes até físico, como política de Estado, como é o caso do Brasil, por exemplo.

Ao refletir sobre as reelaborações do afrofuturismo ao longo do tempo, pensando justamente acerca dessa questão colocada por Delany e Dery, Kênia Freitas, importante pesquisadora no campo do afrofuturismo no Brasil, juntamente com José Messias, apresentam o seguinte:

Uma primeira reelaboração importante para o conceito está não em um texto, mas no documentário ensaístico *Last Angel of History* (John Akomfrah, 1996). O filme segue um ladrão de dados que vem de um futuro indeterminado e inicia uma escavação arqueológica na cultura negra do século 20 em busca de respostas para a sua própria existência. Coletadas pelo ladrão de dados estão imagens de arquivo, diversas das tecnologias negras (africanas e diaspóricas) e entrevistas com teóricos e artistas negros construtores do movimento afrofuturista. O título inspirado em Walter Benjamin aponta para um anjo que olha fixamente o passado em ruínas, ao mesmo tempo que o progresso o empurra ininterruptamente para frente. Essa apropriação benjaminiana feita por Akomfrah resume imageticamente uma das questões centrais que perpassam desde o texto inaugural de Mark Dery o debate afrofuturista: como a comunidade negra diaspórica que teve deliberadamente o nosso passado roubado e apagado pela escravidão consegue, sem esse acervo de imagens, vislumbrar futuros? (FREITAS; MESSIAS, 2018, p. 406)

Kodwo Eshun (2015), debruçando-se mais detidamente nessa questão, em seu texto "Mais considerações sobre o afrofuturismo", apresenta a importância vanguardista de autores como Fanon e Benjamin, no sentido de lidar com o acesso aos acervos históricos de modo a possibilitar novos futuros: "Na era colonial do começo à metade do século 20, vanguardistas, de Walter Benjamin a Frantz Fanon, se revoltaram em nome do futuro, contra uma estrutura de poder que se baseava no controle e na representação do arquivo histórico" (ESHUN, 2015, p. 46).

Nesse texto, afrofuturista que é, Eshun desenvolve uma narrativa que condensa autores pós-coloniais como Hommi Bhabha, Paul Gilroy e sua categoria de *O Atlântico negro*, com a construção de um futuro especulativamente imaginado, que intervém na narrativa no sentido de provocar reflexão. Eshun inicia sua explanação sugerindo um caminho pelo qual uma ficção científica, no presente, poderia tocar e influenciar o futuro.

A ficção científica pode ser melhor compreendida, nas palavras de Samuel R. Delany, como algo que oferece "uma distorção significativa do presente"

(*Last Angel of History*, 1995). Para ser mais preciso, a ficção científica não está olhando para o futuro e nem é utópica. Antes disso, na expressão de William Gibson, a ficção científica é um meio pelo qual se pré-programa o presente (citado em Eshun, 1998). Olhando para trás, dentro do gênero, fica aparente que a ficção científica nunca esteve preocupada com o futuro, mas sim em articular trocas entre seu futuro preferido e seu devir presente. (ESHUN, 2015, p. 47-48)

Dessa maneira, se o futuro desenhado hoje é um futuro predatório, racista e colonizado/colonial, a intervenção na produção e na distribuição dessa dimensão temporal constitui, para o autor, um ato cronopolítico. A cronopolítica seria, assim, uma percepção politizada do tempo ou, ainda, uma ação política que busca intervir no tempo para criar outros futuros possíveis.

Criando complicações temporais e episódios anacrônicos que perturbam o tempo linear do progresso, esses futuros ajustam a lógica temporal que condena sujeitos negros à pré-história. Falando cronopoliticamente, essas historicidades revisionistas podem ser entendidas como uma série de poderosos futuros competindo entre si, que infiltram o presente em taxas diferentes. (ESHUN, 2015, p. 55)

É importante perceber que, a todo tempo, trato aqui não de uma construção direta da realidade, mas da produção de imaginários que tem o potencial de promover desestabilizações políticas nessa realidade. Se o monopólio colonial desse arquivo histórico provocou, no presente, realidades ainda coloniais e ainda racistas, concordo com o autor que, a partir do resgate de experiências que foram silenciadas:

[...] o afrofuturismo pode ser caracterizado como um programa para a recuperação das histórias de contrafuturos criadas em um século hostil à projeção afrodiaspórica e também como um espaço no qual o trabalho crítico de produzir ferramentas capazes de intervir no atual regime político pode ser levado a cabo. A produção, migração e mutação de conceitos nos campos do teórico e do ficcional, do digital e do sônico, do visual e do arquitetural exemplificam o campo expandido do afrofuturismo, considerado como um projeto multimídia distribuído através dos nós, centros, anéis e estrelas do *Atlântico Negro*. (ESHUN, 2015, p. 59-60)

Assim como o ladrão de dados que voltara ao passado em busca de respostas na alegoria criada por Jonh Akomfrah (1995), a população negra tem inventado criativamente suas próprias "máquinas do tempo", formas de "retorno ao passado" a partir de onde consigam elaborar um futuro. Não podemos, assim, imaginar o afrofuturismo, enquanto um fenômeno no Brasil, fora da cena literária afro-brasileira, apresentada por Conceição Evaristo na Conferência de abertura do XIII Encontro Regional Sudeste de História Oral: Narrativas de (re)existências:

A busca do passado histórico pelos povos subjugados, ontem e hoje, tem sido um movimento marcante e de cunho emancipador. Como tal passado não se escreveu na história elaborada pelos dominadores, sofrendo um processo de apagamento – ou quando escrito, foi violentamente deturpado – o fenômeno literário surgido a partir desses sujeitos históricos vem de uma veia subterrânea na qual estão inscritos. História que aflora desafiando, questionando e transgredindo os relatos instituídos, oficializados por uma cultura hegemônica. Observa-se, pois, uma história e uma ficção que se volta para o interior de uma realidade própria circundando mundos específicos, trazendo um discurso próprio que revela a voz dos que, até então foram silenciados. Nesse sentido, pode se afirmar que a apropriação que os afro-brasileiros fazem do passado conflita com o registro da História oficial e **tem servido como orientação para uma práxis política vivida através de várias modalidades da arte**. Reunindo elementos culturais de matrizes africanas como forma de resistência e com isso buscando novas formas de intervenção no social, os afro-brasileiros promovem arte e política a partir da condição de subalternidade experimentada por eles. (EVARISTO, 2021, p. 25, grifo meu)

Ao contar sobre o impacto da obra literária de Conceição Evaristo em sua própria poesia, Tatiana Nascimento, poetisa e organizadora da Palavra Preta – Mostra Nacional de Negras Autoras, na entrevista concedida em 7 de julho de 2018 para o projeto Movimento Negro na Atualidade (já comentada anteriormente), ressalta a possibilidade de aprender ali sobre a diáspora e reforça a própria afirmação da autora acima, quando demonstra que esse aprendizado, através da obra de Conceição Evaristo, a influencia não apenas a falar, mas a construir "imageticamente, literariamente, ficcionalmente" num exercício de práxis política, um mundo que, embora ainda não exista, já começa a ser desenhado. Através da própria Tatiana Nascimento:

> [...] a literatura, pra mim é muito fundamental. Para mim, ler Conceição Evaristo é aprender sobre a diáspora, pensar a confusão existencial de um monte de gente junta em *Becos da Memória*. A pessoa está fazendo comida para alguém que ela não sabe se vai voltar, porque [essa pessoa] foi decidir se a terra vai ter um metro a mais ou a menos. Isso é uma disputa cabulosa. Até hoje as pessoas morrem muito no campo [por isso], e as pessoas pretas morrem mais. E é como a gente está falando, não é só reclamar do mundo que a gente está vivendo, que está ruim. Como a gente está construindo imageticamente, literariamente, ficcionalmente, o mundo em que a gente quer viver?

A afirmação presente na obra de Fanon de que "[...] para o negro há apenas um destino. E ele é branco" se encontra com o título do artigo de Kênia Freitas e José Messias: "O futuro será negro ou não será". Ambos são, à primeira leitura, enganosamente opostos; no entanto, pós-coloniais e afrofuturistas, autores de literatura e articuladores da luta de libertação, muitas vezes poetas e revolucionários em uma mesma pessoa, se abraçam no empreendimento de construir um futuro possível "utópico, ou ao menos positivo" para a população negra (FREITAS; MESSIAS, 2018, p. 409).

A PRODUÇÃO DE IMAGINÁRIOS E SUA POTÊNCIA POLÍTICA

Parto deste ponto para pensar acerca daquelas tensões, já antes mencionadas, sobre o que seria político e o que não. No que diz respeito ao próprio exercício de criar ficções em função da conformação de uma realidade político-social, essa não é exatamente uma novidade na história do mundo, nem ao menos o é na história das relações raciais. Narrativas ficcionais são usadas desde há muito tempo no intuito de moldar imaginários com intenções políticas.

Aimé Césaire foi um dramaturgo, poeta, ensaísta e político além de um dos grandes combatentes do colonialismo, especialmente da França, da qual a Martinica, seu país natal, era colônia. Em seu texto *Discurso sobre o colonialismo*, publicado pela primeira vez em 1955, Césaire nos diz o seguinte:

> Não se pode dizer que o pequeno-burguês não tenha lido nada. Pelo contrário, ele leu tudo, devorou tudo. Acontece que seu cérebro funciona com alguns dispositivos digestivos do tipo elementar. Filtra. E o filtro deixa passar apenas o que pode alimentar a boa consciência burguesa.
>
> Os vietnamitas, antes da chegada dos franceses em seu país, eram pessoas de cultura antiga, requintada e refinada. Esse lembrete aborrece o Banco da Indochina. Façam a máquina de esquecimento funcionar!
>
> Esses melgaxes, hoje torturados, eram, há menos de um século, poetas, artistas, administradores? Silêncio! Boca costurada! E o silêncio é profundo como um cofre forte!
>
> Felizmente restam os negros. Ah, os negros! Vamos falar sobre os negros! Bem, sim, vamos falar disso.
>
> Impérios sudaneses? Bronzes do Benim? Escultura Shongo? Ótimo, será a oportunidade para escapar das tantas quinquilharias sensacionais que adornam capitais europeias. Música africana? Por que não?
>
> E o que disse [...] Frobenius? E vamos ler juntos:
>
> "Civilizados até a medula dos ossos! A ideia do negro bárbaro é uma invenção europeia."

O pequeno-burguês não quer ouvir mais nada. Com um movimento de orelhas ele afugenta a ideia.

A ideia, a mosca inoportuna.

Então, camarada, perceba – de maneira altiva, lúcida e consistente – como teus inimigos não [são] apenas os governadores sádicos e prefeitos torturadores, não apenas os colonos flageladores e banqueiros gananciosos, não apenas pomposos políticos lambendo cheques e magistrados a venda, mas, da mesma forma e da mesma maneira, jornalistas venenosos, etnógrafos metafísicos e dogonados, teólogos excêntricos e belgas, intelectuais tagarelas [...] os amantes do exotismo, [...] os mistificadores. (CÉSAIRE, 2020, p. 38-39)

Observem que, em seu texto mais famoso, acerca do colonialismo e da luta contra este, Césaire evidencia que os inimigos a serem combatidos não são apenas personagens políticos evidentes, de uma política *stricto sensu*, mas também os construtores de imaginário, os que fortaleceram o racismo científico e criaram narrativas perversas sobre raça. A este fenômeno apresentado por Césaire, Achille Mbembe denomina *fabulação*.

Na maneira de pensar, imaginar e classificar os mundos distantes o discurso europeu, tanto o erudito como o popular com frequência, recorreu a procedimentos de fabulação. Ao apresentar como reais, certos e exatos fatos muitas vezes inventados, escapou-lhe justamente o objeto que buscava apreender, mantendo com ele uma relação fundamentalmente imaginária, mesmo quando a sua pretensão era desenvolver saberes destinados a apreendê-los objetivamente [...] os procedimentos graças aos quais o trabalho de fabulação pôde ganhar corpo, assim como seus efeitos violentos, são hoje bem conhecidos [...] se existe um objeto e um lugar onde essa relação imaginária e a economia ficcional que a sustenta se dão a ver do modo mais brutal, distinto e manifesto, é exatamente esse signo que chamam de negro e, por tabela, o aparente não lugar que chamamos de África. (MBEMBE, 2018, p. 31)

Diante das persistentes consequências políticas da *fabulação* levada adiante pela empresa colonial europeia, precisamos estar atentos à luta que se trava no campo do imaginário. A chamada "luta política" *stricto sensu* e a subestimada "dimensão cultural", capaz de produzir imaginários, não são concorrentes; nenhuma delas é menor. Ambas caminham juntas, tão profundamente complementares que me incomoda a necessidade do uso de duas expressões distintas para comunicar a mesma ideia. A destruição do racismo, estrutural na nossa sociedade, passa pelo seu expurgo em todas as dimensões. No século 21, assim como na luta contra o colonialismo – uma experiência transnacional, compartilhada, na qual o movimento negro brasileiro tem se inspirado de longa data –, todas as ferramentas devem ser utilizadas no sentido de descolonizar, por dentro e por fora. Uma dimensão necessariamente depende da outra.

O afrofuturismo, movimento reconhecidamente estético, mas que nem por isso deixa de ser político – assim como tantas outras *narrativas do movimento negro* –, é, portanto, uma potente ferramenta na luta antirracista. Para Waldson Gomes de Souza (2019), se Mbembe afirma que o discurso eurocêntrico sobre raça é uma ficção a serviço da branquitude – acrescente-se aí: uma ficção que produz realidades –, o autor entende o afrofuturismo como uma forma de utilizar a própria ficção para se opor a esse discurso dominante (SOUZA, 2019, p. 42).

Em 2015, Walidah Imarisha, em parceria com Adrienne Maree Brown (redatora do *Emergent Strategy Ideation Institute*, de Detroit, autora de *Holding Change* e coapresentadora de podcasts), lançou o livro *Octavia's Brood: Science Fiction Stories from Social Justice Movements* (IMARISHA; BROWN, 2015). Esse livro, nomeado em homenagem a Octavia Butler, importante autora afro-americana afrofuturista, é uma coletânea de ficção científica radical composta por textos produzidos por articuladoras, lideranças políticas, transformadoras sociais e visionárias. Ao falar sobre a organização do livro e de suas crenças acerca das potencialidades do afrofuturismo, Imarisha indica o seguinte:

Nós começamos a antologia com a crença de que toda articulação política é ficção científica. Quando falamos sobre um mundo sem prisões; um mundo sem violência policial; um mundo onde todo mundo tem comida, roupas, abrigo, educação de qualidade; um mundo livre da supremacia branca, patriarcado, capitalismo, heterossexismo, estamos falando sobre um mundo que não existe atualmente. E sonhá-lo coletivamente significa que podemos começar a trabalhar para fazê-lo existir. (IMARISHA, 2020, p. 255)

No trecho a seguir, este que já compõe a obra acima citada, a autora localiza a importância do que ela chama de *visionary ficcion* para a descolonização do imaginário. Destrinchando as possibilidades de uso da "ficção visionária", Imarisha ressalta que:

A ficção visionária oferece aos movimentos por justiça social um processo por meio do qual explorar a criação de novos mundos (embora não seja em si uma solução – e é aí que entra o trabalho prolongado de organização comunitária). Eu propus o termo "ficção visionária" (*visionary fiction*) para abranger os modos de criação entre gêneros literários fantásticos que nos ajudam a elaborar esses novos mundos. Esse termo nos lembra de sermos completamente irrealistas em nossas organizações, porque é somente por meio da imaginação acerca do assim chamado impossível que podemos começar a concretamente construí-lo. Quando liberamos nossas imaginações, questionamos tudo. Reconhecemos que nada disto é fixo, que é tudo poeira estelar, e que nós temos a força para moldá-lo do modo que o fizermos. Para parafrasear Arundhati Roy: outros mundos não apenas são possíveis, mas estão vindo – e já podemos ouvi-los respirar. É por isso que a descolonização da imaginação é o mais perigoso e subversivo de todos os processos de descolonização. (IMARISHA, 2020, p. 255-257)

Um exemplo de exercício especulativo que potencializa a descolonização do imaginário pode ser visto em "The Comet", conto afrofuturista escrito em 1920 pelo importante ativista pelos direitos civis afro-americanos W. E. B. Du Bois, originalmente publicado como décimo capítulo do livro *Darkwater* (DU BOIS, 1920). O que nos interessa aqui é perceber como a luta política *stricto sensu* e a luta no campo da construção do imaginário caminham juntas. Conforme descrito por Waldson Gomes de Souza:

> O conto descreve uma catástrofe resultante da colisão de um cometa com a Terra. Jim, um homem negro, pensa ser o único sobrevivente conforme vai andando por uma Nova York completamente destruída, deserta e repleta de corpos. Depois de um tempo vagando e lidando com o sentimento de estar sozinho no mundo, ele acaba encontrando uma mulher branca chamada Julia. O encontro dos dois é instantaneamente marcado por uma tensão racial e de classe causada pelo contraste entre a cor de suas peles e entre as roupas que usam. Julia jamais imaginou que justo um homem negro a salvaria, e Jim estava certo de que antes da catástrofe ela jamais o olharia duas vezes. Julia pensa nele como pertencente a outro mundo, quase um alienígena. "Não que ele não fosse humano, mas habitava um mundo tão distante do dela, tão infinitamente distante, que ele raramente entrava nos pensamentos dela. No entanto, quando ela olhou para ele com curiosidade, ele parecia bastante comum e habitual" (DU BOIS, 2000, p. 9, tradução minha).
> Julia é forçada a olhar para Jim, realmente olhar, como nunca havia olhado outro negro antes, e apenas porque não existe outro ser humano para ser visto. Após um tempo juntos, ela se dá conta de que está acompanhada por um estranho, e o que é pior, um estranho em termos de sangue e cultura. Temendo os pensamentos que Jim pode ter, ela foge. Mas foge só por tempo suficiente para perceber que estar completamente sozinha é pior do que estar com Jim. Então ela desiste da ideia e retorna. A situação obriga Julia a permanecer com Jim, afinal são os últimos sobreviventes, o mundo todo foi destruído. No desenrolar da história, eles ficam mais próximos, raça e classe não importam mais, Jim passa a ser visto como humano. Eles são apenas homem e mulher, quase Adão e Eva, mas sem Éden. Não há paraíso, apenas destruição. Até esse momento é possível imaginar a humanidade sendo reconstruída pelos dois e se perguntar se existiria racismo nas gerações futuras. Entretanto, o conto elimina essa

pergunta quando se encaminha para o desfecho e Jim e Julia descobrem que apenas Nova York foi destruída, não o mundo inteiro como haviam pensado. O pai de Julia e outros homens aparecem, um deles automaticamente perguntando se Jim fez algum mal a ela. No instante em que outros seres humanos aparecem, a raça de Jim volta a ser importante, ele passa a ser só mais um negro. Conforme relatos do acontecimento se espalham, há espanto no fato de apenas uma mulher branca e um homem negro terem sobrevivido em toda Nova York. E muitos duvidam de que Jim cuidou de Julia e a manteve salva. (SOUZA, 2019, p. 36-37)

Podemos perceber, através da descrição analítica anterior, a grande capacidade de Du Bois de, através de um exercício especulativo, criar uma alegoria capaz de representar uma experiência subjetiva da população negra estadunidense diante do regime de segregação racial – conhecido como Jim Crown – de maneira a torná-la palpável e inteligível para sujeitos que se encontravam fora de seu espectro de ação convencionalmente política. O afrofuturista Du Bois faz, aqui, uso do estranhamento, inerente à ficção científica, para gerar estranheza também dentro do panorama político-sociorracial. Kodwo Eshun nos lembra de que, no começo do século 20, o intelectual Du Bois:

> [...] denominou a condição de alienação estrutural e psicológica como "dupla consciência". [Para Eshun] A condição da alienação, entendida em seu sentido mais geral, é uma inevitabilidade psicossocial **que toda a arte afrodiaspórica** usa em sua própria vantagem, por meio da criação de contextos que encorajam um processo de desalienação. (ESHUN, 2015, p. 56, grifo meu)

Imaginar mundos (especular possibilidades e sonhar novos caminhos) pode parecer muito poético, lúdico ou não tradicional: "Interessante, mas acientífico; interessante, mas subjetivo; interessante, mas pessoal, emocional, parcial" (KILOMBA, 2019, p. 55), conforme critica Grada Kilomba ao refletir sobre a produção de conhecimento na relação *margem/centro* e o mito da neutralidade. No entanto, projetos teórico-políticos profundamente relacionados a experiências sociais de luta por descolonização nos incentivam na direção de radicalizar nossa imaginação para produzir futuros e criar novos mundos descolonizados. Como afirma Kilomba:

> A margem se configura como um "espaço de abertura radical" (hooks, 1989, p. 149) e criatividade, onde novos discursos críticos se dão. É aqui que as fronteiras opressivas estabelecidas por categorias como "raça", gênero, sexualidade e dominação de classe são questionadas, desafiadas e desconstruídas. Nesse espaço crítico, "podemos imaginar perguntas que não poderiam ter sido imaginadas antes; podemos fazer perguntas que talvez não fossem feitas antes" (MIRZA, 1997, p. 4), perguntas que desafiam a autoridade colonial do centro e os discursos hegemônicos dentro dele. Assim, a margem é um local que nutre nossa capacidade de resistir à opressão, de transformar e de imaginar mundos alternativos e novos discursos. [...] Como escrevi na Introdução, é preciso criar novos papéis fora dessa ordem colonial. Isso é o que Malcolm X chamou de "descolonização de nossas mentes e imaginações": aprender a pensar e ver tudo com "novos olhos", a fim de entrar na luta como *sujeitos* e não como objetos (citado por hooks, 1994, p. 7). (KILOMBA, 2019, p. 68-69)

RETOMANDO A QUESTÃO INICIAL...

O Festival Latinidades (AFROLATINAS), evocado por Ana Flávia Magalhães Pinto em nossa entrevista na UnB, partindo do tema "Utopias negras", em sua 13ª edição, realizada no ano de 2020, carregou o seguinte lema: "Se não imaginarmos alternativas, não haverá nenhuma".

Em 2017, ano em que o Festival completou seus dez anos, ele abraçou o tema "Horizontes de liberdade: afrofuturismo nas asas da Sankofa", trazendo os seguintes questionamentos:

> [...] como a arte e os saberes de mulheres negras, assim como suas lutas históricas e contemporâneas por direitos e por liberdade, incidem no presente? Como podem orientar a pensar e a criar o futuro dessas mulheres?

O conceito de Sankofa, dos povos Akan, ensina que tudo aquilo que foi perdido, esquecido, renunciado ou roubado no passado, pode ser reclamado, reavivado, preservado ou recuperado no presente. "O que queremos resgatar, e o que deixaremos no passado? Que futuro queremos e como vamos construí-lo?" (FESTIVAL, 2017)

Já na edição de 2020, ele volta com alguns acúmulos:

Chegamos até aqui porque as que vieram antes não abriram mão daquilo que parecia inalcançável: construir e ocupar outros lugares, além dos que foram predeterminados pelo patriarcado e pelo racismo colonial sistêmico. Essas utopias, utopias negras, são tecnologias ancestrais, às quais devemos, mais do que nunca, recorrer como possibilidade de direção agora. Sonhar para combater o absurdo. Conectadas com histórias de resistência que não nos contaram nos livros, aprendemos que a memória é uma disputa constante e avançamos para o futuro, guiadas pelo pássaro Sankofa. Ele olha para a frente, enquanto se move para trás e nos diz: "*Se wo were fi na wosankofa a yenkyi* – não é tabu voltar para trás e recuperar o que você perdeu". Vivendo na prática essa herança filosófica, ancestral e não linear, nos tornamos sementes. E, como afirma o provérbio bantu, a semente é mais velha que a árvore. As utopias de nossas mais velhas nos trouxeram até aqui e nos levarão além. [...] Não abriremos mão dos nossos próprios marcos imaginativos, porque já temos um rol de conquistas a partir deles. Utopia para nós é tradição, é fundamento. [...] Somos um festival multilinguagens, que parte do lugar das artes e da cultura para dialogar, disputar narrativas e fortalecer diferentes saberes de mulheres negras: na academia, na rua, em casa, na escola, no chão de fábrica, na comunicação, nos movimentos sociais, na gestão de políticas públicas... na diversidade infinita das nossas potências e possibilidades de produção de conhecimento. [...] Nossa história nasce de muitas utopias, herdadas e construídas. Não vamos parar. Vilma Reis já nos alertou: "Somos a esperança nos escombros". Então, na mesma lógica do fique em casa [a edição de 2020 foi realizada, pela primeira vez em sua história, de modo completamente online, em função da pandemia de covid-19], se puder, por favor, sonhe! (AFROLATINAS, 2020)

Note que em nenhum momento a ideia é se referenciar num passado mítico e estático. Muito pelo contrário, ao olhar para o passado, o Festival Latinidades remete-se à trajetória e à experiência de luta das mais velhas, suas conquistas, seus aprendizados e às bases erguidas a partir das quais se pode construir possibilidades de futuro.

Apesar de o discurso acerca do dito "culturalismo" ter arrefecido (nestes termos), lidamos, ainda ao tempo da realização deste estudo, com a desconfiança acerca de movimentos políticos importantes, como o afrofuturismo, por exemplo, mas que fogem à regra do que seria um movimento político "tradicional". Na entrevista já referida, a professora Ana Flávia, colocando em perspectiva sua experiência de participação em dois movimentos distintos (o coletivo EnegreSer e a organização do Festival Latinidades), reafirma o potencial político de movimentos não tradicionais, para a luta antirracista:

> O que o EnegreSer fazia era muito óbvio: "Estamos aqui para discutir seriamente porque nós somos sérios, muito sérios, raivosos". No Latinidades ninguém pensa que vai para uma coisa absolutamente séria, e daí a pouco você começa a ver na boca dessas meninas uma série de discussões, uma série de informações que sabe o que é que vai acontecer quando essas meninas tiverem a nossa idade.

Pereira concluiu, em seu trabalho, que a cisão entre cultura e política é insuficiente para analisar as conquistas do movimento negro contemporâneo (1970-1995) no Brasil, como pode ser visto no trecho a seguir:

> Contudo, observo hoje que algumas das práticas consideradas "culturalistas" por Hanchard no início da década de 1990, como por exemplo a construção do 20 de Novembro e a "glorificação", como diz Hanchard, de Zumbi dos Palmares como símbolo da luta pela liberdade do povo negro no Brasil, tornaram-se importantes para a consolidação do movimento negro contemporâneo e levantaram, nas últimas décadas, intensos debates a respeito da "memória da abolição" e da "reavaliação do papel do negro

na história do Brasil" – que inclusive era uma demanda apresentada já em 1978 na Carta de Princípios do MNU. (PEREIRA, 2013, p. 231)

O conflito entre "político" e "cultural" transfigurou-se, hoje, numa queda de braços entre o que é movimento negro tradicional e o que não é. Nessa disputa, movimentos não convencionais, produzidos a partir do paradigma da descolonização do imaginário, a exemplo de movimentos marcadamente estéticos, como é o caso do afrofuturismo e da "geração tombamento", entre outros, são costumeiramente criticados dentro de setores do próprio movimento enquanto "esvaziados", ao passo que são também marginalizados dentro da produção acadêmica acerca dos movimentos sociais, por uma rasa associação ao universo das mídias sociais e da cultura pop – "ambientes", inclusive, fortemente relacionados ao contexto sociopolítico do século 21. Concluo esta seção com outra citação da entrevista da professora Ana Flávia, sugerindo que tal oposição cria uma imensa lacuna nas possibilidades de análise do que é o antirracismo produzido a partir do movimento negro neste século:

> Eu escuto os dinossauros falando desde o século 20: "Ah, o movimento negro de massas", e a gente não conseguia. Tem uma questão que o Brasil tem as suas especificidades, mas quando a gente promove uma alteração na autoidentificação da população, quando a gente vê essa alteração vivenciada nos corpos de pessoas jovens e velhas – não é só a garotada – isso é fruto de um movimento que teve um impacto no seu campo de alcance real. O movimento negro, ainda que você não tenha pessoas institucionalizadas, ele alcançou corações e mentes em escala nacional e a gente não sabe lidar com isso ainda, porque a gente tinha uma expectativa de que isso aconteceria se houvesse um entendimento único. Tanto é que os mais velhos seguem dizendo: "O movimento negro precisa construir um projeto político de nação para o Brasil", aí eu falo "Precisa. Mas você acha mesmo que vai ser com a cúpula?", e você acha que esse projeto político de nação já não está, em alguma medida, sendo rascunhado por essa movimentação toda de gente dizendo: "Não vou ficar no mesmo lugar?".

A CONSTRUÇÃO DE FUTUROS E A LUTA CONTRA O COLONIALISMO – NOTAS SOBRE CULTURA, NA LUTA POR LIBERTAÇÃO

> *Quando o milho desponta nos nossos campos, é porque previamente preparamos o chão e regamos a semente com o suor do nosso próprio trabalho. O futuro é sempre construído sobre o trabalho diário das nossas mãos e do nosso espírito.*
> **Mensagem de Ano-novo do Comitê Central aos militantes da FRELIMO (MONDLANE, 1976, p. 251)**

O PAPEL DA CULTURA

A luta anticolonial empreendida em Guiné-Bissau e Cabo Verde – países dominados por Portugal desde 1915 e que alcançaram o reconhecimento de sua independência em 1974 e 1975, respectivamente – tem como principal liderança Amílcar Cabral, que foi um dos fundadores e esteve à frente do Partido Africano para a Independência da Guiné e Cabo Verde (PAIGC). A liderança de Amílcar Cabral, nesse processo, é reconhecidamente marcada pela preocupação com a realidade do povo. Por conta de seu contato muito próximo com os camponeses durante o primeiro recenseamento agrícola da Guiné-Bissau, do qual fez parte enquanto agrônomo, Cabral teve a possibilidade de conhecer de perto essa realidade. O "pragmatismo revolucionário" tornou-se marca de seu pensamento político (PEREIRA; VITTORIA, 2012):

> [...] o povo não luta por ideias, por coisas que estão na cabeça dos homens. O povo luta **e aceita os sacrifícios exigidos pela luta**, mas para obter vantagens materiais para poder viver em paz e melhor, para ver sua vida progredir e para garantir o futuro de seus filhos. Libertação nacional, luta contra o colonialismo, construção da paz e do progresso – independência – tudo isso

são coisas vazias e sem significado para o povo, se não se traduzem por uma real melhoria das condições de vida. (CABRAL, 1974a, p. 46, grifo meu)

Para o autor/revolucionário, a teoria política não deve se sobrepor ao que é a materialidade das questões que ferem o povo num regime colonial. Assim, ele evidencia que é necessário sempre partir da realidade do povo para criar condições para a luta de libertação. No trecho anterior, e em muitos outros momentos de sua obra e de sua vida política, são construídas e solidificadas as relações entre a realidade e a luta. Em seu texto/discurso "Partir da realidade da terra. Ser realistas", Amílcar Cabral discute um importante princípio do PAIGC:

> Nós avançamos para a nossa luta seguros da realidade da nossa terra (com os pés fincados na terra). Quer dizer, em nosso entender não é possível fazer uma luta nas nossas condições, não é possível lutar de facto pela independência de um povo, não é possível estabelecer de facto uma luta armada, como a que tivemos que estabelecer na nossa terra, sem conhecermos a sério a nossa realidade e sem partirmos a sério dessa realidade para fazer a luta. (CABRAL, 1974b, p. 97)

Tendo uma percepção tão pragmática da importância da realidade para a produção da luta – inclusive a luta armada – bem-sucedida, não é de se surpreender que Cabral tenha uma compreensão que ao mesmo tempo é ampla e minuciosa do que seja realidade. Em seu discurso "Libertação nacional e cultura", proferido em 1972, na Universidade de Siracusa, em função de homenagens prestadas por conta do assassinato de Eduardo Mondlane, liderança da Frente de Libertação de Moçambique (FRELIMO), no ano de 1969, Cabral nos encaminha para uma dimensão específica dessa realidade, como dimensão a ser considerada para a organização da luta:

> Convém notar que a análise da **realidade cultural** dá já uma medida das forças e das fraquezas do povo face as exigências da luta e representa, portanto, uma contribuição valiosa para a estratégia e as táticas a seguir, tanto no plano político como militar. (CABRAL, 1980, p. 68, grifo meu)

Com a atenção à realidade como premissa, compreendendo que o povo não luta apenas pelo que está na cabeça dos homens, havia, no movimento de lutas de libertação nacional – da qual o caso de Guiné--Bissau e Cabo Verde é representativo –, a necessidade de mobilizar sujeitos para o universo de significados da luta anticolonial, prescindindo dos conceitos teórico-políticos tradicionais. É dessa maneira que podemos perceber que, no caso da luta por libertação de Guiné-Bissau e Cabo Verde, mas não apenas nesses processos específicos, a produção de imaginários não apenas é política, como é também mobilizada enquanto uma estratégia de luta, por essas lideranças. Partindo dessa necessidade de afetar sujeitos em dimensões que ultrapassassem a teoria política tradicional, compreendo que a "descolonização do imaginário", naquele contexto, dava suporte à ação direta revolucionária de libertação nacional. Entendo, assim, a dimensão de produção de imaginários enquanto um dos pilares da luta contra o colonialismo, e não como uma concorrente que disputa a atenção do que "verdadeiramente importa". Cabral indica possíveis influências dos valores culturais na ação do povo, sujeito da luta:

> Pode dizer-se que, no início da luta, seja qual for seu grau de preparação, nem a direção do movimento de libertação nem as massas militantes e populares têm consciência nítida do peso da influência dos valores culturais na evolução dessa mesma luta: quais as possibilidades que cria, quais os limites que impõe e, principalmente, como e quanto a cultura é, para o povo, uma fonte inesgotável de coragem, de meios materiais e morais, de energia física e psíquica, que lhe permite aceitar sacrifícios e mesmo fazer "milagres". (CABRAL, 1980, p. 68)

Note que, lá no início, Cabral indicava que "o povo não luta [...] por coisas que estão na cabeça dos homens", que "aceita os sacrifícios exigidos pela luta, mas [apenas] para obter vantagens materiais para poder viver em paz e melhor" (CABRAL, 1974a, p. 46). Neste último trecho, ele vai adiante e localiza a cultura enquanto "criadora de possibilidades" de engajamento do povo na luta, permitindo, assim, que esse povo aceite tais sacrifícios, mobilizado em outras dimensões que não a dos conceitos e estratégias teórico-políticas tradicionais.

A própria produção intelectual deixada por esses sujeitos, protagonistas da luta anticolonial, é testemunha dessa coletividade de narrativas implicadas na produção de um imaginário que mobilizasse para a luta. Sua obra recorrentemente contém textos políticos, discursos, vestígios de suas estratégias diplomáticas, peças teatrais e poemas, entre outros.

Um exemplo é Agostinho Neto (2009), primeiro presidente de Angola (1975-1979) após sua independência de Portugal. Nascido em Bengo em meio a uma família metodista – seu pai era pastor e sua mãe professora –, envolveu-se com grupos anticolonialistas quando estudava Medicina em Portugal. Em 1951, fundou, ainda em Lisboa, em parceria com Amílcar Cabral, Mário de Andrade, Marcelino dos Santos e Francisco José Tenreiro, o Centro de Estudos Africanos, orientado para a afirmação da nacionalidade africana. Poeta nacionalista, teve seus escritos proibidos e foi preso de 1955 a 1957, e outra vez, já em Angola, de 1960 a 1962. Conseguiu fugir para o Marrocos e, posteriormente, fundou o Movimento Popular de Libertação de Angola – MPLA, de tendência marxista. Conquistada a independência de Angola em 1975, o novo governo dirigido pelo MPLA, contando com o apoio de Cuba, entrou em choque com grupos de direita, apoiados pelos Estados Unidos e pelo governo racista sul-africano.

Na coletânea poética de Agostinho Neto (1985), *Sagrada esperança*, Basil Davidson o descreve em seu trânsito, enquanto poeta e "homem de ação":

> Este poeta não precisa ser apresentado como homem, pois o seu nome é respeitado em todo o mundo progressista. No entanto, o poeta é respeitado como homem de ação – eis como o mundo conhece Agostinho Neto, tanto o mundo progressista como o outro. Como porta-voz de um povo que luta pela liberdade, tornou-se figura simultaneamente amada e temida. É amado ou temido como chefe de uma luta pelo futuro, luta que tem de ser empreendida por todos os homens de todos os tempos e lugares, e também por todas as mulheres, repelido o passado e transformando o presente. O poeta é todas essas coisas, com uma pureza de objetivos e uma coragem

que são inseparáveis do homem que foi e em que veio a transformar-se [...] é na sua poesia, como acontece com a poesia de outros como ele, que encontramos as chaves para todo o resto. (DAVIDSON, 1985, p. 4-5)

Sua poesia, descrita por Davidson como "chave para todo o resto", contribui para a produção de imaginários na luta anticolonial, como poderemos observar a seguir. Seja no estímulo à criação de futuros através da luta, seja no fortalecimento de uma "fonte inesgotável de coragem" ao escrever que "uma nova onda se levanta para a luta", direto da Cadeia do Aljube, onde estava preso em setembro de 1960:

CRIAR
Criar criar
criar no espírito criar no músculo criar no nervo
criar no homem criar na massa
criar
criar com os olhos secos

Criar criar
sobre a profanação da floresta
sobre a fortaleza impudica do chicote
criar sobre o perfume dos troncos serrados
criar
criar com os olhos secos

Criar criar
gargalhadas sobre o escárnio da palmatória
coragem nas pontas das botas do roceiro
força no esfrangalhado das portas violentadas
firmeza no vermelho-sangue da insegurança

criar
criar com os olhos secos

Criar criar
estrelas sobre o camartelo guerreiro
paz sobre o choro das crianças
paz sobre o suor sobre a lágrima do contrato
paz sobre o ódio
criar
criar paz com os olhos secos.
Criar criar
criar liberdade nas estradas escravas
algemas de amor nos caminhos paganizados do amor
sons festivos sobre o balanceio dos corpos em forcas
simuladas

criar
criar amor com os olhos secos.

(NETO, 1985, p. 100-101)

LUTA
Violência
vozes de aço ao sol
incendeiam a paisagem já quente

E os sonhos
se desfazem
contra uma muralha de baionetas

Nova onda se levanta
e os anseios se desfazem
sobre corpos insepultos
E nova onda se levanta para a luta
e ainda outra e outra

até que da violência
apenas reste o nosso perdão.

Cadeia do Aljube, setembro de 1960

(NETO, 1985, p. 105)

CULTURA DE LUTA ANTICOLONIAL

Se a cultura é um fator tão importante para a mobilização do povo para a luta anticolonial, como se demonstrou anteriormente, não é de se estranhar que a alienação cultural tenha sido utilizada, naquele contexto, como importante estratégia de dominação colonizadora.

> A história ensina-nos que, em determinadas circunstâncias, é fácil ao estrangeiro impor o seu domínio a um povo. Mas ensina-se igualmente que, sejam quais forem os aspectos materiais desse domínio, ele só se pode manter com uma repressão permanente e organizada da vida cultural desse mesmo povo, não podendo garantir definitivamente a sua implantação a não ser pela liquidação física de parte significativa da população dominada. **Com efeito, pegar em armas para dominar um povo é, acima de tudo, pegar em armas para destruir ou pelo menos, para neutralizar e paralisar a sua vida cultural**. (CABRAL, 1980, p. 55, grifo meu)

Cabral compreende que, apesar de o estabelecimento do domínio colonial ser possível a partir da força, o exercício perene dessa dominação seria possível apenas a partir da paralisação da vida cultural de um povo. Algumas estratégias nesse sentido foram colocadas em prática em processos distintos de dominação colonial. Ao nos contar sobre a biografia de Frantz Fanon – um dos autores/revolucionários que mais se dedicaram a refletir acerca dos danos que o colonialismo/racismo causou nas mentes colonizadas –, no prefácio à edição brasileira de

Por uma revolução africana: textos políticos, Deivison Faustino conta que, enquanto sujeito:

> Nascido na Martinica, então colônia francesa no Caribe, Frantz Fanon recebeu uma educação assimilacionista: de um lado, o colonialismo francês apostava no apagamento ou estigmatização das diferenças culturais afro-caribenhas em benefício da imposição dos pressupostos culturais metropolitanos; de outro lado, criava a ilusão de que o colonizado seria considerado parte da comunidade e da cidadania francesas, deixando assim de ser colonizado, caso assimilasse esses valores. (FAUSTINO, 2021, p. 10)

No caso de Fanon e da Martinica, falo sobre a colonização francesa. No entanto, a mesma estratégia assimilassionista é utilizada no caso de Moçambique, país colonizado por Portugal, conforme nos relata Eduardo Mondlane em seu livro *Lutar por Moçambique*:

> Os poucos africanos e mulatos que conseguiram chegar à escola secundária fizeram-no com muita dificuldade. Nas escolas, de frequência predominantemente branca, eram constantemente sujeitos à discriminação. Ainda por cima, as escolas tentavam separá-los de seu ambiente tradicional, aniquilar os valores em que tinham sido criados e fazer deles "portugueses" em consciência, embora não em direitos. (MONDLANE, 1976, p. 120)

Nos dois casos, torna-se evidente a semelhança na tentativa colonial de forjar um sentimento de pertencimento metropolitano, aproximando, assim, os sujeitos colonizados dos códigos culturais europeus, afastando-os dos códigos culturais de seu próprio povo, numa tentativa de paralisar sua cultura. Cabral demonstra os danos criados por esse processo de assimilação/alienação cultural no seio da classe intelectual, conforme veremos a seguir:

> Como resultado desse processo de divisão ou de aprofundamento das divisões no seio da sociedade, sucede que parte considerável da população, especialmente a "pequena burguesia" urbana ou campesina, assimila a

mentalidade do colonizador e considera-se como culturalmente superior ao povo a que pertence e cujos valores culturais ignora ou despreza. Esta situação, característica da maioria dos intelectuais colonizados, vai cristalizando à medida que aumentam os privilégios sociais do grupo assimilado ou alienado, tendo implicações diretas no comportamento dos indivíduos desse grupo perante o movimento de libertação. (CABRAL, 1980, p. 61)

Diante de tais estratégias coloniais, Cabral sugere que a própria dominação imperialista traz consigo uma impossibilidade, processo o qual o autor chama de dilema da resistência cultural:

> É que, enquanto existir uma parte do povo que possa ter uma vida cultural o domínio estrangeiro não poderá estar seguro de sua perpetuação. Num determinado momento, que depende dos fatores internos e externos que determinam a evolução da sociedade em questão, a resistência cultural (indestrutível) poderá assumir formas novas (políticas, econômicas e armadas) para contestar com vigor o domínio estrangeiro. (CABRAL, 1980, p. 55)

Mondlane elucida o dilema apresentado por Cabral ao refletir sobre as intenções portuguesas de implantar sua cultura em território moçambicano:

> O desejo português de implantar a sua cultura através de todo o território, mesmo que fosse bem intencionado, era completamente destituído de realismo por causa da relação numérica existente. Sendo os portugueses 2% da população, não podiam esperar dar a todos os africanos sequer a oportunidade de observar o estilo de vida português, e muito menos ter íntimo contacto que lhes permitisse assimilá-lo. Como muitas nações, também calcularam mal o entusiasmo dos "pobres selvagens" pela "civilização". Visto que a maioria dos africanos só encontrava os portugueses no momento de pagar impostos, quando eram contratados para trabalho forçado ou quando lhes apreendiam as terras, não é para admirar que tivessem uma impressão desfavorável da cultura portuguesa. Esta repulsa é muitas vezes expressa em cantigas, danças, mesmo em trabalhos de madeira esculpida

– formas tradicionais de expressão que o colonizador não compreende, e através das quais ele pode ser secretamente ridicularizado, denunciado e ameaçado [...] Em áreas específicas e em tempos específicos, essas **atitudes**, enraizadas na cultura popular, cristalizaram em ações de um tipo ou outro. (MONDLANE, 1976, p. 109-110, grifo meu)

Ora, se a paralisação cultural, necessária para a realização completa da dominação, é impossível, uma vez que a resistência cultural é entendida enquanto indestrutível, tal resistência permanecerá sempre como um entrave nos planos colonizadores. Se a dominação colonial tem como base a imposição dos pressupostos culturais metropolitanos, Cabral, partindo de sua realidade, lança mão de estratégia que reposicione a resistência cultural nascida do povo, de forma que essa faça frente à empresa colonial, não apenas dos pontos de vista econômico e político, mas do ponto de vista da descolonização dos imaginários e da mobilização dos sujeitos em direção à luta anticolonial.

Revela-se assim indispensável uma reconversão dos espíritos – das mentalidades – para sua verdadeira integração no movimento de libertação. Essa reconversão – reafricanização, no nosso caso – pode verificar-se antes da luta, mas só se completa no decurso desta, no contato quotidiano com as massas populares e na comunhão de sacrifícios que a luta exige. (CABRAL, 1980, p. 61)

Note que, ao invocar a estratégia da reafricanização, o líder revolucionário não remete à invocação de uma África paralisada num tempo "essencial", anterior à colonização e por isso "original". Cabral caminha num sentido de compreender essa cultura em seu movimento; cultura como um processo. Neste caso, ao defender o uso dessa cultura nacional para uma "reconversão", Cabral aponta para a cultura que se forjou e se forja tanto no processo de resistência, anterior à luta, quanto no decurso dela, a partir do contato com o povo e na comunhão de sacrifícios que a luta exige. Assumo aqui, portanto, a existência de uma cultura, surgida a partir do processo de luta anticolonial, responsável pela descolonização dos imaginários e, portanto, pela mudança de comportamento dos sujeitos em relação à luta. Eu a chamarei de *cultura de luta* anticolonial. O próprio Cabral indica que:

> A luta armada de libertação, desencadeada como resposta à agressão do opressor colonialista, revela-se como um instrumento doloroso mas eficaz para o desenvolvimento do nível cultural, tanto das camadas dirigentes do movimento de libertação como das diversas categorias sociais que participam da luta. (CABRAL, 1980, p. 68)

Não creio que "nível cultural", neste caso, se relacione com noções e definições de cultura advindas de outros paradigmas, como, por exemplo, cultura enquanto educação escolar formal, ou cultura enquanto apreciação de bens culturais relacionados a grupos sociais abastados e brancos. Refiro-me, aqui, a "nível cultural" partindo do paradigma de cultura proposto por Cabral; nessa teoria da cultura presente em seus escritos, ou seja, o "nível cultural" remete, assim, ao grau de contato das camadas dirigentes e dos outros grupos sociais com a *cultura de luta* anticolonial.

Diante do exposto, torna-se mais compreensível a descrição que a liderança do PAIGC faz de seu colega revolucionário Eduardo Mondlane:

> [...] prestamos homenagem ao homem político, ao combatente da liberdade e, especialmente, ao homem de cultura. Não apenas da cultura adquirida no decurso da sua vida pessoal e nos bancos da universidade, mas principalmente no seio do seu povo, no quadro da luta de libertação do seu povo. (CABRAL, 1980, p. 71)

A QUESTÃO DAS TEMPORALIDADES

Para compreender tal *cultura de luta*, precisamos estar atentos à sua relação com a questão das temporalidades, questão esta que perpassa o afrofuturismo, onde começamos este trabalho, e o próprio campo do ensino de História, para onde caminhamos. De uma forma ou de outra, é preciso enfrentar a questão do tempo.

Durval Muniz de Albuquerque Júnior, em texto sobre os regimes de historicidade, cita o francês François Hartog, indicando que este:

> [...] elaborou o conceito de regimes de historicidade para nomear as maneiras como dadas sociedades em dados momentos perceberam, pensaram e se relacionaram com o tempo; para indicar como elaboraram e articularam, através de suas narrativas, as categorias de passado, presente e futuro. (ALBUQUERQUE JÚNIOR, 2016, p. 21)

A própria elaboração do conceito de regime de historicidade abre os nossos olhos no sentido de que o tempo, que nos parece hoje muito "natural", é, na realidade, socialmente construído e, se assim o é, pode ser construído a partir de distintos paradigmas. Pinto e Mignolo argumentam que a modernidade é sustentada por discursos baseados em experiências locais ocidentais que cumprem pretensões de universalização:

> Ao longo dos tempos, os diferentes agrupamentos humanos têm articulado discursos a partir das próprias histórias locais, formas de interação e comunicação, crenças, ciências e instituições. [...] Nunca, entretanto, qualquer outro discurso chegou a atingir caráter tão universalista e totalitário como o articulado pelos europeus ocidentais a partir do século 16. (PINTO; MIGNOLO, 2015, p. 386)

O caráter totalitário e universalista descrito anteriormente apresenta-se também na própria forma legitimada de experienciar o tempo, medi-lo, organizá-lo e refletir sobre ele. Um modelo criado a partir de uma experiência local, conforme exemplifica Muniz Sodré a seguir, mas que suprimiu outras experiências de vivenciar e pensar sobre o tempo.

> Os gregos partiam realmente da cosmologia ou dos movimentos do mundo para entender o tempo. Este, no pensamento de Aristóteles, é "o número do movimento segundo o antes e o depois", portanto, a passagem do

passado ao presente: o tempo só surge no presente como algo que já passou. O passado detém, assim, o primado na sua determinação. Para existir, o "agora" [...] tem de não estar mais aí, posto que algo se realizou ou se perfez para que se possa "temporalizá-lo", isto é, para que se possa inscrevê-lo numa duração. A cada agora surge um presente (nascido já velho, por ser dado pelo que passou), que escorre linear e continuamente numa única dimensão. Um continuum pontual, infinito e quantificado é a síntese da representação ocidental do tempo. (SODRÉ, 2017, p. 182)

É advogando justamente em defesa de um outro modo de pensar e vivenciar o tempo, que rompa com a hegemonia do tempo ocidental, que Simas e Rufino nos indicam o seguinte caminho:

Recorremos a Orunmilá e Exu, sabedorias praticadas milenarmente, para confrontar as questões seguintes. O colonialismo europeu-ocidental como um projeto totalitário, produtor de um padrão discursivo que investe controle no tempo e nas experiências, propaga a ideia de que a história tem sentido e direção únicos e conhecidos. Assim, a totalização da linguagem referente a esse sistema de dominação produz a presença de saberes, instituições e sociedades em detrimento da descredibilidade, esquecimento e aniquilação de outras formas. (SIMAS; RUFINO, 2019, p. 39)

A própria relação entre os textos de Pinto e Mignolo e Simas e Rufino é curiosa, uma vez que os primeiros, apesar de um olhar tão certeiro para a questão da localidade/universalidade no que diz respeito às experiências europeias-ocidentais, apostam numa total desterritorialização, ao se referirem à população negra em diáspora, chegando a indicar que esta "nenhuma memória tem para invocar senão a da violência física e simbólica a que foram e são até hoje submetidos" (PINTO; MIGNOLO, 2015, p. 386). Ao passo que Simas e Rufino, concordando com a ideia de que o projeto colonial europeu ocidental é totalizador, trazem à baila uma outra alternativa de relação com o tempo, fundada a partir de sabedorias praticadas por esses negros em diáspora, aqui especificamente afro-brasileiros, evidenciando, assim, que nenhum projeto de desterritorialização completa é possível.

É nessa tensão que reside a necessidade de compreender a questão da temporalidade. Ao mobilizar presente, passado e futuro, neste trabalho, não o faço a partir de uma percepção corrente, moderna e totalizante de tempo, como indica Durval Muniz: "[...] o tempo do historicismo. O tempo como linha, como um varal em que se vão pendurando os eventos até que eles terminem de preencher todas as lacunas e saturar essa linha" (ALBUQUERQUE JÚNIOR, 2016, p. 36). Se o fizesse, correria o risco de, ao indicar um uso radical do passado, de modo a agir no presente e criar um futuro, incorrer numa visão determinista de tempo. Numa perspectiva de tempo moderna em que a linearidade continua sendo a regra, o que temos como resultado é que essa noção de tempo congela o passado como memória e o futuro como projeção, roubando o presente que fica preso entre um eterno "o que já foi" e um "o que virá", reforçando a máxima de que este presente não existe. Sodré ratifica a crítica a esse "sequestro do presente" e vai adiante:

> Para esta linha de reflexão, de um modo geral, o tempo efetivamente existente é o tempo pensado, portanto, o passado e o futuro, já que o presente, o mesmo de que se ocupa o senso comum – é um constante vir a ser e ter sido: o que acontece aqui e agora era antes um vir a ser que, enquanto é, deixa de ser para transformar-se em ter sido. Na física e na filosofia, não existe o presente: o passado e o futuro são os objetos concretos para o pensamento ocidental, embora ilusórios. A tripartição – passado, presente e futuro – é uma abstração que separa tempo de espaço quando, na realidade, as três dimensões, espacialmente convergentes, são inseparáveis. (SODRÉ, 2017, p. 184)

Ora, se a única forma de entender o tempo for uma linha reta, evidentemente, quando nos voltarmos para o passado se configurará um ciclo no qual estaremos presos. É nesse sentido que Sodré sugere que, ao invés de uma linha reta, passado, presente e futuro são, na realidade, convergentes e inseparáveis. Diante da supressão do presente em função do passado e do futuro, Simas e Rufino (2019) também indicam sua opção para pensar a temporalidade. Opção esta que, inclusive, justifica o próprio título de seu livro *Flecha no tempo*:

> Cabe reivindicar Orunmilá e Exu como princípios explicativos e disponibilidades conceituais para a problematização do cárcere temporal imposto pelo regime colonial. Orunmilá é aquele que atravessa os tempos/espaços e é capaz de orientar os seres acerca da sorte. Ele testemunhou a criação, testemunhará a destruição e estará presente em novos recomeços. [...] Precisamos alargar o presente, apostar nas outras formas possíveis, navegar na espiral do tempo em que Exu serpenteia praticando suas estripulias em forma de acontecimentos. Como ensina uma das narrativas de Ifá,[2] Elegbara (uma das denominações de Exu) é aquele que tomou o tempo para si para reparar as injustiças cometidas. É aquele que acertou o alvo com a flecha ainda não atirada. [...] Nessa perspectiva, trazendo Orunmilá e Exu como disponibilidades filosóficas, confrontamos o cárcere temporal edificado pelo colonialismo do ocidente europeu para projetar ações de transgressão. (SIMAS; RUFINO, 2019, p. 40-41)

Aqui, minha opção para pensar o tempo se torna um pouco mais explícita. Ao invés de uma linha reta, penso este a partir da convergência entre passado, presente e futuro. A relação entre eles deixa de se estabelecer a partir da causalidade necessária que caminha num sentido de progresso para considerar a expansão do momento presente a partir de onde as temporalidades e o inventário de memórias que as compõem podem ser mobilizadas.

---

[2] A palavra "Ifá" é um signo que comporta diferentes noções e uma confluência de vozes. Na cultura Iorubá e nos cursos da sua dispersão pelo mundo, principalmente nas Américas e no Caribe, a palavra designa a divindade de Orunmilá, o sistema poético que guarda as narrativas explicativas de mundo e o meio/fazer oracular que versa sobre as existências, interações e alterações. Assim, podemos pensar o Ifá como um princípio/potência múltiplo, que opera em diferentes tempos/espaços sendo pluriversal, plurilinguista e polirracional. (SIMAS; RUFINO, 2019, p. 37)

> [...] o *presente* ou o *agora* funda o tempo (temporaliza) por meio da ação/acontecimento [...] e assim pode coexistir com o passado [...] pode tornar simultâneo o que não é contemporâneo. Com Exu, não há começo nem fim porque tudo é processo e, ao se constituir, cada realidade afeta a outra para além do espaço tempo. Em termos cíclicos ou solares, o nascente coexiste com o poente por causa da força do agora. (SODRÉ, 2017, p. 187)

Para Cabral: "A **luta** pela libertação não é apenas um **facto cultural**, mas também um **fator de cultura**" (CABRAL, 1974a, p. 137, grifos meus). O autor conecta, assim, as duas sentenças, mas também as temporalidades que representam, expandindo seu presente e fundando o tempo a partir da experiência da luta anticolonial em curso. Dessa forma, a *cultura de luta* está profundamente relacionada à libertação, também, das temporalidades.

POSICIONALIDADES DA CULTURA

Estão embutidas nos escritos de Cabral ao menos duas posicionalidades para a cultura. A primeira delas, a luta como um **fato cultural**, tem a ver com uma acepção mais estrutural. Para o autor:

> **Cultura** é a síntese dinâmica, o plano da consciência individual ou coletiva, da realidade histórica, material e espiritual de uma sociedade ou de um grupo humano, síntese que abarca tanto as relações homem-natureza como as relações entre os homens e as categorias sociais. (CABRAL, 1974a, p. 134-135, grifo meu)

Ao apresentar a cultura como uma síntese dinâmica, Cabral caminha num sentido mais geral e nos remete a uma amálgama, uma espécie de repositório de experiências do grupo social em questão, em sua relação com o ambiente e entre si, evidenciando que, como tais relações estão sempre a mudar, essa síntese também é dinâmica e se transforma.

A cultura é a resultante mais ou menos conscientizada das atividades econômicas e políticas, a expressão mais ou menos dinâmica do tipo de relações que prevalecem no seio dessa sociedade, por um lado, entre o homem, (considerado individual ou coletivamente), e a natureza, e por outro, entre os indivíduos, os grupos de indivíduos, as camadas sociais ou as classes. (CABRAL, 1980, p. 56)

Aqui, uma rápida digressão para pensarmos Cabral, esse sujeito forjado no entre-lugar produzido entre a luta anticolonial e uma educação formal na metrópole, a mesma trajetória de tantas das lideranças revolucionárias africanas. Como intelectual imerso em certas redes, o autor mobiliza algumas categorias teórico-políticas que, à luz da percepção de modernidade aqui mobilizada, soam absolutamente discrepantes, como é o caso de "evolução" e "progresso" no trecho a seguir. No entanto, na conta de seu pragmatismo revolucionário, não perco de vista que, apesar de seu vocabulário influenciado por teorias fabuladas pela Europa, o autor age sempre de acordo com a realidade de sua terra. Assim, ele compreende a cultura – fato cultural – enquanto um repositório das experiências vividas de uma sociedade, e não como um retrato, rígido, essencial e congelado em algum ponto de um tempo linear. Ele trata ainda de localizar essa acepção de cultura no panorama da luta, dos conflitos e de suas resoluções:

Se a história permite conhecer a natureza e a extensão dos desequilíbrios e dos conflitos (econômicos, políticos e sociais) que caracterizam a evolução de uma sociedade, a cultura permite saber quais foram as sínteses dinâmicas, elaboradas e fixadas pela consciência social para a solução desses conflitos, em cada etapa da evolução dessa mesma sociedade, em busca de sobrevivência e progresso. (CABRAL, 1980, p. 58)

Já a segunda posicionalidade da cultura importante para o pensamento de Cabral, a luta como um **fator de cultura**, coloca em destaque as manifestações culturais e sua capacidade de transformação de imaginários.

O estudo da história das lutas de libertação demonstra que são em geral precedidas por uma intensificação das **manifestações culturais**, que se concretizam progressivamente por uma tentativa, vitoriosa ou não, da afirmação da personalidade cultural do povo dominado como ato de negação da cultura do opressor. Sejam quais forem as condições de sujeição de um povo ao domínio estrangeiro e a influência dos fatores econômicos, políticos e sociais na prática desse domínio, é em geral no fato cultural que se situa o germe da contestação, levando à estruturação e ao desenvolvimento do movimento de libertação. (CABRAL, 1980, p. 58, grifo meu)

Notem que há, aqui, uma certa retroalimentação. As manifestações culturais – fatores de cultura – alimentam-se do fato cultural – síntese dinâmica das experiências vividas da sociedade – e da mesma forma contribuem com a mobilização de indivíduos para a luta anticolonial em seu presente em questão. Essa luta contribui para a transformação daquela síntese dinâmica em outra coisa, já impactada pelos frutos da luta.

Fanon produziu uma obra que mobilizou sujeitos, por todo o mundo, à ação. Se, em seu trabalho mais conhecido, ele buscava compreender a realidade conclamando à reflexão todos os "condenados da terra", esses mesmos sujeitos, ao redor do mundo, inspiraram-se em sua obra para criar, para si mesmos, futuros possíveis nas mais diversas frentes de ação. Fanon, acerca das manifestações culturais, disse o seguinte:

> Também poderíamos procurar e encontrar, na dança, no canto melódico, nos ritos, nas cerimônias tradicionais, o mesmo impulso, detectar as mesmas mutações, a mesma impaciência. Bem antes da fase política ou armada da luta nacional, um leitor atento pode pois sentir, e ver manifestar-se o vigor novo, o combate próximo. Formas de expressão desacostumadas, temas inéditos e dotados de um poder não mais de invocação, mas de reunião, de convocação "para". Tudo concorre para despertar a sensibilidade do colonizado, para tornar inatuais, inaceitáveis as atitudes contemplativas ou derrotistas. Porque renova as intenções e a dinâmica do artesanato, da dança e da música, da literatura e da epopeia oral, o colonizado reestrutura

a sua percepção. O mundo perde o seu caráter maldito. Estão reunidas as condições para o inevitável confronto. (FANON, 1979, p. 278-279)

Essa dança entre fato cultural e fator de cultura implica, necessariamente, a produção de uma cultura de luta que se espalha pela sociedade afetando sujeitos a partir de "narrativas" como as descritas por Fanon. É importante ressaltar que, embora me refira, aqui, a uma *cultura de luta* anticolonial, ou seja, uma *cultura de luta* surgida a partir das lutas de libertação, a produção dessa cultura é possível também a partir de outras lutas sociais.

Ao remeter ao fato cultural e ao fator de cultura, Cabral (1980) acaba por nos direcionar também às noções de tempo/ação que não se ancoram numa prisão entre o passado e o futuro, mas, sim, potencializam o presente a partir da ação da luta. Não se trata do passado enquanto uma memória fixa, um retrato de um tempo, mas do fato cultural, um repositório de experiências. Não se trata de um futuro como projeção, teleológico, estanque das outras temporalidades, mas atado a elas pela flagrante ação no presente. A capacidade mobilizadora de transformação da luta é que cria a possibilidade de nos remetermos a uma ancestralidade na busca da construção de um futuro, sem cair no essencialismo. Conforme vimos com Sodré (2017), a ação no presente é temporalizante e traz consigo, simultaneamente, possibilidades de mobilização de passado e de futuro. Entre o fato cultural e o fator de cultura, há a luta social no agora. Esse agora, expandido – onde a transformação é possível –, é o que sobressai nas relações com o tempo, na *cultura de luta*.

Aimé Césaire (2020) nos apresenta, no *Discurso sobre o colonialismo*, sua proposta para a construção de uma sociedade nova:

> Nós não somos os homens do "ou isto ou aquilo". Para nós, o problema não é de uma utópica e estéril tentativa de reduplicação, mas de uma superação. Não é uma sociedade morta que queremos fazer reviver. Deixamos isso aos amadores de exotismo. Não é tão-pouco a sociedade colonial actual que queremos prolongar, a carne mais imunda que jamais apodreceu debaixo do sol. É uma sociedade nova que precisamos criar, com a ajuda de todos

os nossos irmãos escravos, rica de toda a potência produtiva moderna, cálida de toda a fraternidade antiga. (CÉSAIRE, 2020, p. 38)

Em seu discurso, Césaire torna evidente a proposição da luta anticolonialista de agir a partir de um passado comum, não estático, como que para trazê-lo de volta, mas refletindo sobre e inspirando-se nele, à luz das questões postas em seu presente, de maneira a construir um futuro. Cabral demonstra-nos, em seu discurso "Partir da realidade da terra. Ser realistas", em que falava aos seus companheiros de partido sobre os principais pontos do programa, a importância de considerar a experiência vivida de outros para a construção desse futuro:

> A realidade dos outros tem interesse para nós, portanto. A experiência dos outros também. Se eu souber que um de vocês saiu por um dado caminho, tropeçou por todos os lados, magoou-se, e chegou todo quebrado, e se eu tiver de ir pelo mesmo caminho, tenho que ter cuidado, porque alguém já conhece a realidade desse caminho e eu conheço a sua experiência. Se houver outro caminho melhor eu procuro segui-lo mas se não houver, então tenho de apalpar com todo o cuidado, arrastando no chão se for preciso. A experiência dos outros tem grande importância para quem faz uma experiência qualquer. A realidade dos outros tem grande importância para a realidade de cada um. Muita gente não entende isso, pega na sua realidade com a mania de que vão inventar tudo: "Eu não quero fazer o mesmo que os outros fizeram, nada que os outros fizeram". Isso é uma prova de grande ignorância. Se queremos fazer uma coisa na realidade, temos que ver quem é que já fez igual, quem fez parecido, quem fez ao contrário, para podermos adquirir alguma coisa da sua experiência. Não é para copiar totalmente, porque cada realidade tem os seus problemas próprios e a solução própria para esses problemas. (CABRAL, 1974b, p. 35)

Quando Cabral fala de realidade, aqui, sua fala não tem apenas uma dimensão literal. Ele se refere de maneira bem didática à experiência individual de um sujeito, mas sua fala é também uma alegoria que representa a necessidade de compreender experiências distintas de luta contra o colonialismo. Cabral valoriza não uma imagem estática, mas a experiência vivida de todo um processo de luta. Aqui, desenha-se, de maneira evidente, o mesmo sentido encontrado em Césaire: aprender com o que já foi realizado, agir no presente a partir de suas questões específicas, de modo a transformar esse presente, criando condições mais favoráveis à existência da população negra em um futuro.

CULTURA DE LUTA ANTIRRACISTA

A percepção até aqui levantada acerca da cultura e de seu papel na luta anticolonial guarda significados compartilhados em distintas experiências de resistência. Frantz Fanon, por exemplo, indica o seguinte:

> Pensamos que a luta organizada e consciente empreendida por um povo colonizado para reestabelecer a soberania da nação constitui a **manifestação mais plenamente cultural** que exista. Não é unicamente o sucesso da luta que dá, posteriormente, validade e vigor à cultura; não há hibernação da cultura durante o combate. **A própria luta**, no seu desenrolar, no seu processo interno, **desenvolve as diferentes direções da cultura e esboça novas orientações.** (FANON, 1979, p. 28, grifos meus)

Fanon inicia com a ideia de que a luta é a manifestação mais plenamente cultural que existe e segue indicando que essa luta, em seu decorrer, desenvolve as direções da cultura, o que, para Cabral, significaria dizer que a luta produz cultura. É nesse movimento que Stuart Hall entra no diálogo. Para o autor:

> O que denominamos "nossas identidades" poderia provavelmente ser melhor conceituado como as sedimentações através do tempo daquelas diferentes identificações ou posições que adotamos e procuramos "viver", como se viessem de dentro, mas que, sem dúvida, são ocasionadas por um

conjunto especial de circunstâncias, sentimentos, histórias e experiências única e peculiarmente nossas, como sujeitos individuais. Nossas identidades são, em resumo, formadas culturalmente. (HALL, 1997, p. 26)

Depois de tanto debate sobre a luta produzindo cultura, o que torna o argumento de Hall, de que as identidades são formadas culturalmente, tão importante para o trabalho aqui proposto é que, a partir dele, poderemos compreender como as lideranças implicadas na luta anticolonial, que precisavam prescindir dos argumentos teórico-políticos tradicionais, afetavam os sujeitos mobilizando-os para a luta.

Cabral, numa perspectiva que se assemelha à que vai ser mais tarde construída por Hall, informa sobre a existência de diferentes "níveis de cultura". O que podemos observar aqui é que, ao indicar o "nível de cultura" como fundamental para a mobilização da sociedade, o que Cabral indicava era a centralidade da cultura no processo de mobilização para a luta anticolonial. Quanto maior a exposição à *cultura de luta*, pensando num mesmo grupo social, maior a propensão ao movimento de libertação:

> A atitude e o comportamento de cada categoria ou de cada indivíduo face à luta e ao seu desenvolvimento são, certamente ditados pelos seus interesses econômicos e também profundamente influenciados pela sua cultura. Pode-se mesmo afirmar que é a diferença dos níveis de cultura que explica os diferentes comportamentos dos indivíduos duma mesma categoria social face ao movimento de libertação. (CABRAL, 1980, p. 87)

Se as identidades e subjetividades são moldadas culturalmente, o grande passo, aqui, é perceber que são as ações sociais que produzem esses sistemas ou códigos de significado; as culturas que dão sentido às ações humanas. Nesse sentido, é preciso retomar uma vez mais os "níveis de cultura" de Cabral. Olhando a partir das lentes de Hall, percebemos que a exposição do sujeito aos códigos de significados produzidos na luta anticolonial dá sentido às suas ações. Segundo Stuart Hall:

[...] falamos da "cultura" das corporações, de uma "cultura" do trabalho, do crescimento de uma "cultura" da empresa nas organizações públicas e privadas (DU GAY, 1997), de uma "cultura" da masculinidade (NIXON, 1997), das "culturas" da maternidade e da família (WOODWARD, 1997b), de uma "cultura" da decoração e das compras (MILLER, 1997), de uma "cultura" da desregulamentação (nesta obra), até mesmo de uma "cultura" do em forma, e – ainda mais desconcertante – de uma "cultura" da magreza (BENSON, 1997). O que isto sugere é que **cada instituição ou atividade social gera e requer seu próprio universo distinto de significados e práticas – sua própria cultura**. (HALL, 1997, p. 32, grifo meu)

Compreendo, aqui, como afirmava Cabral, a luta – essa atividade social – como produtora de uma série de novos códigos de significados e práticas, ou seja, de uma nova cultura, uma *cultura de luta*. Se Cabral (1980, p. 71) insistia na importância da cultura adquirida no "seio do seu povo, no quadro da luta de libertação do seu povo" ou ainda que "[...] a reconversão – reafricanização [...] pode verificar-se antes da luta, mas só se completa no decurso desta, no contato quotidiano com as massas populares e na comunhão de sacrifícios que a luta exige" (CABRAL, 1980, p. 61), me parece que ele não se referia à cultura de maneira ingênua, mas, sim, ao que venho chamando aqui de *cultura de luta*, aquela capaz de mobilizar os sujeitos para a luta anticolonial. Bhabha diz que:

> As diferenças sociais não são simplesmente dadas a experiência através de uma tradição cultural já autenticada; elas são os signos da emergência da comunidade concebida como projeto – ao mesmo tempo uma visão e uma construção – que leva alguém para além de si para poder retornar, com um espírito de revisão e reconstrução, às condições políticas do presente. (BHABHA, 1998, p. 21-22)

Assim, mesmo que o processo de reafricanização proposto por Cabral como estratégia de desalienação pudesse ser iniciado antes da luta, ele só poderia se completar no decurso dela, diante dos signos produzidos na emergência de uma comunidade concebida como um projeto, no caso, um projeto de nação guineense e cabo-verdiana livres do colonizador, gerando e requerendo um universo próprio de significados e práticas. Apenas a partir do contato com esse universo é que o processo se completa. Não se trata de uma cultura essencializada, mas, sim, de cultura como um movimento que vai afetando à mesma medida que vai se transformando.

A *cultura de luta* é um processo e pôde ser utilizada, na luta anticolonial, como uma estratégia, justamente por seu potencial de circulação e geração de "instabilidade produtiva de mudança cultural" (BHABHA, 1998, p. 68). Hall exemplifica a potencial mudança cultural gerada a partir da produção de novos códigos, por determinada ação:

> Por que, na verdade, aconselhamos nossos amigos que estão com problemas, senão pela expectativa de que o que dissermos realmente mude suas atitudes, e que esta "mudança de cultura" mude seu comportamento, e que eles conduzam suas práticas sociais de forma diferente, conforme um novo conjunto de normas e significados culturais? (HALL, 1997, p. 40-41)

Para compreender tal capacidade da *cultura de luta* de circular, se alastrar e fazer com que mais sujeitos conduzam suas práticas no sentido de um projeto comum, é preciso ajustar a lente e olhar mais de perto esse processo. Renée Green (citada por BHABHA, 1998, p. 22), em conversa com Donna Haraway (curadora de arte contemporânea do Worcester Museum), ao falar de sua obra *Sites of genealogy*, diz o seguinte:

> Usei a arquitetura literalmente como referência, usando o sótão, o compartimento da caldeira e o poço da escada para fazer associações entre certas divisões binárias como superior e inferior, céu e inferno. O poço da escada tornou-se um espaço liminar, uma passagem entre as áreas superior e inferior, sendo que cada uma delas recebeu placas referentes ao negro e ao branco.

Sobre essa obra, Homi Bhabha segue:

> O poço da escada como espaço liminar, situado no meio das designações de identidade, transforma-se no processo de interação simbólica, o tecido de ligação que constrói a diferença entre superior e inferior, negro e branco. O ir e vir do poço da escada, o movimento temporal e a passagem que ele propicia, evita que as identidades a cada extremidade dele se estabeleçam em polaridades primordiais. Essa passagem intersticial entre identificações fixas abre a possibilidade de um hibridismo cultural. (BHABHA, 1998, p. 22)

Essa representação "gráfica" da escada como um espaço liminar entre as designações da identidade, desenhando um espaço que permite a interação simbólica, é bastante significativa. É nesse espaço liminar que se tornam possíveis os entre-lugares. Como Bhabha indica adiante, é ali que as trocas se tornam possíveis e, portanto, é ali que existe a possibilidade de pôr em movimento identidades e subjetividades originárias. Assim, sujeitos são afetados pela *cultura de luta*, e essa interação possibilita que eles voltem suas ações para o projeto de transformação social em questão. Conforme Bhabha:

> O que é teoricamente inovador e politicamente crucial é a necessidade de passar além das narrativas de subjetividades originárias e iniciais e de focalizar aqueles momentos ou processos que são produzidos na articulação de diferenças culturais. Esses "entre-lugares" fornecem o terreno para a elaboração de estratégias de subjetivação – singular ou coletiva – que dão início a novos signos de identidade e postos inovadores de colaboração e contestação, no ato de definir a própria ideia de sociedade. (BHABHA, 1998, p. 20)

De maneira sintética, compreendo, nesse processo, a existência de uma demanda, um objetivo concreto, que se transforma numa luta. Tal luta cria a exigência e as condições necessárias para a ocorrência de transformações de determinados códigos. Conforme Hall nos indicou anteriormente, a luta "gera e requer seu próprio universo distinto de significados e práticas" (HALL, 1997, p. 32). Essas transformações consolidam uma *cultura de luta* no decorrer desse processo. Para que a libertação de fato se consolide, é preciso que os indivíduos sejam afetados pela *cultura de luta*, ou seja, é preciso que eles sejam expostos às transformações que a luta exige. Nesse sentido, é apenas quando imbuídos dessa *cultura de luta* que os sujeitos passam a guiar todas as suas agências dentro do objetivo concreto, que é, no caso da luta anticolonial, a independência de seu país.

Compreender a *cultura de luta* é um ponto crucial para o desenvolvimento do trabalho aqui proposto, já que tomo como hipótese que a luta antirracista empreendida pelo movimento negro brasileiro gera novos códigos de significados e, dessa maneira, também produz *cultura de luta* – neste caso, uma *cultura de luta* antirracista. Tal cultura tem o potencial de afetar as subjetividades, no sentido de mobilização para a luta antirracista.

RACISMO E ANTIRRACISMO NO SÉCULO 21

Entre os anos de 2011 e 2015, participei de um esforço de pesquisa, no âmbito do projeto PET – Conexões de Saberes/Diversidade, na UFRJ, no sentido de compreender a implementação da Lei 10.639/03, no ensino de História do Rio de Janeiro. Durante o processo de entrevistas, alguns professores evidenciaram que, por se tratar de um campo muito mais subjetivo da ação e não apenas do domínio de um conteúdo, a legislação não garantiria a efetiva atuação do professor no sentido de uma educação antirracista. Essa questão, que me foi apresentada ainda durante a graduação, é eficiente em exemplificar a importância de compreender a *cultura de luta antirracista*. Hall chama nossa atenção para a importância de entendermos "como a cultura é modelada, controlada e regulada":

> [a] razão pela qual é importante sabermos como a cultura é modelada, controlada e regulada é que a cultura, por sua vez, nos governa – "regula" nossas condutas, ações sociais e práticas e, assim, a maneira como agimos no âmbito das instituições e na sociedade mais ampla. Mas o que isto

significa? Como a cultura "regula" as práticas sociais? Como a cultura faz para governar? (HALL, 1997, p. 26)

Essas respostas são importantes porque, compreendendo melhor o processo de produção e circulação de *cultura de luta antirracista*, torna-se possível mobilizá-la de maneira estratégica, na formação do professor de História.

Silvio Almeida (2019), que começa seu livro *Racismo estrutural* citando o poeta Amílcar Cabral, fala acerca de três concepções de racismo: a concepção individualista, a concepção institucional e a concepção estrutural. É importante evidenciar que as concepções apresentadas não são substitutivas umas das outras; antes, elas são complementares. A concepção estrutural não apaga a dimensão institucional do racismo, assim como as duas anteriores não apagam também sua dimensão individual. A ideia é, em realidade, complexificar nossa capacidade de olhar para esse fenômeno social e compreendê-lo de forma mais profunda.

Ao apresentar a concepção institucional do racismo, Silvio Almeida demonstra a íntima relação entre as instituições e a cultura, sugerindo ainda que, "em outras palavras, é no interior das regras institucionais que os indivíduos se tornam *sujeitos*, visto que suas ações e seus comportamentos são inseridos em um conjunto de significados previamente estabelecidos pela estrutura social" (ALMEIDA, 2019, p. 38-39). No decorrer de seu texto, Almeida dá outros exemplos que podem nos ajudar a localizar essas instituições; são eles: o legislativo, o judiciário, o Ministério Público e as reitorias de universidades. Um dos exemplos mencionados por Silvio Almeida, e que particularmente nos interessa aqui, é a escola.

Jerry Dávila (2006) mostra, em seu livro *Diploma de brancura: política social e racial no Brasil – 1917-1945*, como essa instituição se estrutura em torno de um conjunto de significados compartilhados pela estrutura social naquele momento para organizar o que se tornou modelo de educação no Brasil até hoje. Segundo Dávila, a grande questão que se colocava era a construção de uma identidade nacional que espelhasse as ideias e ambições de modernidade que se almejava para a nação. "Construir" um homem brasileiro modelo tornou-se uma missão das escolas. Segundo diz o autor:

> Os dirigentes da educação pública no Brasil na primeira metade do século 20 não impediram alunos de cor de frequentarem suas escolas. Ao contrário, entre 1917 e 1945, eles se empenharam em uma série de expansões do sistema escolar e em projetos de reforma que visavam a tornar as escolas públicas acessíveis aos brasileiros pobres e não brancos que, na virada do século, eram, em sua ampla maioria, excluídos da escola. Esses educadores buscavam "aperfeiçoar a raça" – criar uma "raça brasileira" saudável, culturalmente europeia, em boa forma física e nacionalista [...] A tarefa em mãos, então, era encontrar novas formas de criar brancura. Assim, dotados da incumbência de forjar um Brasil mais europeu e presos a um senso de modernidade vinculado à brancura, esses educadores construíram escolas em que quase toda ação e prática estabelecia normas racializadas e concedia ou negava recompensas com base nelas. (DÁVILA, 2006, p. 21-25)

Pudemos perceber, a partir desse exemplo específico sobre a instituição escola, que existe uma cultura racista que vem balizando as normas nesse ambiente, desde as mais simples e, portanto, conformando subjetividades baseadas numa cultura racista.

Em seu texto "Por uma autêntica democracia racial", citando João José Reis e Flávio Gomes, Amilcar Pereira (2012) chama a atenção para o seguinte:

> Assim como o sistema escravista abrangeu todo o território nacional, as lutas contra a escravidão também se espalharam por todo o país, na medida em que, como dizem João José Reis e Flávio Gomes, "onde houve escravidão houve resistência. E de vários tipos". Se o sistema escravista teve alguma importância para a estruturação do que conhecemos como o Brasil no século XIX, e se onde houve escravidão também houve a luta contra a escravidão, então a luta contra a escravidão também foi um elemento estruturante, que contribuiu, portanto, para a formação de nossa sociedade. Essa resistência, de que falam João Reis e Flávio Gomes, as lutas

travadas de diferentes formas, [...] foram importantes para a formação de nossa sociedade. (PEREIRA, 2012, p. 119)

A partir do exposto, o autor segue indicando a importância, diante disso, de apresentar dentro da disciplina História, as lutas do movimento negro brasileiro, criando possibilidades de mostrar que, se o racismo estrutura a sociedade hoje, o antirracismo a estrutura também. A ação social produz cultura. A luta social antirracista protagonizada pelo movimento negro produz *cultura de luta antirracista*. Se tomamos como certo o argumento de que as lutas contra a escravidão conformaram a sociedade brasileira, consequentemente, as lutas contra o racismo também a conformam. Retomando Hall, com quem iniciamos este tópico, é preciso compreender a cultura e, em nosso caso, a *cultura de luta antirracista*, produzida pelo movimento negro brasileiro do século 21, para que ela possa ser mobilizada enquanto uma arma, estratégia, assim como foi a *cultura de luta anticolonial*, na luta contra o colonialismo.

Se as instituições são, conforme afirma Silvio Almeida (2019), crivadas dos códigos de significados racistas produzidos na sociedade e, por isso, produzem sujeitos que reproduzem tais códigos, compreendemos que, ao trazer para este diálogo o potencial da *cultura de luta antirracista*, planto nesse quadro explicativo a semente de um outro modelo de cultura capaz de possibilitar sujeitos que reproduzam os códigos da *cultura de luta antirracista*. A circulação dessa cultura é capaz de desestabilizar sujeitos individualmente, instituições e a própria estrutura social, uma vez que não é possível desconectar os indivíduos afetados de sua atuação em sociedade. Conhecer a *cultura de luta antirracista*, como ela surge, como afeta sujeitos e como circula, é importante diante da cultura racista que estrutura nossa sociedade.

Afetando sujeitos a partir de seus códigos, o contato com a *cultura de luta antirracista* promove a interação simbólica na fronteira com a cultura racista com que disputa. É nessa conversa que podem se desenvolver esforços e agências individuais e coletivas para transformar a realidade em um futuro imaginado. No que se refere ao objetivo principal deste trabalho, estou atenta, sobretudo, às possibilidades criadas pela *cultura de luta antirracista* na formação de professores de História.

O programa da primeira turma da disciplina Relações Étnico-raciais e Direitos Humanos – Período Letivo Especial – UFRJ, onde fiz o trabalho de campo para a pesquisa que deu origem a esta obra, tem como epígrafe o seguinte trecho: "[...] a pluralidade de passados torna plausível a pluralidade de futuros" (PAZ, 1984, p. 193).

RETOMANDO O QUE FICOU PARA TRÁS

Para encerrar este capítulo, retornemos à falsa oposição que nos trouxe até aqui. De um lado, encontraríamos o "jeito tradicional de fazer movimento negro", do outro, as questionadas formas de expressão política comumente relacionadas à juventude negra. Todos, manifestações políticas absolutamente imbuídas de *cultura de luta antirracista* e, como tal, aptas a circular essa cultura, afetar novos sujeitos e produzir novos imaginários. Manifestações, tais como o afrofuturismo, trabalhado mais profundamente aqui, mas também outras como a elaboração da estética corporal, já trabalhada em artigo anterior, publicado como "Performance e estética nas lutas do movimento negro brasileiro para reeducar a sociedade" (PEREIRA; LIMA, 2019), precisam ser interpretadas à luz do que nos diz Homi Bhabha:

> [...] o trabalho fronteiriço da cultura exige um encontro com "o novo" que não seja parte do continuum de passado e presente. Ele cria uma ideia do novo como ato insurgente de tradução cultural. Essa arte não apenas retoma o passado como causa social ou precedente estético ela renova o passado, refigurando-o como um "entre-lugar" contingente, que inova e interrompe a atuação do presente. O "passado-presente" torna-se parte da necessidade, e não da nostalgia, de viver. (BHABHA, 1998, p. 27)

Propus-me, até aqui, a trabalhar com um repositório de experiências vividas de um processo de luta contra o regime colonial, a partir dos escritos de algumas de suas principais lideranças políticas, compreendendo sua influência de maneira transnacional e compartilhada. A partir disso, busco agir no presente construindo ferramentas, como a categoria de *cultura de luta antirracista*, que possibilitem compreender melhor nosso contexto, inovando, interrompendo a ação do presente em curso, e, portanto, contribuindo para a abertura das novas vias para um futuro plural, onde existam pessoas, experiências e representações positivas da população negra.

CAPÍTULO 2
MOVIMENTO NEGRO DO SÉCULO 21

> *Eu sempre brinco pensando em uma coisa: ser uma espécie de canivete suíço, se desdobrar em mil, é uma característica do nosso povo. Dar amplidão a essa característica é uma característica do nosso tempo.*
>
> **(EMICIDA, 2021)**

Iniciei o capítulo anterior explicitando o que venho compreendendo enquanto cultura, ancorada naqueles sujeitos que, com armas nas mãos, defenderam suas revoluções por libertação do colonialismo. Cabe agora refletir sobre o movimento negro no período em que vivemos, o século 21, e sobre como a perspectiva de cultura estabelecida ajuda a compreender as características e a conformação do movimento negro neste século.

A tensão entre rupturas e continuidades na luta antirracista é uma marca característica deste capítulo, que trata de distinguir o movimento negro em atuação no século 21 daquele que veio antes. A própria tensão tem paralelo com outros momentos desse movimento, como podemos perceber na análise do filme *Frente Negra Brasileira: a história de uma luta*, um registro audiovisual feito por Amauri Pereira e Yedo Ferreira e produzido pela Enugbarajó (FRENTE, 1985-1986). A gravação guarda memórias de um encontro realizado no Aristocrata Clube, em São Paulo, entre militantes fundadores da Frente Negra Brasileira, organização da década de 1930, com militantes do movimento negro da década de 1970. Ao analisar o vídeo, os autores Afonso Gonçalves, Amilcar Pereira, Douglas Gonçalves e Odara Dias Philomena destacam o seguinte:

> Nesse filme de 1985, em específico, chama a atenção o fato de que, ainda que a luta da população negra seja o elemento unificador das diferentes gerações que ali se encontravam, fica evidente uma divergência quanto à percepção que diferentes sujeitos apresentavam sobre a questão da continuidade ou não da luta contra o racismo na sociedade brasileira nos anos de 1980. Os membros da Frente Negra pareciam acreditar que o movimento negro dos anos de 1980 não tinha uma ligação com aquilo que fora feito

na primeira metade do século 20 pela FNB; enquanto os jovens militantes acreditavam que sim, havia uma importante ligação com o passado, tratava-se de uma continuidade da luta antirracista no Brasil. (GONÇALVES *et al.*, 2021, p. 54)

Os autores seguem apresentando a fala de Milton Barbosa, militante no sindicato dos metroviários e na Liga Operária (LO) durante a ditadura militar e cofundador da primeira Comissão de Negros do Partido dos Trabalhadores (PT) e do MNU, em 1978. Reafirmam, assim, sua posição de que o movimento das décadas de 1970 e 80 representava a continuidade da luta que os precedera, sugerindo a importância do levantamento da "memória da população negra" para que fosse possível perceber essa continuidade; e apresentando a "reavaliação do papel do negro na história do Brasil" como uma das demandas fundamentais desse movimento (BARBOSA apud GONÇALVES *et al.*, 2021, p. 55). Como estratégia de luta por essa memória, indica-se que o material audiovisual, como o próprio vídeo mencionado há pouco, teve grande importância, por sua possibilidade de alcançar um público maior do que apenas aquele que frequentava as escolas. Se, lá nas décadas de 1970 e 80, a intenção era aumentar o alcance do público em geral para essa "memória da população negra", no século 21, a capacidade de afetação das narrativas produzidas pelo movimento negro para esse fim se expande exponencialmente, alcançando novos níveis de circulação. Mencionando as fontes utilizadas para a elaboração do trabalho, os autores indicam que:

A disponibilização de vídeos que abarcam a temática das lutas negras e antirracistas é uma iniciativa do CULTNE – Acervo da Cultura Negra, que desde 2009 mantém o site no ar com o objetivo de promover estes conteúdos, com a ideia de que "a informação é disseminadora", vinda dos Panteras Negras estadunidenses. O CULTNE possui também um canal no YouTube (http://www.cultne.com.br/) como forma de distribuir seu acervo de mais de quarenta anos de vídeo do que chama de "universo afro imaginário". (GONÇALVES *et al.*, 2021, p. 56)

Conforme indica Emicida (2021) na epígrafe deste capítulo, "se desdobrar em mil é uma característica do nosso povo", seja com a Frente Negra Brasileira, o MNU, o Enugbarajó ou outras tantas narrativas produzidas pelo movimento negro com a intenção de afetar sujeitos a partir da cultura de luta antirracista. Dar amplidão a toda essa história, fazendo circular essa cultura de luta, afetando sujeitos em espaços cada vez mais distantes das instituições propriamente ditas, conforme a ação do CULTNE, em 2009, ao disponibilizar esse gigante acervo produzido através da internet, é uma característica do nosso tempo.

"EU NÃO ME SINTO PARTE DO MOVIMENTO NEGRO JUSTAMENTE POR NÃO CONSEGUIR ENTENDER O QUE ELE É HOJE"

Dando sequência às tensões entre rupturas e continuidades que permanecem ainda hoje, há uma confusão bastante compreensível entre o que o movimento negro é e o que se convencionou representar acerca do que ele seria. Para compreender essa posição dúbia ocupada pelo movimento negro no imaginário atual, precisamos compreender, ainda que superficialmente, as relações entre signo, significante e significado.

O signo linguístico é uma relação que se estabelece entre um significante e um significado, nunca de maneira fixa no tempo ou no espaço, compreendendo que essas relações podem mudar. De acordo com Saussure:

> O signo, soma, sema, etc. só se pode, verdadeiramente, dominar o signo, segui-lo como um balão no ar, com certeza de reavê-lo, depois de entender completamente a sua natureza, natureza dupla que não consiste nem no envoltório e também não no espírito, no ar hidrogênio que insufla e que nada valeria sem o envoltório. O balão é o sema e o envoltório o soma, mas isso está longe da concepção que diz que o envoltório é o signo, e o hidrogênio a significação, sendo que o balão, por sua vez, nada é. Ele é tudo para o aerosteiro, assim como o sema é tudo para o linguista. (SAUSSURE, 2002, p. 102-103)

No caso de "movimento negro", enquanto signo que tento alcançar aqui, é preciso refletir acerca da relação entre seu significante e seu significado. O significante é a "imagem acústica" de uma palavra, o que Saussure chamou de "envoltório"; neste caso, o significante aqui em questão é "movimento negro". Já o significado é o conceito por trás da palavra, o "ar hidrogênio que insufla" aquele significante, o conteúdo ao qual nos remetemos ao usá-lo. A compreensão se dá quando significante e significado se encontram, dando um sentido ao signo, no interior de determinada linguagem.

Durante a pesquisa "Movimento Negro na Atualidade", perseguimos esse signo "movimento negro" e o que ele poderia querer dizer no século 21, já que significante e significado podem mudar conforme o tempo e o espaço. Na primeira fase, nossos respondentes preenchiam de maneira individual, online e sem a presença dos entrevistadores, um formulário previamente preparado, tendo como única interlocução possível a intencionalidade aplicada na produção das questões ali colocadas. A segunda fase foi de entrevistas de história oral, realizadas com uma parcela selecionada entre aqueles que responderam ao formulário. Nesse contexto, já existia a interlocução com os entrevistadores, o que punha em jogo uma série de visões de mundo, produções de memória e subjetividades. Esse duplo movimento me permitiu explorar com maior complexidade a percepção desses sujeitos acerca do signo "movimento negro", seu significante e seu significado.

Para o exercício a seguir, no qual analiso mais de perto as respostas preenchidas na primeira fase em relação à questão "O que você entende por movimento negro, em poucas palavras?", é importante ressaltar que não se trata de uma tentativa de categorizar de maneira fixa e bem-delimitada diferentes "níveis" de movimento negro. Os grupos de respostas foram categorizados de acordo com sua coerência interna, com base em ideias-chave que lhes eram recorrentes, suas aproximações e seus afastamentos. O que busco demonstrar aqui é que, de maneira geral, quando perguntados sobre o movimento negro, os sujeitos acionam uma pluralidade de significados para definir esse ator social. Alguns significados são intercambiáveis, alguns dialogam e alguns conflitam. É bom lembrar que, como as perguntas discursivas não eram obrigatórias, nem todos os respondentes que preencheram os formulários responderam a essa questão especificamente. Para a análise proposta nesse exercício, isso significa dizer que a soma da recorrência de respostas não será igual à quantidade total de respondentes da pesquisa (261).

1. No primeiro grupo de respostas, tivemos a recorrência de ações antirracistas a partir de indivíduos que direcionam suas ações para a coletividade negra: "Negros que lutam em prol da ascensão política e econômica da comunidade" ou ainda "Atuar. Conscientizar,

combater, nas relações diárias, o racismo estrutural que existe em nosso país". Nesta categoria, que foi a mais recorrente, obtivemos pelo menos 91 respostas.
2. Neste segundo grupo, com 51 respostas, foi possível perceber o entendimento de "movimento negro" enquanto uma reunião desses indivíduos da categoria anterior; neste grupo, o entendimento parte da agência individual para a coletiva. Alguns dos usos recorrentes para definir as coletividades em questão foram: conjunto, grupo, reunião, movimento de encontro, agrupamento e coletivo. Um exemplo de resposta extraída do formulário é a seguinte: "Conjunto de pessoas, ideias e práticas que promovem a dignidade do povo negro em todas as esferas da vida em sociedade".
3. A ideia-chave que reúne este terceiro grupo, com 31 respostas, é o recorrente uso do termo "movimento". O foco é diferente do tópico anterior. Se, antes, havia, de maneira expressa, uma noção de coletivização de indivíduos e suas agências, aqui, o movimento negro já é percebido e narrado a partir do coletivo no papel que desempenha enquanto ator social influenciando nas dinâmicas de poder. Alguns exemplos são: "Movimento de reparação e respeito ao negro e à sua cultura", "Movimento em prol da restauração da justiça social" e "Movimento que luta pela emancipação de um povo que forma a maior parte da classe trabalhadora, que teve sua história e seus heróis negados e que precisa passar por esse processo de libertação pra construir uma nova sociedade".
4. O quarto grupo de respostas é caracterizado principalmente por seu maior grau de institucionalização. Além do uso recorrente do termo "organização" para descrever sua estrutura, o que difere esse grupo dos demais é: a) uma noção mais estruturada do que seja movimento negro, indicando, por exemplo, organizações não governamentais enquanto a expressão da luta coletiva: "conjunto de ONGs que atuam na luta antirracista bem como no acesso a cidadania"; e b) suas pautas remetem a disputas mais institucionais como a produção e manutenção de políticas públicas: "Movimento social organizado com a finalidade de combater o racismo e empoderar os militantes

para promover ações que viabilizem a implantação do Estatuto de Promoção de Igualdade Racial". Nas 33 respostas categorizadas neste grupo, pudemos perceber também uma ideia recorrente de movimento negro enquanto um aglutinador de entidades e instituições.

5. Por fim, neste último grupo, que contou com 19 respostas, encontramos sujeitos que identificam o movimento negro de maneira ampla, enquanto qualquer ação antirracista, seja individual ou coletiva, desde que tenha como direcionamento o fim do racismo na sociedade. Por exemplo: "Antigas organizações negras (quilombos e irmandades), grupos e indivíduos negros que combatam o racismo, e (re)criação das expressões culturais e de defesa da gente negra" ou ainda "Dinâmica de intervenção cotidiana, baseada na perspectiva da individualidade e da coletividade negra, com ênfase na valorização da ascendência negra em todos os contextos sociais".

A partir da análise das respostas do formulário, apresentada anteriormente, já é possível observar que o que se entende por "movimento negro" no imaginário dos próprios sujeitos engajados na luta antirracista é plural em termos de estrutura. Quando me proponho a observar mais de perto, a partir das entrevistas de história oral, que necessariamente põe subjetividades em diálogo, o que percebo é um novo movimento para além dessa pluralidade estrutural já observada. O que encontro é um certo descompasso entre o significante e o significado de "movimento negro", que provoca nossos entrevistados ao ponto de, em alguns casos, mesmo se entendendo enquanto sujeitos engajados na luta antirracista no Brasil, não conseguirem se definir claramente enquanto parte do movimento negro.

A produção da "memória do movimento negro" e a pauta da "reavaliação do papel do negro na história do Brasil", mencionadas anteriormente na fala de Milton Barbosa (apud GONÇALVES *et al.*, 2021, p. 54-55), são dois projetos bastante bem-sucedidos do movimento negro contemporâneo (termo que remete a um contexto sócio-histórico específico de luta antirracista, que compreende os anos entre 1970 e 1995). Apesar da lacuna ainda existente diante do extenso projeto de apagamento da história da população negra no Brasil, é inegável a percepção de que, hoje, temos maior acesso à trajetória e à memória de diversos sujeitos e processos importantes da luta antirracista neste país. A própria Lei 10.639/03, fruto de muita luta e articulação política desse movimento, leva adiante o exercício contínuo da reavaliação do papel do negro na história do Brasil. Hoje, seja lá que tipo de luta antirracista esteja sendo levada a cabo, não é possível desconectá-la das outras gerações de movimento negro, como continuidade de sua luta, mas diante de um racismo que sempre se atualiza.

A própria centralidade que a imagem do MNU ocupa no imaginário acerca dessas lutas das décadas de 1970 e 80 é fruto do projeto bem-sucedido de produção de memória, com o qual aquele movimento se preocupava. Pereira indica, em seu livro acerca da constituição do movimento negro contemporâneo no Brasil, o seguinte:

> É importante ressaltar que o surgimento do MNU em 1978 é considerado, tanto pelos próprios militantes quanto por muitos pesquisadores, como o principal marco na formação do movimento negro contemporâneo no Brasil na década de 1970. (PEREIRA, 2013, p. 132)

Ou seja, apesar da existência de vários grupos voltados para a transformação da sociedade em direção ao fim do racismo desde o início da década de 1970, e que compõem o que se convencionou chamar de movimento negro contemporâneo, o MNU é reconhecido por militantes e pesquisadores como o principal marco desse movimento.

Sobre o texto em questão, apesar de referir-se ao movimento negro das décadas de 1970 e 80, período considerado naquela pesquisa, a tese foi defendida em 2010, lançada como livro no ano de 2013 e reimpressa no ano de 2020, o que, de certa maneira, demonstra a força da circulação dessa ideia entre os pesquisadores no século 21. Outro exemplo do lugar de centralidade do MNU no processo de produção das memórias, agora no imaginário social em geral, é o documentário *AmarElo: é tudo pra ontem*, do rapper Emicida. Correspondendo à ideia de dar amplidão à luta da população negra, o rapper lança seu documentário no mais popular serviço de streaming de vídeo do país. No documentário, o rapper faz um paralelo entre a ocupação das escadarias do Municipal em 1978, no ato de fundação do MNU, e a ocupação daquele palco no momento em questão, e esse veículo possibilita que a narrativa extrapole a academia e o próprio movimento social. Conforme disse o próprio Emicida em entrevista concedida ao jornal *El país*:

> Não sou o primeiro artista negro, não sou o primeiro representante de um movimento popular a subir naquele palco. Mas conseguimos criar um contexto onde levamos lá para dentro um número imenso de pessoas que passam ao redor do Theatro todos os dias mas não se perguntam: "Por que a gente nunca entrou nesse teatro?". Porque nunca nos convidaram a pertencer a ele. Quarenta anos depois do nascimento do Movimento Negro Unificado, em 1978, temos a oportunidade de ocupar esse palco. O mais simbólico e mágico dessa ocupação foi encontrar algumas das pessoas que estavam naquelas escadas lutando por um Brasil mais justo, na criação do MNU, e colocá-los no meio do teatro.

P.: São três homens e uma mulher que, no meio do concerto, se levantam?
R.: Sim, isso. O momento em que eles se levantam é muito forte e simbólico porque foram aquelas pessoas que lutaram para que eu estivesse naquele palco. Para que eu sonhasse e acreditasse que poderia ser o Emicida. Essa é a importância de trazer o Theatro Municipal para o centro da história que estamos contando. (GALARRAGA, 2020)

Longe de qualquer crítica à produção dessa memória, tão importante para que tenhamos contato com a luta antirracista produzida em outros tempos, o que busco reforçar aqui é que o protagonismo do MNU, enquanto importante marco na memória coletiva, é uma narrativa que circula com força no século 21. Por se constituir em organização-chave nesse processo, Amilcar Pereira sugere, inclusive, que sua:

[...] formação parece ter sido responsável pela difusão da noção de "movimento negro" como designação genérica para diversas entidades e ações a partir daquele momento. Vale ressaltar que, segundo Regina Pahim Pinto, o termo "movimento negro" apareceu pela primeira vez ainda em 1934, num texto publicado no jornal *A voz da raça*, que era o órgão de divulgação da Frente Negra Brasileira (FNB). (PINTO, 1993: 213) Entretanto, esse termo passou a ser utilizado recorrentemente pelos militantes que se engajaram na luta contra o racismo durante a década de 1970 "para designar o seu conjunto e as suas atividades". (PEREIRA, 2013, p. 87)

A entidade acabou por influenciar o uso do significante "movimento negro" para designar toda ação coletiva antirracista empreendida no Brasil a partir daquele momento. Dessa maneira, foi a ação coletiva produzida naquele período que preencheu esse significante de significado e se tornou uma marca para o que é imaginado acerca do signo "movimento negro", no Brasil, até hoje.

Em 6 de julho de 2018, no âmbito do projeto Movimento Negro na Atualidade, eu, Amilcar Pereira e Jorge Maia entrevistamos, no Hotel Aracoara, em Brasília (DF), o psicólogo Vinícius Dias, integrante da Articulação Nacional de Psicólogas(os) Negras(os) e Pesquisadoras(es) (ANPSINEP) do Distrito Federal. Vinícius Dias visibiliza essa conexão construída no imaginário entre a categoria "movimento negro" e a instituição:

> Eu não sei nem se cabe esse nome... Movimento Negro, não sei. Quando falam em movimento negro isso me remete a 1978, Abdias Nascimento, a MNU, me remete a isso. E hoje tem isso, mas tem muito mais. Eu não sei qual é o nome, mas eu vejo que é algo muito pulverizado para além daquele movimento negro.

Nesse trecho, ao ser questionado acerca do que é o movimento negro hoje, Vinícius, inicialmente, nos permite observar o impacto da instituição MNU na memória coletiva acerca do movimento negro em geral. Em seguida, ele nos dá pistas sobre um possível deslocamento do significado da categoria "movimento negro". O que "movimento negro" representa em seu imaginário descompassa com o que o movimento negro é em sua percepção do cotidiano. Esse desalinho não é uma particularidade do depoimento de Vinícius; ele se torna perceptível através das respostas de alguns outros entrevistados.

Vejamos, por exemplo, o caso de Jéssyca Silveira, historiadora, professora, mestra em História Social e articuladora da Rede de Afro Profissionais (RAP). Jéssyca foi entrevistada em 8 de junho de 2018, no âmbito do projeto Movimento Negro na Atualidade, por mim, Amilcar Pereira e Jorge Maia, no campus do Instituto de História da UFRJ, no Rio de Janeiro.

As respostas da entrevistada às perguntas do formulário "Movimento Negro na Atualidade", "Você faz parte de alguma entidade/instituição/coletivo do movimento negro?" e "Você se identifica enquanto militante do movimento negro?", indicam, respectivamente, sua participação em uma entidade/instituição/coletivo do movimento negro e sua identificação enquanto militante desse movimento. Apesar disso, durante a realização da entrevista, Jéssyca parece não se apropriar efetivamente desse lugar, por não conseguir alcançar exatamente o que ele significa:

> Eu não me vejo necessariamente como parte do movimento negro, justamente por não conseguir assumir e determinar o que ele é hoje. E também por eu acreditar que ele é plural e que está em tantas pequenas coisas. Eu sou parte dele, mas ao mesmo tempo eu estou só fazendo o que eu acho que eu tenho que fazer.

Já Manuel José Ávila da Silva, professor de História, integrante do Grupo de Trabalho Antirracista (GTAR) da prefeitura de Porto Alegre e idealizador do projeto "Territórios Negros", que visava ao resgate da memória e à construção de narrativas históricas em torno de importantes pontos de ocupação marcadamente negra na capital gaúcha, foi entrevistado no âmbito do projeto Movimento Negro na Atualidade, em 22 de junho de 2018, por mim, Amilcar Pereira e Jorge Maia, na sede do Quilombo do Areal da Baronesa, em Porto Alegre. Manuel

Silva, depois de descrever uma efervescente cena de coletividades antirracistas em Porto Alegre, indica sua falta de convicção em usar o termo "movimento negro":

> Eu acho que tem uma vitalidade muito bacana... tem um pessoal mais jovem e com uma perspectiva de combate ao racismo muito plural. O pessoal junta o espaço acadêmico com a ação na rua e com o debate. Então tem colegas professores jovens da prefeitura, negros e não negros, negras e não negras, recuperando essa história toda com a sua ação contemporânea. E tem grupos de jovens, um pessoal que está ligado à universidade, que está ligado aos movimento sociais, que está ligado a essas lutas da periferia também. Eu acho que tem uma dispersão muito bacana, que produz muitas frentes. [...] Eu não consigo falar com tanta convicção assim: "o **movimento negro**", mas reconheço a existência de uma **luta antirracista** bem importante, com um bom vigor. (grifos meus)

Percebam que o entrevistado não contesta a existência de ações antirracistas que, segundo ele, estão sendo colocadas em prática; o que se coloca em jogo aqui é o deslocamento do termo "movimento negro" para "luta antirracista", de maneira que ele se sinta mais confortável.

Patrícia Helena Xavier dos Santos, servidora pública federal do Departamento de Educação e Desenvolvimento Social (DEDS) da Universidade Federal do Rio Grande do Sul (UFRGS) e Integrante do Coletivo Atinuké – Grupo de Estudos sobre o Pensamento de Mulheres Negras, foi entrevistada em 21 de junho de 2018, no campus da UFRGS, em Porto Alegre.

Na fala de Patrícia Xavier, também é possível notar a incerteza que se soma a um certo grau de "sacralidade" ou reverência conferida ao uso daquela categoria. É quase como se os coletivos que promovem a luta de hoje não pudessem ser movimento negro, à luz do "verdadeiro" movimento, que, como sabemos, carrega as características específicas de um contexto sócio-histórico:

> Eu não me sinto apropriada para dizer "ah, eu pertenço ao movimento negro", mas eu me sinto uma mulher negra em movimento pela educação,

pela justiça e pela igualdade. Eu não consigo dizer: "Eu tenho propriedade para isso". Tenho uma caminhada em torno do movimento negro, em torno da causa negra, mas ainda assim eu não me sinto [...] parece que as outras pessoas têm uma caminhada de militância muito mais forte que a minha, muito mais destacada. Eu me sinto uma trabalhadora, uma mulher em movimento pela causa, apesar de fazer parte das Atinukés.

Mesmo sendo parte do grupo Atinuké, um coletivo antirracista, inclusive citado por outros entrevistados de Porto Alegre como um dos grupos que movimenta a cena antirracista da cidade, Patrícia demonstra uma relação de estranhamento com o termo. A hesitação aparece na medida em que o entendimento do que seja movimento negro vem num descompasso da própria prática coletiva antirracista desenvolvida no grupo do qual a entrevistada faz parte.

O que as falas anteriores demonstram é que não se trata de escassez de ações individuais ou coletivas cujas agências sejam direcionadas ao fim do racismo. Trata-se, sobretudo, de uma questão de significante e significado. O que significa ser parte do movimento negro? Mesmo para os sujeitos engajados na luta antirracista, o conteúdo dessa categoria encontra-se em uma zona cinzenta.

Ainda hoje, convencionamos considerar, em nossas análises, o movimento negro, esse sujeito social central na história do Brasil, como se ele permanecesse imutável, como se o contexto, os desafios e os marcos geracionais que promovem identificação, coletividade e produção de estratégias – que conferem significado ao termo – permanecessem iguais. Se posso oferecer uma metáfora neste momento, imagino um ser cuja casca, que já foi morada, agora o aprisiona. Essa casca que utilizamos, a categoria "movimento negro", remetendo necessariamente a um modelo específico de produção de luta, hoje dificulta que possamos olhar para a conjuntura e traçar análises, projeções e estratégias acerca da ação desse movimento no mundo. Reforço que a questão aqui não é, de maneira nenhuma, a de almejar superficialmente a mudança de nome do movimento. O que busco é preencher essa categoria com a experiência vivida da atualidade. Trata-se de compreender que o seu significado já não é mais o mesmo, apesar de guardar ainda algumas continuidades.

Se, na década de 1930, numa sociedade tão próxima do fim da escravidão e diante de uma crise econômica tão profunda quanto foi a crise cafeeira, os movimentos se articulavam em torno da integração da população negra na sociedade, e na década de 1970 tivemos a virada para um movimento negro que buscava por transformação social, em face de uma realidade de regime ditatorial desde 1964, com o advento do golpe civil-militar, hoje já não é possível ignorar o século 21 e as transformações que este contexto trouxe consigo.

O SÉCULO 21 E SUAS TRANSFORMAÇÕES

FRAGMENTAÇÃO, CAPILARIZAÇÃO E DESCENTRALIZAÇÃO DO MOVIMENTO NEGRO

Para iniciar as reflexões acerca deste século, gostaria de apresentar algumas respostas a uma pergunta que foi central nas nossas entrevistas: "Na sua opinião, como se configura o movimento negro na atualidade?". Como todas as questões em uma entrevista de história oral, nossos respondentes estavam livres para articular suas próprias experiências e subjetividades ao refletir sobre a questão. No decorrer das entrevistas, duas ideias principais começaram a emergir do campo: a de *fragmentação* e a de *capilarização* do movimento negro.

O depoimento de Ana Luísa Coelho Moreira, psicóloga e militante da ANPSINEP de Brasília (DF), é representativo da ideia de fragmentação. A entrevista foi realizada em 6 de julho de 2018, no Hotel Aracoara, em Brasília (DF). Nela, Ana Luísa diz o seguinte:

> [...] no movimento negro, eu percebo, de uns tempos para cá, muita dispersão e muito, entre aspas, "cada um por si", "cada grupo por si". Muitos grupos foram criados, foram fazendo pequenos grupinhos, mas que não conversam muito entre si. A minha leitura do movimento negro na atualidade é de *fragmentação*.

A perspectiva apresentada por Ana Luísa é complementada pela percepção de Joana Carmen do Nascimento Machado, professora, entrevistada em 28 de junho de 2018, no *campus* da UFPA, em Belém do Pará. Militante do CEDENPA, tradicional organização negra do estado do Pará, Joana indica um movimento de descentralização que se deu em determinadas organizações de movimento negro bastante tradicionais da década de 1970:

Então o movimento negro, para mim, hoje, são essas ações. São *ações localizadas*. Se tu fores entrar no site do MNU, ele está desatualizado. Era um site fodástico, potência. Tu vais no do CEDENPA, está desatualizado. Onde nós nos perdemos? Será que a gente conquistou tudo o que a gente queria?

Na articulação desses dois trechos, o movimento negro, aquele representativo de um outro tempo, conforme já conversamos, permanece como modelo de atuação e, por isso, a passagem de instituições mais estruturadas como as apresentadas por Joana, para esses "muitos grupos que foram criados", conforme a indicação de Ana Luísa, em vez de compreendida como uma característica do movimento em ação hoje, é, antes, recebida com estranhamento. Flávio Carrança, antigo militante do MNU que hoje atua na Comissão de Jornalistas pela Igualdade Racial – COJIRA-SP –, ao apresentar sua percepção acerca da estruturação desse movimento na atualidade, em entrevista realizada em 16 de junho de 2018, na sede do Sindicato dos Jornalistas Profissionais do Estado de São Paulo, sugere justamente a perplexidade, a atonização e a ausência de um polo de aglutinação: "Eu acho que a gente vive esse momento de perplexidade, de uma situação de movimento negro um pouco atonizado, talvez. Não tem um polo de aglutinação, como o MNU já teve essa vocação e outros organismos que foram criados".

O que me parece chamar a atenção nessas perspectivas que compartilham a ideia de fragmentação é a percepção acerca do movimento negro de hoje a partir do paradigma da falta, da ausência, do que se perdeu entre aquilo que o movimento era e o que hoje já não é mais. Joana termina sua colocação questionando: "Onde nós nos perdemos? Será que a gente conquistou tudo o que a gente queria?". Num esforço de refletir sobre essa questão, apresentando um outro campo de visão acerca da estruturação do movimento negro neste século 21, repito aqui a observação da professora Ana Flávia Magalhães Pinto, que nos encaminha a uma perspectiva menos centralizada:

O movimento negro, ainda que você não tenha pessoas institucionalizadas, ele alcançou corações e mentes em escala nacional. E a gente não sabe lidar com isso ainda, porque a gente tinha uma expectativa de que isso aconteceria se houvesse um entendimento único, tanto é que os mais velhos seguem dizendo: "O movimento negro precisa construir um projeto político de nação para o Brasil". Aí, eu falo: "Precisa! Mas você acha mesmo que vai ser com a cúpula? E você acha que esse projeto político de nação já não está, em alguma medida, sendo rascunhado por essa movimentação toda de gente dizendo: 'Não vou ficar no mesmo lugar'?".

O que Ana Flávia oferece é a possibilidade de uma outra visão do que seria o movimento negro. Uma visão que se estabelece por fora do paradigma da ausência a caminho de compreender as potencialidades do que o movimento negro é, e não se prendendo à falta do que ele deixou de ser. Isso, no entanto, impõe a necessidade de reajuste do olhar diante das expectativas de centralização e institucionalização na produção de lutas, conquistas e afetação de novos sujeitos para o antirracismo, num contexto em que a realidade é de capilarização da cultura de luta antirracista para o alcance de corações e mentes.

Ao pensar em movimento negro contemporâneo (1970-1995) e na formação de suas organizações, é evidente a primazia da circulação de cultura de luta antirracista de maneira centralizada num contato direto.

Zélia Amador de Deus, nascida em 1951 e doutora em Ciências Sociais pela UFPA, é uma das fundadoras do CEDENPA, no início da década de 1980, e participou, entre outras coisas, do grupo de trabalho interministerial criado em 1995 pelo Governo Federal. Foi uma das oradoras na delegação oficial do Brasil em Durban na III Conferência Mundial contra o Racismo e é a propositora do sistema de cotas implantado na UFPA, onde é professora. Como Zélia indica, "naquele período você não tinha computador, então era carta e telefone. E você acaba elegendo algumas figuras no país" (DEUS apud ALBERTI; PEREIRA, 2007, p. 102). No caso, Zélia segue indicando como Hélio Santos foi essa figura para ela (como vimos na seção "O entrelaçar dos caminhos" deste texto, o único negro a fazer parte da Comissão Provisória de Estudos Constitucionais, criada para subsidiar a elaboração da Constituição de 1988).

O relato de Amauri Mendes Pereira, no depoimento ao CPDOC-FGV (ALBERTI; PEREIRA, 2007), é pungente no sentido de evidenciar a forma direta como se dava esse contato. Nascido em 1951, Amauri formou-se em Educação Física pela UFRJ em 1974. Ele foi um dos fundadores da Sociedade de Intercâmbio Brasil-África (Sinba) e foi redator e dirigente do jornal *Sinba*, publicado pela entidade do mesmo nome entre 1977 e 1980. Participou da criação do MNU em 1978, em São Paulo, e integrou a direção do Instituto de Pesquisas das Culturas Negras (IPCN, 2011), fundado em 1975, no Rio de Janeiro, com o objetivo principal de estudar, pesquisar, denunciar e combater o racismo e todo e qualquer tipo de discriminação racial. Doutor em ciências sociais pela Universidade do Estado do Rio de Janeiro (UERJ), passou a atuar como professor do Departamento de Teoria e Planejamento de Ensino e do Programa de Pós-graduação em Educação, ambos da Universidade Federal Rural do Rio de Janeiro (UFRRJ). Amauri conta:

> No início de 1975 já havíamos criado a Sinba, fazíamos reuniões. Aí, ouvimos a notícia de que tinha surgido na Bahia um bloco afro que ia enfrentar a polícia, que ia fazer e acontecer no carnaval. Então nós nos programamos para ir para o carnaval na Bahia. [...] Acabou o carnaval, nós fomos, eu e Denival Barbosa. Sem dinheiro nenhum, de carona na estrada. Mas nós levamos o documento da Sinba para mostrar, para conhecer alguém na Bahia que fizesse isso. Não tínhamos referência nenhuma! Eu tinha um livro de capoeira do Waldeloir Rego, que era de uma biblioteca lá no Teatro Castro Alves. A gente ia lá perguntar por ele e, a partir dele, chegar no Candomblé e chegar no Ilê Aiyê. Era um pouco assim. [...] A gente tinha todo um negócio salvacionista. Disciplina: "Temos que acordar cedo. É missão!". A gente queria informação, bibliografia, queria tudo. [...] E na Bahia eu conheci Henrique Cunha Jr. Como? Chegamos lá sem o dinheiro da volta, mas, como o mundo era nosso e a gente estava lá em uma missão, a gente tinha que voltar de avião. Chegando lá, fomos perguntar: "Como que se faz para voltar de avião para o Rio?". A gente aprendeu que tinha o Correio Aéreo Nacional e que você podia pedir, mas levaria um mês. Dissemos: "Não, um mês, não. Tem que ser amanhã".

"Não tem condição." E, nessa negociação, tinha um outro negão esperto querendo voltar de avião: era o Henrique Cunha Jr. Nós falamos para ele lá: "Nós estamos aqui numa missão do movimento negro". Ele disse: "Meu pai é o Henrique Cunha, da Frente Negra Brasileira". "O que é isso?" Aí nós sentamos e passamos duas noites ali no aeroporto. O Cunha era da nossa "turma" [...], a família dele já vinha de longe. Tinha história. O pai e a mãe são militantes da linha de frente na década de 1930. Então, aquilo para nós foi um escândalo! "Tem isso tudo em São Paulo?" "Temos que ir para São Paulo. Vamos voltar para o Rio o mais rápido possível para ir a São Paulo." Aí começou a articulação com os paulistas. (PEREIRA apud ALBERTI; PEREIRA, 2007, p. 94-95)

Esse modelo corpo a corpo de contato, conexão e afetação resulta na produção de entidades mais integradas, que recorrentemente possuem estatutos, grupos formalizados e existência jurídica, modelos de organização bastante característicos das décadas de 1970 e 80. Amilcar Pereira (2013, p. 129) indica a formação de uma rede de relacionamentos entre os militantes negros brasileiros que cumpriu um importante papel na difusão de informações para a organização do movimento negro no país. Percebam que, com seu estatuto, o IPCN influenciou na criação do CCN.

Em entrevista disponível no livro *Histórias do movimento negro no Brasil*, Mundinha Araújo, fundadora do CCN, afirma:

> Eu fui para o Rio em mais uma de minha viagens e disse: "Agora eu vou procurar as entidades que estão lá". Falei com o pessoal: "Vou pegar estatutos, vou conversar..." [...] E fui para o IPCN, onde encontrei o Amauri, o Yedo e o Orlando, que era o presidente do IPCN. E conversei muito com eles, eles me deram uma cópia do estatuto [...], esse intercâmbio, que vai se prolongar por muitos anos, começa logo aí, antes do CCN estar formalizado. (ARAÚJO apud ALBERTI; PEREIRA, 2007, p. 96-97)

O CCN, por sua vez, influenciou na criação do Centro de Estudos da Cultura Negra (CECUN) em Vitória (ES). Seu fundador, Luiz Carlos

Oliveira, em entrevista disponível no livro *Histórias do movimento negro no Brasil*, conta:

> Conheci a Mundinha Araújo no Rio, porque ela ficou na casa da Lucila Beato quando teve um encontro na Candido Mendes, no início da década de 1980. Ah, foi ela quem me deu o modelo de estatuto para criar o Centro de Estudos da Cultura Negra (CECUN), em Vitória. (OLIVEIRA apud ALBERTI; PEREIRA, 2007, p. 97)

Desde que há luta antirracista, há também a produção e a circulação de cultura de luta antirracista. Uma das especificidades do século 21 na relação com essa cultura advém justamente do fato de que o contato direto entre militantes e entre organizações deixa de ser sua principal forma de circulação, abrindo espaço para outras possibilidades de afetação, menos centralizadas. A percepção de um movimento negro que alcançou corações e mentes incorre justamente dessa descentralização da circulação de cultura de luta antirracista. Isso nos direciona àquela outra ideia que emerge do campo para fornecer um modelo explicativo para a configuração do movimento negro deste século: a *capilarização*.

A trajetória de Maíra de Deus Brito é representativa de como se dá o processo de capilarização da cultura de luta antirracista na sociedade.

Jornalista, mestre e doutoranda em Direitos Humanos e Cidadania pela UnB e integrante do Coletivo Maré – Núcleo de Estudos em Cultura Jurídica e Atlântico Negro, Maíra foi entrevistada, no âmbito do projeto Movimento Negro na Atualidade, em 5 de julho de 2018. A entrevista foi realizada por mim, Amilcar Pereira e Jorge Maia, no Hotel Aracoara, em Brasília.

A entrevistada vai nos apresentando, de maneira bastante didática e elucidativa, no decorrer de sua trajetória, os diferentes contatos que teve com essa cultura, circulada a partir da atuação do movimento negro, no entanto, jamais de maneira tão estruturada. Podemos perceber, nos trechos a seguir, a forma pela qual essa cultura foi influenciando-a e provocando sua própria agência nos espaços que ela ocupava ao longo da vida. Maíra inicia falando sobre sua infância:

Eu lembro que a primeira experiência racista que eu tive foi no que a gente chamava de 1º, 2º ou 3º período, que hoje deve ser Educação Infantil. Eu não lembro, mas meu pai comenta que um belo dia eu não queria mais ir para a escola porque eu estava sendo vítima de ataques racistas.

P.: Você disse que seu pai é muito envolvido com política. Ele teve uma atuação antirracista?
R.: Na verdade, ele sempre trabalhou com pessoas que estavam se candidatando. Ele tem um pouquinho de envolvimento, muito pouco, mas a questão do racismo sempre foi debatida dentro da minha casa e logo cedo eu me interessei. [...] O meu pai sempre esteve envolvido, mas não muito; foi sempre uma coisa ali pela beira.

A entrevistada sugere que seu pai não fazia formalmente parte de um grupo de movimento negro, mas, sim, atuava na política partidária. No entanto, ela não exclui sua participação completamente; ao invés disso, indica um envolvimento "pela beira". É exatamente o envolvimento "pela beira" que, nesse caso, possibilita o contato com a cultura de luta antirracista, embora não necessariamente de maneira direta, ativa e deliberada por parte de seu pai. Maíra destaca, por exemplo, a clareza na identificação de que era um "ataque racista" o que lhe acontecia e segue evidenciando que o racismo era debatido em sua casa desde cedo. Esse contato de Maíra com a cultura de luta antirracista, que afetara seu pai, a muniu de ferramentas para que pudesse perceber o racismo no espaço escolar, enquanto ainda era muito jovem:

> [...] sem dúvida, uma das experiências racistas mais importantes que eu vivi foi de duas professoras que eu tive. Eu apresentava uma dificuldade com matemática e eu só precisava de alguém para sentar e falar: "Vamos juntos". [...] Era exatamente o oposto que eu tinha nessa escola. Essas professoras não estavam nem aí para mim, me tratavam de uma forma muito absurda, e eu não conseguia entender por que eu estava sendo tratada daquela forma. Eu lembro que todo ano tinha um trabalho na escola em que você tinha que indicar coisas que você quer combater: "A fome, a violência...". E

eu lembro de sugerir para a turma: "Eu acho que a gente precisa combater o racismo". Eu tinha 10 anos. Eu entendi que aquilo era racismo.

Maíra segue demonstrando como mais tarde, já no Ensino Médio, a partir da grande movimentação acerca da política de cotas raciais na UnB, promovida pelo EnegreSer, mais uma vez ela fortalece o contato com o debate racial. Esse grupo foi, durante um bom tempo, o principal coletivo negro universitário da UnB. Ele atuava no combate e na denúncia do racismo no ambiente da universidade e é principalmente reconhecido pela sua atuação na luta pela implementação da política de cotas raciais naquela universidade.

A entrevistada não passa a fazer parte do grupo em questão, no entanto, seu interesse a fez agir de maneira contundente no espaço em que ela se encontrava naquele momento:

No Ensino Médio, acontece uma coisa muito importante, que é a questão do EnegreSer. Eu não fiz parte do EnegreSer, mas eu tenho uma prima chamada Lia Maria, e ela fazia parte desse grupo, que é um coletivo negro da Universidade de Brasília. Esse grupo fez muito barulho, na época, porque foram implementadas as cotas raciais na UnB. Eu, vendo essa movimentação toda, me interessei. Eu nunca fiz parte do grupo, mas sempre estava por ali e eu lembro de brigar muito na escola que eu estudei. [...] foi um momento muito difícil, porque a branquitude veio sem dó. Eu lembro de ouvir de uma colega branca assim: "Maíra, como assim você apoia as cotas? Você é racista?". E eu fiquei olhando assim: "Como é que você tem a coragem, a pachorra de olhar para a minha cara e dizer isso?!". Enfim, eu tive que brigar muito e com muita gente para defender as cotas, já no Ensino Médio.

A primeira coisa a perceber aqui é que Maíra, como seu pai, experiencia estar "na beira" de um coletivo negro universitário, engajado num debate público pela implementação das cotas raciais na UnB. Ressalte-se que a entrevistada destaca que o grupo fazia "muito barulho", o que significa dizer que a luta do coletivo negro produziu uma cultura de luta antirracista que afetou Maíra. É a partir dessa afetação que a entrevistada se arma para discutir de maneira contundente a política de cotas raciais em seu Ensino Médio. Maíra não é afetada, aqui, apenas pela ação do EnegreSer. Todo o debate provocado na escola, quando Maíra indica que "a branquitude veio sem dó", rompe o véu do silêncio, estratégia de manutenção do *status quo* da branquitude, e circula a cultura de luta antirracista, sistematizada na luta do movimento negro por essa política, afetando a sociedade de maneira geral. Nesse caso, afeta Maíra, os outros alunos, seus pais, os docentes, a comunidade escolar em geral e a "branquitude" em questão.

Para finalizar esse argumento, gostaria de apresentar um último momento da trajetória de Maíra, agora já em sua vivência na universidade e em sua atuação profissional.

> Eu não faço na UnB, eu faço jornalismo em uma faculdade particular, a UNICEUB. Mas é muito doido, porque o meu contato com as pessoas da UnB [EnegreSer], por agora estar nesse ambiente universitário, só vai consolidando mais o meu discurso antirracista. Na verdade, a faculdade só foi um momento para falar: "Ah, é! É isso mesmo que eu estou fazendo". Os meus trabalhos e tudo o que eu escrevia tinham sempre a ver com raça, de alguma forma. Por exemplo, a minha monografia é sobre samba, eu faço uma análise de discurso de sambas-enredos da Mangueira e da Portela em três momentos diferentes [...]. Eu sempre dou um jeitinho de colocar raça no meio, aí eu vou para o Rio, entrevisto várias pessoas, a maioria delas negras. Eu trabalhei muitos anos no *Correio Braziliense*, que é um dos principais jornais aqui de Brasília, e também lá eu sempre dava um jeito de falar sobre raça. Por exemplo, em julho, em Brasília, a gente tem um festival muito importante chamado Latinidades. Então, eu sempre dava um jeito de "Vamos fazer umas matérias bacanas, umas matérias grandes, importantes, apresentando o festival e quem são as atrações", até mesmo artistas aqui da cidade. Por exemplo, tem uma artista que está lançando um CD que tem toda uma pegada, um discurso racial, então vamos lá. Sempre, sempre falando de raça e também sempre entendendo que isso é uma forma de resistência.

Em vez de um movimento centralizador, em que os sujeitos são afetados e passam a agir no interior de instituições organizadas acatando um programa de pontos e um estatuto, o que podemos perceber a partir da experiência descrita acima é um movimento descentralizador, de capilarização, no qual os sujeitos são afetados pela cultura de luta antirracista e a carregam consigo para os espaços que já estão ocupando na sociedade. Quero relembrar o que já foi evidenciado anteriormente, no capítulo 1, a partir do discurso de Amílcar Cabral, sobre o fato de que, quanto maior a exposição à cultura de luta, neste caso a antirracista, maior a possibilidade de que sujeitos passem a direcionar suas agências, em qualquer espaço social que seja, para o antirracismo, provocando, assim, uma espécie de infiltração antirracista. Maíra foi exposta a essa cultura ao longo de sua trajetória e, enquanto isso acontecia, ela foi, de maneira cada vez mais sistemática, passando a afetar os espaços em que já atuava.

Esse movimento justifica a extensão da análise sobre a trajetória de Maíra e nos faz perceber que, enquanto a luta *stricto sensu*, pelo fim do racismo no Brasil, produz conquistas objetivas, como a Lei Federal 10.639/03 (BRASIL, 2003) e a política de cotas raciais em universidades e cargos públicos, emana desse processo um fluxo de códigos e significados, a cultura de luta antirracista. Esta circula não apenas a partir da ação direta de um militante, mas encontra vigoroso meio de circulação através das mais diversas narrativas do movimento negro no Brasil. Esse é o fluxo do alcance de corações e mentes. A partir dele, não se produzem unicamente novos quadros da militância institucionalizada. É no contato com a cultura de luta antirracista, que emana de todas essas narrativas, que são possibilitadas outras dimensões de reeducação da sociedade. A partir desse contato surgem figuras como Maíra, que contesta o racismo na escola, escreve sobre isso na academia e promove o debate em nível profissional; também como seu pai, que, apesar de não ter grande envolvimento com o movimento negro, educa seus filhos para conviver melhor com a questão racial. Surgem também figuras como a aluna negra na sala de aula que deixa o cabelo natural porque acompanha alguma *youtuber* negra na internet, o menino que deixa de raspar a cabeça para esconder o cabelo afro e professores que desenvolvem compromisso político com uma educação antirracista, entre muitos outros exemplos.

Podemos perceber o impacto de todo esse processo de capilarização nos resultados obtidos em nosso formulário acerca da quantidade estimada de pessoas ligadas às instituições/entidades e às suas estruturas:

Número de recorrências entre os respondentes

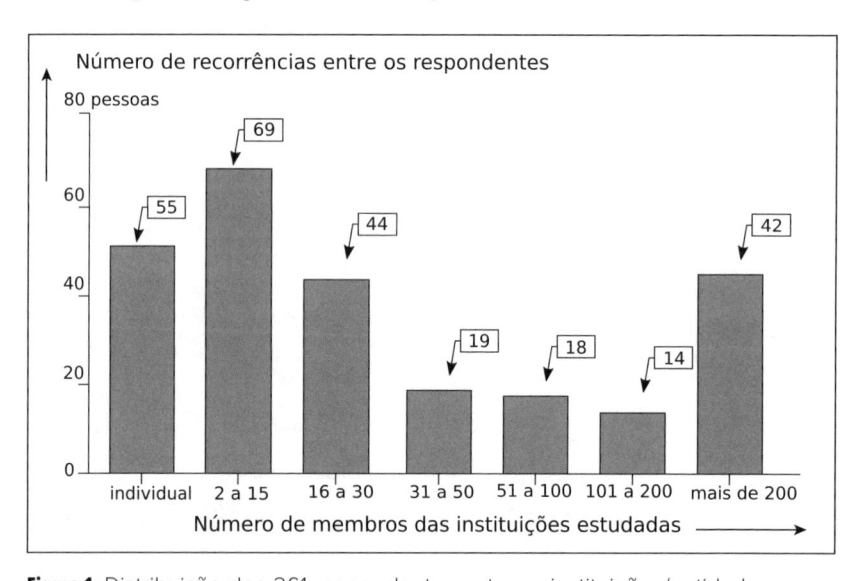

Número de membros	Recorrências
individual	55
2 a 15	69
16 a 30	44
31 a 50	19
51 a 100	18
101 a 200	14
mais de 200	42

Figura 1: Distribuição dos 261 respondentes entre as instituições/entidades a que eram ligados, segundo o número de membros das instituições.
Fonte dos dados: Respostas ao formulário de pesquisa "Movimento Negro na Atualidade" (2018).

Como mostra a Figura 1, a descentralização pode ser percebida aqui por conta do grande número de sujeitos que se entendem engajados na luta antirracista, mas que destaca uma ação individual. Para fazer esta análise, cruzamos os dados das respostas às questões presentes no formulário: "Quantidade estimada de pessoas ligadas à sua entidade/instituição" e "Indique quais são as estratégias e ações desenvolvidas pela entidade/por você". Tratam-se, principalmente, de professores da Educação Básica que discutem as relações raciais com seus alunos no cotidiano, produzem projetos, repensam seus currículos e promovem debates; professores e alunos do ensino superior e da pós-graduação que discutem e promovem estratégias acerca das ações afirmativas, promovem e participam de atividades de ensino e extensão sobre a temática e participam das disputas epistemológicas travadas no interior da universidade, seja ofertando/pleiteando novas disciplinas ou desenvolvendo pesquisa nessa área. Temos ainda sujeitos que indicam sua atuação na conscientização de vizinhos e colegas de trabalho, que se dispõem a dialogar sobre a questão racial "em todos os locais possíveis" e na participação de manifestações de rua. Percebe-se, também, uma maior recorrência de pequenos grupos, com até 30 pessoas, embora seja notável a presença de algumas instituições com mais de 200 sujeitos engajados.

Na década de 1930, organizações muito vivas na memória do movimento negro, como a Frente Negra Brasileira, por exemplo, possuíam "líderes com o poder de controlar o destino da organização"; posteriormente, na década de 1970, o Movimento Negro Unificado era apenas "mais ou menos descentralizado" (GONZALEZ, 2020, p. 119), conforme nos apresenta Lélia Gonzalez, em 1985, acerca da estrutura do MNU:

> A criação dos núcleos operacionais básicos, denominados Centros de Luta (CLS), foi proposta no manifesto de 7 de julho de 1978. Esses centros deveriam ser formados por no mínimo cinco pessoas que aceitassem os estatutos e o programa do MNU e promovessem debates, informações, a conscientização e a organização dos negros. [...] Os Comitês Municipais de Coordenação (CMS) são constituídos por representantes de todos os CLS de um município. O papel desses órgãos é puramente organizacional, já que o poder de deliberação pertence às assembleias gerais, constituídas por todos os membros dos CLS. Acima dos Comitês Municipais ou Regionais de Coordenação, foram criados Comitês Estaduais e, finalmente, uma Comissão Executiva Nacional, composta por três membros de cada estado do Brasil. Esta última é responsável, entre outras coisas, pela elaboração do Boletim Interno do MNU e pela representação do movimento em níveis nacional e internacional. Costuma se reunir a cada três meses. (GONZALEZ, 2020, p. 118)

Nos dias de hoje, o que prevalece são as organizações que funcionam de maneira "horizontal/colaborativa", como pode ser percebido na Figura 2.

Número de recorrências entre os respondentes

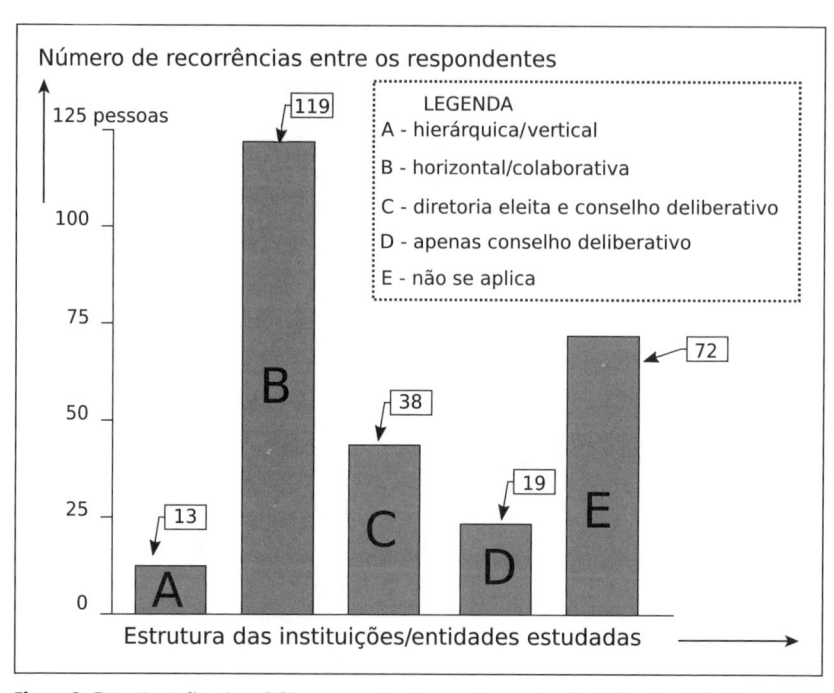

```
125 pessoas      119
                         LEGENDA
                         A - hierárquica/vertical
                         B - horizontal/colaborativa
100                      C - diretoria eleita e conselho deliberativo
                         D - apenas conselho deliberativo
                         E - não se aplica

75

                                                          72
50         B         38
                     C              19
25   13                                   E
     A               C         D
 0
     Estrutura das instituições/entidades estudadas →
```

Figura 2: Distribuição dos 261 respondentes entre as instituições/entidades a que eram ligados, segundo a estrutura das instituições/entidades.
Nota: Detalhes sobre os elementos do gráfico podem ser encontrados no texto.
Fonte dos dados: Respostas ao formulário de pesquisa "Movimento Negro na Atualidade" (2018).

Para além dos dados recolhidos em nossa pesquisa mais geral, com os formulários preenchidos, é possível observar a percepção acerca desse processo de descentralização e capilarização em boa parte das entrevistas realizadas. Jéssyca Silveira é uma jovem mulher negra, historiadora, professora, mestra em história social e articuladora da RAP. Em entrevista já mencionada, realizada em 8 de junho de 2018, Jéssyca demonstra sua percepção comparativa acerca do que lhe parece que o movimento negro é hoje e o que foi anteriormente:

> Eu vejo hoje o movimento negro muito plural, muito diverso e muito complexo. Eu acho que, quando a gente olha para trás, que a gente estuda, a gente pensa em grupos que são mais reduzidos, é quase como se todo mundo se conhecesse [...]. Eu, pelo menos, tenho muito essa ideia da proximidade entre as pessoas quando eu olho para o movimento negro de

antes. Quando eu olho para o movimento negro hoje, eu identifico muito essas lutas individuais pelo coletivo.

Ressaltando essa pluralidade nas ações do movimento negro de hoje, Jéssyca remete ao que eu falava anteriormente: a memória produzida de uma luta mais encadeada, em que a cultura de luta antirracista circula de maneira mais direta, em que "é quase como se todo mundo se conhecesse", diante da percepção, no presente, de lutas individuais pelo coletivo. A professora Ana Flávia Magalhães Pinto, que já indicara, anteriormente, a necessidade de pensar o movimento negro hoje a partir de um novo paradigma, também reforça a multiplicidade de frentes existentes nesse movimento:

> O que eu vejo agora é que, por força dessas outras várias possibilidades de politização negra que foram sendo desenvolvidas nos últimos anos, são muitas frentes, são muitas experiências que não necessariamente se enquadram naquilo que a gente está acostumado a chamar de movimento negro. Que estão inclusive tensionando espaços onde as vozes negras não eram escutadas. Tem um coletivo de mulheres negras dentro do MST chamado "Comuna Panteras Negras", que é lá em Planaltina [...]. Na minha cidade tem os grafiteiros. [...] Você tem os saraus e tem a questão da experiência periférica. Porque aí a gente está vivendo uma coisa de "como que a gente lida com isso?". Então você tem um contexto em que está todo mundo falando abertamente sobre racismo, assumindo o racismo. Mesmo as organizações que não são exclusivamente negras já têm uma outra postura em relação ao problema racial, que não tinha antes. Você tem esse tipo de iniciativa, muitos *slams* são assim, a Casa Frida em São Sebastião é outra possibilidade, mas, ao mesmo tempo, você tem essa articulação de jovens negras feministas que se aglutinam a partir desse guarda-chuva maior, e você vai ter gente em vários pontos. E é uma coisa que é muito desse momento, é difícil entender onde isso vai dar. Eu acho que nem é o momento, acho que não é nem o nosso papel, porque existe uma efervescência negra aqui no Distrito Federal que não está cabendo nas caixinhas. Tem um coletivo, o Afronte, eles fizeram um filme, tem um coletivo de

bichas pretas, que é lá para as bandas da Ceilândia, mas que junta gente de Planaltina. [...] E, assim, é institucionalizado, tem CNPJ, tem reuniões frequentes? Não. Mas está funcionando. Você chega na rua, no outro dia eu peguei um carro e, por uma semana, todo dia eu passava por alguém de black. Eu passei a minha adolescência inteira só encontrando menino de cabeça raspada. É difícil você encontrar um menino em Planaltina hoje que não está muito tranquilo com seu cabelo crescendo.

O relato bastante vívido de Ana Flávia, em acordo com o gráfico da Figura 1, nos indica justamente a existência de pequenos grupos que estão atuando em frentes bastantes distintas e que, mesmo que não se articulem de maneira institucionalizada com CNPJ, por exemplo, têm provocado um outro tipo de afetação da sociedade ao redor. Essa multiplicidade de frentes é fruto direto de um processo de capilarização produzido neste século. Se a cultura de luta antirracista afeta sujeitos que vão atuar onde eles já estão, e não em uma estrutura centralizada, os debates vão se multiplicando e chegando a espaços que antes não eram alcançados.

Diante dessa capilarização de frentes, que quebra a imagem das grandes estruturas de movimento negro, é necessário resistir ao ímpeto de compreender imediatamente uma formação em pequenos grupos, apenas como despotencialização. Nesse sentido, torna-se importante o exemplo da já citada Maíra de Deus Brito (integrante do coletivo Maré e entrevistada em 5 de julho de 2018) acerca da riqueza dos coletivos negros universitários existentes na UnB:

> Por exemplo, se a gente pensar em um ambiente mais micro, como lá dentro da Universidade de Brasília... Existem vários grupos. Tem o Calunga, que é lá da faculdade de arquitetura, tem a Ubuntu, que é do pessoal da ciência política, tem o Calundu, que é um grupo meio parecido com o Maré com pessoas de diversas áreas e que trabalha muito a questão das religiões de matriz afro. Então, assim, meio que cada um está fazendo o seu, mas no final das contas a gente está junto. A Ubuntu trabalha muito com as questões políticas, por estar dentro das ciências políticas, eles estão muito

ali falando da política, quem são os políticos que estão falando de raça. O pessoal da arquitetura está pensando muito na questão de espaço: como é que esses corpos negros estão ocupando os espaços e como esses espaços estão expulsando os corpos negros, por exemplo. Cada um está falando de uma coisa, mas, no final, está todo mundo falando a mesma coisa, então os nossos discursos acabam se complementando.

A potência vem de perceber que, se, antes, com um movimento mais centralizado, tínhamos também a centralização de pautas, de debates e de acúmulos, isso sobrecarregava a militância que precisava se responsabilizar por tudo. Segundo a já citada Ana Flávia Magalhães Pinto:

No EnegreSer, a gente tentava dar conta de tudo e quase morreu, porque tinha que falar da violência, da educação, da saúde, daquilo outro. Tinha que pagar as contas, tinha que trabalhar e não tinha carro, não tinha nada, e era uma coisa... Hoje em dia, as pessoas têm a possibilidade de "eu vou me dedicar a isso!", e, quando eu preciso aprender sobre aquilo, eu sei que eu tenho alguém para chamar. A gente soma forças. O bom mesmo é juntar muita gente, e cada um soma.

Hoje, emerge um novo modelo organizacional que, apesar de diferente do anterior, não é por isso menos potente. O que emerge é a figura de uma rede que conecta agências e grupos, e a partir da qual, de maneira horizontal e colaborativa, cada parte dessa rede contribui com o todo a partir de suas especificidades. Esse movimento promove uma espécie de "infiltração antirracista", que possibilita a produção de luta, de afetação e de um debate racial nas mais diversas frentes que um sujeito possa ocupar. Janine "Nina Fola" Maria Viegas Cunha, cantora, doutoranda em Sociologia na UFRGS e idealizadora do Coletivo Atinuké – Grupo de Estudos sobre o Pensamento de Mulheres Negras, foi entrevistada em 21 de junho de 2018 no campus da UFRGS, em Porto Alegre. Conforme a imagem criada por Nina Fola: "[...] o movimento negro é uma grande coisa, até disforme. E existem frentes que atacam, porque a gente tem muita coisa para atacar, para debater".

É importante notar que não se trata da substituição total de um movimento negro institucionalizado, centralizado, com muitos integrantes e estruturas mais verticalizadas por esse novo modelo mais capilarizado que apresento aqui. O que quero ressaltar é a existência de um ecossistema mais complexo do que apenas "o institucional", "o individual" e "o coletivo". Quem chama a atenção para essa existência de um movimento negro plural, mas que coexiste numa espécie de ecossistema, é Luanna Teófilo, formada em Direito, mestre em Linguística, empresária, criadora do Coletivo Efigênias, do blog *Efigênias* e do Painel BAP, primeiro painel de consumidores afro-brasileiros do Brasil. Em entrevista realizada em 17 de julho de 2018, no Hotel La Residence Paulista, em São Paulo, Luanna afirma:

> Eu creio que tem os movimentos organizados que atuam diretamente e trazem benefícios primeiro para a população preta e depois para a população em geral. Porque a gente tem essa característica também: sempre que a gente se desenvolve, a gente empurra a sociedade para cima. Cada vez mais eu percebo isso: como o nosso desenvolvimento é o desenvolvimento da sociedade, porque o único plano que tem é o nosso. Então tem esses grandes movimentos: UNEGRO, UNEafro, o Movimento Negro Unificado etc., entre outros coletivos que atuam na estrutura. Eles são os que entram com ações judiciais, os que fazem denúncia e etc., o que é muito importante, porque a sociedade é feita de leis, e o que muda a sociedade são as leis. E aí, com a internet, você tem toda uma militância. Então você tem um primeiro nível de militantes, pessoas como eu que têm os seus coletivos, que têm as suas organizações e que estão atuando real. Estão denunciando, estão indo para cima, estão dando a cara, se levantando, mas que não estão dentro de uma estrutura organizada. Mesmo que eu tenha o coletivo Efigênias, ainda assim a atuação é muito individualizada, a gente ainda não tem uma estrutura para muitas coisas.
>
> **P.: Essa segunda camada você entende como "militantes"?**
> **R.:** Militantes. Pessoas que estão de fato trabalhando, que participam dos eventos. Aqui em São Paulo, é até um grupo bem consistente, você acaba conhecendo as pessoas. Elas não fazem parte, não são do Movimento Negro

Unificado, não vão na reunião do Movimento Negro Unificado ou mesmo de outros coletivos, mas que estão lá, fortalecem, trabalham, participam. No trabalho, às vezes assumem a liderança, fazem as escolhas, praticam o *black money*. São pessoas que estão engajadas, então tem uma grande massa, e é essa massa que está empurrando e dando apoio, porque os movimentos organizados acabam sendo poucos. E aí você ainda tem uma terceira camada, que é um pouquinho mais diluída, de ativistas. São pessoas simpáticas à causa e que absorvem, que vão pegando. De repente não têm uma atuação mais direta, mas aprendem, consomem conteúdo, e aí já têm uma visão melhor para educar o filho, ou mesmo é um professor que consegue ter outras formas de atuação. Nessa parte de baixo ainda tem muitas pessoas brancas que têm interesse. Muitas não, mas tem um ou outro ali que quer, que vai atuando.

Esse ecossistema funciona de maneira a fazer frente a distintas dimensões estruturadas pelo racismo: um grupo mais institucional que debate leis, um grupo menos institucionalizado que se vale principalmente da internet, onde insere sua própria atuação, além de agências individuais afetadas pela cultura de luta antirracista.

ACELERAÇÃO DAS TECNOLOGIAS E A CULTURA DE LUTA ANTIRRACISTA

A descentralização das organizações do movimento negro não é a única caraterística importante a se considerar na virada para o século 21, tampouco pode ser considerada de maneira isolada de outras transformações que se dão na sociedade e impactam esse movimento social.

Outra dessas transformações é a crescente aceleração das tecnologias comunicacionais e de informação, que vem reestruturando a sociedade. Falo principalmente da expansão do acesso à internet e da emergência das redes sociais, que ganham importante lugar na dinâmica coletiva brasileira após os anos 2000. Nesse sentido, para entender um pouco melhor o papel da cultura de luta antirracista na reestruturação do movimento negro no século 21, é preciso olhar para a cibercultura, que, segundo André Lemos:

[...] é o conjunto tecnocultural emergente no final do século 20 impulsionado pela sociabilidade pós-moderna em sinergia com a microinformática e o surgimento das redes telemáticas mundiais; uma forma sociocultural que modifica hábitos sociais, práticas de consumo cultural, ritmos de produção e distribuição da informação, criando novas relações no trabalho e no lazer, novas formas de sociabilidade e de comunicação social. Esse conjunto de tecnologias e processos sociais dita hoje o ritmo das transformações sociais, culturais e políticas nesse início de século 21. (LEMOS, 2010, p. 21-22)

Essas novas relações criadas e as novas formas de sociabilidade e comunicação social muito me interessam, principalmente considerando que elas impactam diretamente as transformações sociais, culturais e políticas no século 21. É nesse lugar que se assenta o movimento negro que busco compreender aqui, aquele que se modificou, a partir, também, dessas novas relações que reestruturaram o espaço e o tempo neste século.

Iniciei a pesquisa que apresento a vocês no ano de 2018. O primeiro passo foi a realização das entrevistas no campo, com sujeitos engajados na luta antirracista em todo o país, a fim de compreender o que é o movimento negro da atualidade. Ao trazer a internet para o centro deste tópico, é importante demarcar que, nesses quatro anos que separam o momento inicial das entrevistas do dia da defesa da tese, em decorrência da pandemia de covid-19, experimentamos um regime de conectividade digital sem precedentes, cujos impactos ainda serão estudados por muito tempo, em muitas áreas do conhecimento. Para o desenrolar deste trabalho, evidencio que, apesar de as reflexões acerca dos usos e impactos da internet durante as entrevistas de história oral não terem sido nada tímidas, o processo vivido, principalmente nos últimos dois anos de pandemia, foi de uma aceleração tão vertiginosa das tecnologias de comunicação, a ponto de ser capaz de garantir a interconexão de um mundo em distanciamento social.

Lá em 2018, na primeira fase da pesquisa "Movimento Negro na Atualidade", com um grupo de dados correspondente a respostas de 261 entrevistados relativas ao tópico "A internet é um veículo importante para as estratégias articuladas por você/pela sua entidade?", 97,7% destes indicaram que a internet é um veículo importante para as suas estratégias na luta antirracista. Entre os papéis que a internet cumpria, listados na ordem de maior para menor ocorrência, estavam: a divulgação e a mobilização para ações presenciais (88,9%), a divulgação das informações sobre as ações que têm sido desenvolvidas (78,9%), a divulgação de conteúdo de caráter informativo (76,6%), a denúncia ao racismo (68,2%), a execução das estratégias desenvolvidas (50,2%) e a busca por financiamento coletivo (18,8%). Esses papéis, previamente elencados pelos elaboradores do formulário, de maneira nenhuma esgotam as possibilidade de atuação via internet. As entrevistas de história oral foram ricas em demonstrar uma série de outras possibilidades que evidenciarão, adiante, a inter-relação entre a tecnologia de informação e o movimento negro do século 21.

De lá para cá, nesse curto espaço de tempo que abrigou o decurso do meu doutoramento, experienciamos, enquanto sociedade, momentos que demonstram esse aprofundamento caleidoscópico das tecnologias de informação. Os dois exemplos que mencionarei aqui já eram, de certa maneira, anunciados pelas respostas do formulário à pergunta: "Na sua opinião, qual(ais) a(s) luta(s) mais urgente(s) da população negra na atualidade?". Com essa pergunta, buscávamos compreender o que os militantes respondentes compreendiam como principais arenas de embate desse movimento no século 21. Num formulário que permitia a marcação de mais de uma resposta, tivemos, em primeiro lugar, com recorrência de 83,1% das respostas, "a luta pelo fim da violência policial contra a juventude negra". Em segundo lugar, com 75,1%, tivemos "a luta pela efetiva implementação da Lei nº 10.639/2003". As duas principais arenas de embate, reconhecidas dentre os militantes que responderam nossa pesquisa, foram absolutamente afetadas pela dinâmica das novas tecnologias nesse meio tempo.

O primeiro dos exemplos que evidencia a influência dessa tecnologia tem a ver com as manifestações em função de violentos assassinatos de pessoas negras, durante o período. O primeiro assassinato foi o de George Floyd, que ocorreu nos Estados Unidos, no dia 25 de maio de 2020. Floyd foi brutalmente assassinado pelo policial branco Derek Chauvin, que pressionou o joelho no pescoço de Floyd por 8 minutos e 46 segundos, provocando a sua morte. As imagens do episódio e das manifestações que se seguiram nos Estados Unidos circularam o globo, através da internet. Logo pudemos ver manifestações antirracistas espalhando-se em vários países do mundo (FRANCE PRESSE, 2020); essas manifestações se desdobraram em um movimento de derrubada de estátuas de colonizadores e escravagistas e, por fim, fomentaram um processo de releitura histórica de personagens que até então vinham sendo celebrados (ALVES, 2020). Todo esse processo não seria possível sem o estado de superconectividade proporcionado pelas redes. Refiro-me também às manifestações em função do assassinato de João Alberto, num supermercado da rede Carrefour, um dia antes do 20 de novembro de 2020, data em que se celebra, no Brasil, o Dia Nacional da Consciência Negra. João Alberto foi violentamente espancado e assassinado por asfixia pelos seguranças Magno Braz Borges e Giovane Gaspar da Silva, um ex-militar e um policial militar temporário. Diante do contexto pandêmico e de isolamento social que atravessávamos naquele momento, não é possível e nem recomendável, do ponto de vista da análise social, ignorar que tais manifestações foram mobilizadas e organizadas por intermédio da internet. Note-se, porém, que a internet não é considerada aqui como agente principal da ação social. Ela é percebida como uma ferramenta que impacta de maneira significativa e produz novas possibilidades de mobilização e ação na luta contra o racismo.

Quanto à segunda arena de embate, falo da profunda reestruturação pela qual passou a percepção e os usos da internet e do espaço online, na formação de professores de história, para as relações étnico-raciais, campo que também é objeto desta pesquisa. Aqui é onde percebemos de maneira mais evidente a potência dos processos de desterritorialização e reterritorialização possibilitados pelas mídias digitais. As salas de aula como conhecemos foram destituídas de seus territórios físicos e reterritorializadas em espaços online. Essas salas de aula reterritorializadas avançaram sobre o espaço privado do lar, misturando mundos culturais distintos, gerando novos conflitos e aplacando alguns tantos outros.

Eu me debruçarei na análise da experiência de campo numa dessas salas de aula reterritorializadas no capítulo a seguir; por enquanto, cabe compreender que, se, por muito tempo, resistimos, no campo dos estudos sobre movimento negro e sobre educação, à importância das tecnologias digitais, agora não é mais possível se furtar dessa questão. No que me cabe, nesta pesquisa, é de fundamental importância compreender o impacto da internet e da aceleração das tecnologias de informação na circulação de cultura de luta antirracista. Um processo, entre outros, que contribuiu para que efetivamente o movimento negro alcançasse corações e mentes, para além de seu corpo e de suas possibilidades físicas. Nesse rearranjo, a partir das entrevistas realizadas, poderemos perceber melhor o caminho pelo qual a cultura de luta antirracista vai se tornando uma peça central para compreender o movimento negro do século 21. Se, em outros momentos, ela circulava fisicamente a partir do contato, ou ainda a partir de suas narrativas que tinham um alcance restrito na sociedade, hoje, apontadas no contexto da cibercultura, ela passa por um processo de reterritorialização que potencializa a expansão de sua zona de afetação.

A cibercultura, anteriormente anunciada, tem três princípios básicos, inter-relacionados, que rearranjam a sociedade em níveis profundos. O primeiro desses princípios é chamado de "liberação dos polos de emissão". Esse princípio se relaciona à expansão da esfera pública considerando a entrada de polifônicas narrativas no debate público, uma vez que, com a internet, esse debate se amplia incorporando atores que antes não tiveram espaço. Para André Lemos, nesse primeiro princípio:

> As diversas manifestações socioculturais contemporâneas mostram que o que está em jogo como o excesso de informação nada mais é do que a emergência de vozes e discursos anteriormente reprimidos pela edição da informação pelos *mass media*.[3] A liberação do polo da emissão está pre-

---

3   *Mass media* – Conjunto de técnicas de difusão de mensagens destinadas ao grande público, tais como a televisão, a rádio, a imprensa. São formas unidirecionais de circulação de informação, o que significa a centralidade de um único polo de emissão (PORTO EDITORA).

sente nas novas formas de relacionamento social, de disponibilização da informação e na opinião e na movimentação social da rede. Assim chats, weblogs, sites, listas, novas modalidade midiáticas, e-mails e comunidade virtuais, entre outras formas sociais, podem ser compreendidas. (LEMOS, 2003, p. 19)

Em sua reflexão acerca da importância da internet e das redes sociais, a já citada empresária Luanna Teófilo (criadora do Coletivo Efigênias, do blog *Efigênias* e do Painel BAP, entrevistada em 17 de julho de 2018), recorreu ao seu próprio desenho organizacional de um movimento negro em três camadas: a primeira, de um movimento negro mais institucional que disputa leis e políticas públicas; a segunda, que possui um ativismo de internet com pequenos coletivos, onde insere sua própria atuação; e a terceira, com simpatizantes da causa, pais que criam melhor seus filhos, professores que implementam a Lei 10.639/03 etc. Assim Luanna exemplifica a importância do fenômeno da liberação dos polos de emissão para a população negra, que teve e tem que lidar historicamente com o silenciamento:

> Eu sou muito ativa na rede social, principalmente no Facebook. [...] Acho muito importante as pessoas escreverem e se expressarem. Nessa nova configuração do movimento, você perde um pouco o contato com esses movimentos estruturados, que entram com ações estruturais, para focar na segunda camada, que são as pessoas que estão falando, que escrevem, que têm blog, vlog, que fazem vídeos. Eles utilizam essas mídias, então é muito importante a democratização da voz, as pessoas podem falar. E assim nasce uma série de novos debates que até pouco tempo não existiam. Não se falava tanto de colorismo, solidão da mulher preta, *black money*, geração tombamento, e a rede social acaba sendo esse lugar em que as pessoas estão produzindo conteúdo sobre isso. Essa produção é muito importante, porque o que os nossos antepassados falaram a gente não sabe, mas os nossos descendentes vão saber o que a gente falou, senão os brancos do futuro vão dizer que a gente não falou nada. Eles não vão poder fazer isso. Daí tem essa confusão que são as tretas, as pessoas falam: "Mas

você não acha que quebra o movimento, ao invés de unir?". Eu digo: "Cara! Que bom que tem a treta, porque a gente ficou muito tempo sem poder falar nada". Então, a gente está discutindo coisas que tinha que ter discutido muito tempo atrás, mas a gente não podia falar. Nesse primeiro momento, tem essas confusões, mas é dali também que surgem as grandes redes de apoio, nas quais as pessoas estão produzindo conteúdo, se educando, compartilhando cultura, novas culturas estão nascendo, culturas antigas também estão renascendo com mais força. A rede social serviu para a gente se unir e ter uma voz, porque a primeira coisa que eles fizeram com a gente foi separar. Sequestravam os nossos antepassados e os dividiam. Faziam questão de não colocar pessoas da mesma etnia, da mesma região, do mesmo tronco linguístico, para impedir que a gente conversasse e se articulasse. Agora a gente está nesse ambiente onde a gente consegue. Tem muita briga, porque são assuntos que a gente não maturou, mas tem muita produção de conteúdo, de educação, muita gente trabalhando para as nossas culturas permanecerem, para a gente conseguir se conectar. Então tudo isso que está acontecendo aqui é porque a gente se conectou através da tecnologia. A tecnologia, para o movimento preto, é essencial, porque ela vai dar essa conexão primeira que a gente perdeu de cara, que é poder conversar, e eu acho que é o mais importante.

O alargamento da esfera pública, no caso do movimento negro, é evidenciado pela produção de uma série de novas discussões elencadas por Luanna, que até então não existiam ou eram secundarizadas. Novos sujeitos entram no debate com suas questões, subjetividades e identidades. Entendendo que o silêncio acerca das questões que doem à população negra colabora para a manutenção do *status quo*, Luanna demonstra uma percepção positiva acerca dessa nova arena de debates possibilitada pela internet. Em acordo com a percepção de Luanna, Tatiana Nascimento (cantora, compositora, poetisa, tradutora, realizadora em audiovisual, organizadora da Palavra Preta e fundadora da editora Padê, entrevistada em 7 de julho de 2018) ressalta que a "máquina de silenciamento" estruturada pelo racismo está em atividade ainda hoje. Esse é um traço da colonialidade que, apesar de combatido, ainda persiste.

Para mim, é urgente pensar: "O racismo é uma máquina de silenciamento". O silenciamento é uma das grandes metáforas racistas... gosta de silenciar, gosta de extinguir, de negar o direito a fala, de fingir que não está ouvindo. E aí, para mim, é preocupante, porque a gente está num *boom* de produções, nunca teve tanta editora preta como tem hoje. Tem muitos canais de difusão, as pessoas estão se autopublicando mais, porque a internet permite a autopublicação de uma forma que antes não rolava. Eu sou de uma geração que fazia zine, eu trocava carta. Eu não era blogueira, eu era zineira. Eu fazia zine impresso, xerocado. Hoje você faz um blog e tem 3.000 visualizações, enquanto que um zine você fazia 30 cópias, saca? Então a gente está em um momento de publicação muito fortalecido e privilegiado por essa difusão democrática dos meios de comunicação, principalmente a internet. Mas que conteúdos a gente está difundindo sobre a negritude? A gente vai ler os poemas, os relatos dos blogs e a gente está falando muito sobre a dor. Eu acho que a gente tem que falar sobre a dor, porque isso faz parte do processo de cura, mas para quem a gente está falando sobre a nossa dor e de que forma a gente está falando? [...] A gente tem um déficit de 518 anos de produção, feita por outras pessoas sobre a gente, então a sua perspectiva é a mais importante para o seu projeto de mundo, que nem a minha é a mais importante para o meu projeto de mundo, para a minha vida.

A fala de Tatiana é uma oportunidade que me foi dada, no sentido de apresentar aqui a ideia de *narrativa do movimento negro*. Tenho pensado nessas narrativas enquanto uma miríade de universos produzidos, em face das opressões raciais, de maneira a responder politicamente em dimensões das mais variadas ao racismo. Trata-se de qualquer narrativa produzida, mas que fora, de alguma forma, afetada pela cultura de luta antirracista. Uma narrativa do movimento negro, nesse sentido, dispensa a necessidade da presença física de um militante; ao invés disso, é ela própria que carrega a cultura de luta antirracista, capaz de afetar novos sujeitos.

As narrativas circulam, carregando o potencial de afetação da cultura de luta antirracista, como neste poema de Tatiana Nascimento, que achei em exatos 30 segundos numa busca na internet:

(I CAN'T BREATH)
Um suspiro que atravesse
a pandemia, a distância,
o medo, o trauma,
o pânico ancestral do
pretocídio en tor nan do
nossos nomes em bandeiras
hasteadas como Eguns que mais
não dançam, nem bendizem, só vão
embora
emb...
ê!
pretidão
pretidão acesa
preditão acesa que eles
tentam / apagar/am / (m)eu peito
tem uma chama igualmente es
cura y brilhante que bebe
ar no que essa noite
ilumina
de lua rindo
frouxo eu

aqueço
uma vela
y acendo mais
um pouco o
sonho

de que olhos
tão pretos vivam
em paz caminhem
em paz fumem um
em paz sonhem

em paz comam
em paz amem
demais

y durmam

tranquiles...

(nossa paz
é que eles
extermina)

y

só

dissipem
quando for na
sagrada hora do Orun

(que aqui a
lei de branco,
profana sempre,

quer roubar o ar
que Oyá nos
concedeu

divina).

[pra Marcus, que segue sorrindo]

(NASCIMENTO, 2020)

As narrativas do movimento negro são, dessa forma, "veículos" que carregam e circulam a cultura de luta antirracista, mesmo que prescindam diretamente de um corpo físico militante, conforme demonstra o próprio universo estético produzido por Tatiana Nascimento, através da poesia, ou o "universo afro imaginário" produzido pelo Enugbarajó, através do audiovisual, mencionado no início do capítulo.

A cultura de luta antirracista circula também aqui, nesses outros poemas de Tatiana: "fréatik", "beliz", "alvos", "pa ojare" e o "pólen púrpura da palavra". Mas peço que, para serem afetados, vocês busquem pelo livro, assim como eu, que fui ao Distrito Federal e o adquiri pelas mãos da própria Tatiana, durante a entrevista em 2018. O impacto da presença de um corpo físico é enorme. Esses foram poemas que me atravessaram de muitas formas durante a pesquisa e ainda vêm me afetando, mas sua ausência aqui é a fonte que analisamos. O livro que comprei é o de número 192, numa produção de 400, em uma editora independente, em 2018. Talvez vocês jamais encontrem o livro físico, talvez jamais comprem, talvez jamais sejam afetados pela cultura de luta antirracista que ali circula. A questão é que, quando peço para que adquiram o livro, é possível emular as limitações da circulação da cultura de luta antirracista numa sociedade fora dos marcos da internet e da conectividade digital.[4]

O que o século 21 traz de novidade e que impacta significativamente a posição das narrativas do movimento negro e da cultura de luta antirracista dentro da (re)configuração deste movimento social é o que Tatiana evidencia em sua fala: a questão do alcance. Tatiana permanece poetisa nos dois momentos, seja como "zineira", seja como "blogueira". O que a internet faz é potencializar o alcance dessa narrativa. Ao invés de distribuir 30 zines, de mão em mão, circulando cultura de luta antirracista nesse contato, a partir da liberação dos polos de emissão provocada pela internet, a poetisa passa a publicar suas

---

4 Tatiana Nascimento e a Padê Editorial previam que essa seria uma possibilidade e disponibilizaram todo o livro em seu site (NASCIMENTO, 2017).

obras e circular cultura de luta antirracista com um alcance indicado de 3.000 leitores. No dia 14 de junho de 2022, quando fui pela última vez checar os números relativos ao seu alcance, a conta de Instagram onde Tatiana compartilha sua poesia tinha o alcance de 34.100 seguidores. A cultura de luta antirracista se espalha por caminhos que antes não seriam afetados.

Um segundo princípio da cibercultura, André Lemos chamou de "lei da reconfiguração". Segundo esse princípio:

> Devemos evitar a lógica da substituição ou do aniquilamento. Em várias expressões da cibercultura trata-se de reconfigurar práticas, modalidades midiáticas, espaços, sem a substituição de seus respectivos antecedentes. (LEMOS, 2003, p. 18)

> [...] as formas tradicionais de comunicação são ampliadas, transformadas e reconfiguradas com o advento da cibercultura a exemplo do jornalismo online, das rádios online, das TVs online, das revistas e diversos sites de informação espalhados pelo mundo. Podemos dizer que a internet não é uma mídia no sentido que entendemos as mídias de massa. Não há fluxo um-todos e as práticas dos utilizadores não são vinculadas à uma ação específica. Por exemplo, quando falo que estou lendo um livro, assistindo à TV ou ouvindo rádio, todos sabem o que estou fazendo. Mas, quando digo que estou na internet, posso estar fazendo todas essas coisas ao mesmo tempo, além de enviar e-mail, escrever em blogs ou conversar em um chat. Aqui não há vínculo entre o instrumento e a prática. A internet é um ambiente, uma incubadora de instrumentos de comunicação e não uma mídia de massa, no sentido corrente do termo [...] Não se trata, mais uma vez, de substituição de formas estabelecidas de relação social (face a face, telefone, correio, espaço público físico), mas do surgimento de novas relações mediadas. (LEMOS, 2003, p. 15)

Acerca dessa reconfiguração característica da cibercultura, que não anula o que veio antes, mas soma para a produção de estratégias com maior capacidade de afeto, destaco as reflexões de Flávia Andrea Sepeda

Ribeiro, jornalista, mestranda em Comunicação, Cultura e Amazônia, integrante do CEDENPA, da Rede de Mulheres Negras do Pará, da Rede de Ciberativistas Negras e da Rede Fulanas. Flávia foi entrevistada em 21 de junho de 2018 por mim, Amilcar Pereira e Jorge Maia, no Hotel Princesa Louçã, em Belém do Pará, no âmbito do projeto Movimento Negro na Atualidade. Flávia Ribeiro nos conta sobre seu papel enquanto militante do CEDENPA, na organização do primeiro seminário de mulheres negras do Pará, em preparação para a Marcha das Mulheres Negras, que aconteceu em 2015, em Brasília:

> [...] o primeiro seminário daqui para a Marcha, que foi no auditório do Museu, eu mandei a pauta para a imprensa, ninguém deu a pauta. Naquela época eu estava com 10 anos de mercado e ninguém deu a minha pauta. Ninguém! "Seminário de mulheres negras em Belém": ninguém nem "tchum". Só que a gente lotou o auditório. Como? Evento de Facebook. Eu abri o evento no Facebook: "Primeiro Seminário de Mulheres Negras". E aquilo compartilhou e compartilhou e compartilhou e compartilhou e compartilhou, e, quando a gente viu, estava lotado.

Flávia relembra as observações de Maria Albenize Farias Malcher, professora do Instituto Federal de Educação, Ciência e Tecnologia do Pará (IFPA)/campus Belém e doutora em Geografia pela Universidade Federal do Ceará, militante do CEDENPA, diretora de Relações Institucionais da Associação de Pesquisadores/as Negros/as (ABPN) e coordenadora do Consórcio Nacional de Núcleos de Estudos Afro-Brasileiros (CONNEABS) (2020-2022):

> Ao mesmo tempo, para esse evento, a Malcher falou assim: "Flávia, você separa 20 vagas que é para o pessoal que vem de Bragança", e eu "Não, mas a gente está fazendo formulário online. As pessoas têm que preencher online o formulário", porque a gente ia dar almoço. [...] Em Bragança, era um quilombo, e eu disse: "Mas eles têm que preencher". "Não, Flávia, o pessoal está lá no quilombo. Tu acha que tem internet lá?". Aí eu "olha essa porrada". Peguei uma porrada na cara. Aqui a internet já é muito ruim; imagina

o pessoal que está nessas regiões mais afastadas? Então não, não vai rolar, eles não vão preencher o formulário, eles não vão se inscrever, mas eles vão ter vaga. Deixei reservadas as vagas para eles. Como foi que eles mobilizaram? Tem algumas professoras que viajam com essas atividades da Secretaria de Estado. Não sei qual dessas ia viajar, ia lá no quilombo e ia avisar a liderança para mobilizar a mulherada que no dia tal, na hora tal, ia ter o evento. Quando chegou aqui, no evento de Belém, elas vieram e foi lotado com o pessoal daqui de Belém, que soube pelas redes sociais, e também com esse pessoal que soube por alguém que foi lá e falou. [...] A gente tem que saber conversar com todo mundo.

O que se percebe aqui é que, diante da negativa das mídias tradicionais, que têm como características serem unidirecionais e largamente reconhecidas como estruturalmente racistas, Flávia adota, como estratégia para divulgar o evento, a circulação através das redes sociais. Na sequência, percebemos, enquanto aprendizado naquele contexto, a preocupação do grupo em não eliminar as formas de mobilização corpo a corpo, mas conectar as possíveis formas de mobilização distintas de maneira a afetar o maior número de pessoas possível.

A circulação de cultura de luta sempre esteve relacionada a alcançar novos sujeitos para a luta. Foi assim quando Fanon indicava ser possível encontrar, na dança, no canto melódico, nos ritos, nas cerimônias tradicionais, o vigor novo, dotado de um poder não mais de invocação, mas de reunião, de convocação "para". Capaz de renovar as intenções e a dinâmica do artesanato, da dança e da música, da literatura e da epopeia oral, reestruturando a percepção do colonizado e reunindo as condições para o inevitável confronto (FANON, 1979, p. 278-279). Foi quando W. E. B. Du Bois, através de seus contos afrofuturistas, criava alegorias capazes de representar a experiência subjetiva da população negra estadunidense diante do regime de segregação racial, de maneira a afetar sujeitos fora de seu espectro político. Foi quando, de maneira performática, segundo conta Amauri Mendes Pereira, a Sinba ia para os calçadões do subúrbio carioca:

> A gente levava uns megafones de latão, com uma boca enorme. [...] E ali era ótimo, porque a gente chegava com uma parafernália de mapas, de cartazes com letras feitas em normógrafo. Por exemplo: pegamos extratos do discurso contra o colonialismo, de Aimé Cesaire, frases do Luther King. O Roberto K-zau fez para nós desenhos da Angela Davis, dos Panteras Negras, do Mahatma Gandhi, do Malcolm X. A gente colocava aquilo nas praças, levava pregador e pregava nas árvores. Chamávamos de "Ação do negro na rua". A gente chegava lá, botava uma banca, botava os jornais em cima e começava a gritar: "O movimento negro! Estamos na Luta!". O povo achava meio estranho. Aos poucos o pessoal começou a aceitar. (PEREIRA apud ALBERTI; PEREIRA, 2007, p. 197-198)

Assim como é hoje, quando um movimento de mulheres tão sólido como o Geledés – Instituto da Mulher Negra, com anos de acúmulo e experiência de luta, cria uma plataforma na internet e vira sinônimo de credibilidade sobre questões raciais, evidentemente circulando cultura de luta antirracista, produzida a partir da experiência de luta das mulheres negras como Rita de Cássia P. de Vasconcelos, jornalista, integrante da Rede de Mulheres Negras de Pernambuco e da Rede Nacional de Religiões Afro-Brasileiras e Saúde (RENAFRO), entrevistada em 10 de julho de 2018, por mim e Jorge Maia, na sede da FIOCRUZ-PE, em Recife, no âmbito do projeto Movimento Negro na Atualidade. Quando perguntada sobre sua percepção das redes sociais dentro do movimento negro, Rita Vasconcelos nos diz o seguinte:

> Eu acho que foi um grande espaço conquistado pelo movimento negro, inclusive. Já que a maioria da população negra está lá na camada social que não tem recurso financeiro mesmo, as redes sociais são mais democráticas nesse sentido. Você vai ver um bocado de menina youtuber, tem muitos meninos e meninas negras que são referências hoje, para a juventude negra, seja no *slam*, seja nos textos. [...] E eu acho que tem espaços tipo Geledés, que já são referências para a gente. Às vezes você não entende muito sobre o assunto e diz: "Ah, eu vou pesquisar tal site, tal página" que, para mim, já são referências de credibilidade. Eu acho que as redes sociais

vieram para democratizar esse acesso, esse lugar de fala que a população negra também não tinha, então eu acho superimportante. Claro que, como tudo, qualquer assunto dentro das redes sociais, você tem que fazer uma peneira, você vai montando referências e vai aprendendo a usar aquilo ali. Mas eu acho bem democrática a difusão de conhecimento, de ideias, eu acho bem legal.

A internet de maneira nenhuma substitui o contato físico e a circulação de cultura de luta antirracista por essa via. O que ela faz é potencializar narrativas do movimento negro já existentes, como a de Tatiana, ou até mesmo organizações já existentes, como o próprio Geledés. Mas ela funciona também de maneira a produzir novas possibilidades de organização social na luta antirracista, como nos exemplos a seguir. O primeiro relato é de Luanna Teófilo (já citada, entrevistada em 17 de julho de 2018), acerca da resposta a um episódio de racismo que sofreu no ambiente de trabalho.

> Como eu sou uma pessoa de internet, faço páginas, faço produtos digitais, eu criei uma página que chamava: "Tira isso!", baseada naquela página "Eu, empregada doméstica", da Joyce, que é a Preta Rara, uma rapper. Hoje em dia ela é minha amiga. Era ela contando histórias de quando ela era empregada doméstica. Eu já era uma executiva de empresa e a página das empregadas domésticas me empoderou enormemente. Ver o que aquelas trabalhadoras estavam passando e falar: "Eu, enquanto trabalhadora, também passo por humilhações, só que eu estou em uma posição em que eu ainda consigo falar", porque a mina que mora dentro da casa do patrão, ela não pode falar, ela não vai conseguir falar, ela vai ter que suportar. Então eu criei a página "Tira isso!", era uma hashtag, que foi o que a branca lá falou: "Tira isso!", me objetificando ao extremo. Qual era a ideia? Uma página de relatos. O primeiro relato era o meu: "Eu sou a Luanna e aconteceu isso", não falei o nome da empresa, contei e coloquei uma foto minha. A ideia é que as pessoas começassem a mandar relatos, e começou a chover relatos, uma história pior do que a outra. Quando você pensa que você chegou na pior, vem outra pior, vem outra pior e

vem outra pior. A página virou um lugar de escuta, de acolhimento, de documentação dessas denúncias, porque a maioria delas morre com o cara chorando na casa dele, porque ele vai falar para quem? Não tem para quem falar. [...] Eu comecei a divulgar nas minhas outras páginas. Uma dessas meninas (do trabalho) leu e descobriu que era eu. As meninas do trabalho entraram nessa página e começaram a dar nome, e aí tem o efeito viral natural. Os trabalhadores e ex-funcionários da empresa começaram a denunciar: "Aconteceu isso comigo também, me discriminaram", aí sai do seu controle. O que era uma página que tinha 500 pessoas, em uma semana passa a ter 3.000 pessoas e começa abrir. Daí começam a vir as pessoas que trabalhavam na indústria das relações públicas. Entraram com dois processos contra mim: um era para tirar a página do ar. A juíza deu uma liminar e a página saiu do ar. Eu tenho todo o conteúdo ainda, só que a página está offline, eu não poderia publicar.

A partir da fala de Luanna, é possível perceber o impacto que a página "Eu, empregada doméstica" teve sobre sua trajetória. A página https://www.facebook.com/euempregadadomestica/ contava, em março de 2022, com 162.287 curtidas e 164.758 seguidores. Sua publicação feita no dia 5 de março de 2022 teve 987 curtidas, 59 comentários e 70 compartilhamentos. No Instagram, a página https://www.instagram.com/euempregadadomestica/ contava, em abril de 2022, com 29.800 seguidores. Influenciando, inclusive, para que, num momento em que se encontrava diante do racismo, sua reação não fosse a de silenciar, mas de compartilhar e afetar. Sua página, que era para ser um lugar de escuta, acolhimento e documentação, passou também a ser um espaço mobilizador para que outras pessoas pudessem reconhecer o racismo em suas trajetórias e romper o silenciamento imposto, sendo instadas a denunciar esses ocorridos. Conforme a entrevistada indicou, a página foi retirada do ar; no entanto, ainda em 2022, ao procurar no Google, recebi um redirecionamento para a página do blog *Efigênias*, também gerenciada por Luanna Teófilo, onde era possível acompanhar o andamento de todo o processo relativo a esse caso. Hoje esta página também não existe mais.

Neste outro relato, Jéssyca Silveira (já citada, entrevistada em 8 de junho de 2018) nos fala sobre o surgimento da página de Facebook "RAP - Rede de Afro Profissionais":

Lá em junho de 2016 começaram a surgir, no Facebook, umas iniciativas voltadas para a questão de gênero ou para a questão de raça, teve um *boom* nesse sentido. Um desses grupos, que era de contratação de profissionais, cresceu absurdamente e, na época da realização da pesquisa, tinha umas 100 mil mulheres. Eu via que o padrão de contratação era mulher branca contratando mulher branca e mulher preta contratando gente branca. E eu ficava: "Cara! O dinheiro continua circulando só em um grupo", e aquilo me incomodou por alguns meses. Eu já estava influenciada pela minha pesquisa (referente ao trabalho de conclusão de curso intitulado *Mulher, negra e doutora:* escritas de si de acadêmicas negras na Universidade Federal do Rio de Janeiro, com orientação de Giovana Xavier e disponível na Biblioteca do Instituto de Filosofia e Ciências Sociais da UFRJ), eu já estava vendo números, já estava íntima de umas estatísticas que comprovavam que não era noia da minha cabeça. Daí eu falei: "Quer saber? Vou criar o meu grupo!". Daí, num dia de semana de noite, eu criei o "Indique uma preta". Coloquei a minha irmã junto comigo, e era para ser só um grupo de Facebook. As pessoas começaram a se adicionar, se adicionar, se adicionar, e, em poucos dias, já tinha 5 mil mulheres negras. A gente pensou "Nossa! Que lindo!" e começou esse ritmo de mulheres negras contratando mulheres negras, a gente circulando algumas informações sobre a importância de fazer o dinheiro circular entre a gente, como o dinheiro é poder, como a gente recebe os piores salários, como está nos subempregos, como não está nos espaços de privilégio. O Facebook promove algumas estatísticas, por exemplo, de 14 mil membras, 9 mil são ativas, isso quer dizer que 9 mil acompanham as postagens, publicam ou interagem de alguma forma. [...] Tem muita gente que está fazendo, muita gente boa envolvida, e ninguém sabe. E o movimento negro também não é isso? O que é o movimento negro no fim das contas? São esses movimentos micro, porque eu acho que antes era mais o macro, era você estar em uma instituição, numa organização, numa associação e hoje em dia eu vejo muito mais essa pluralidade. Um grupo de Facebook: por que não? É só um grupo de Facebook? É só um grupo de Facebook, mas é um puta grupo de Facebook, e isso significa muita coisa.

Jéssyca identificou um problema e criou, a partir do espaço possível na dinâmica de uma rede social, um mecanismo coletivo de forma a agir em prol da população negra.

Os dois exemplos aqui apresentados de novas formas de atuação antirracista possibilitadas pelas novas tecnologias evidenciam uma questão muito importante no século 21. Ao passo que a cultura de luta antirracista passa a circular de maneira expandida na sociedade, podemos perceber (no gráfico da Figura 1) que muita gente passa a direcionar suas agências individuais para alcançar o objetivo coletivo do fim do racismo. Diante disso, o que eu gostaria de chamar a atenção, nos dois exemplos apresentados, é para a produção de possibilidades de catalização de agências individuais. Mesmo que os sujeitos que participam dessas formas de ação não se organizem dentro de um grupo institucionalizado, esse "novo" desenho de rede e através da rede, por meio da qual se reconfigura o movimento negro, é capaz de coletivizar agências individuais.

Retomemos à ideia apresentada por Lélia Gonzalez sobre os desenhos organizacionais das diferentes gerações de movimento negro. Se, na década de 1930, organizações muito vivas na memória do movimento negro, como a Frente Negra Brasileira, por exemplo, possuíam "líderes com o poder de controlar o destino da organização", e posteriormente, na década de 1970, o Movimento Negro Unificado, organização que se tornou um marco na memória coletiva da luta antirracista, era apenas "mais ou menos descentralizado" (GONZALEZ, 2020, p. 119), podemos dizer que, hoje, é a atuação em rede que emerge como desenho para esse movimento no século 21. Essa ideia de movimento negro enquanto uma rede nos leva ao terceiro princípio da cibercultura: o princípio da conectividade generalizada. Segundo Lemos:

> As diversas redes sociotécnicas contemporâneas mostram que é possível estar só sem estar isolado. A conectividade generalizada põe em contato direto homens e homens, homens e máquinas, mas também máquinas e

máquinas que passam a trocar informação de forma autônoma e independente. Nessa era da conexão o tempo reduz-se ao tempo real e o espaço transforma-se em não espaço. (LEMOS, 2003, p. 19)

Pensar nesses princípios da cibercultura torna-se mais fácil após a experiência de superconectividade digital que vivemos nos últimos dois anos. Estar só sem estar isolado foi a praxe da sociabilidade em tempos de distanciamento social, uma vivência que teve como pilar a interação instantânea, mesmo que a distâncias continentais.

Mais cedo, Zélia Amador de Deus, uma das fundadoras do CEDENPA, dizia sobre o fato de que não havia comunicação por computadores naquele processo de construção de uma organização negra no Pará e que, portanto, as conexões eram feitas por carta ou telefone (ALBERTI; PEREIRA, 2007, p. 102). Esses artefatos são facilitadores de comunicação, mas mobilizam um outro regime de espaço-tempo, produzindo uma circulação mais restrita da cultura de luta antirracista, influenciando, por consequência, na produção de um outro "modelo estrutural" de movimento. O relato de Flávia Ribeiro (já citada, entrevistada em 21 de junho de 2018) evidencia as potencialidades do estado de conectividade generalizada que experimentamos no século 21, um estado que favorece a conexão de mulheres negras a fim de romper o silenciamento imposto sobre a experiência negra amazônida:

> A Rede de Ciberativistas Negras surgiu como uma iniciativa da Criola, que é quem coordena. Essa rede é nacional, e o primeiro encontro foi em janeiro de 2017, no Rio. Estiveram presentes mulheres do Brasil inteiro. Nordeste, Amazônia... Da Amazônia, estávamos eu e a Jessica Dandara, que é de Manaus. Boa parte, como sempre, era do Rio e São Paulo, mas tinha algumas meninas do Nordeste também. A partir disso, a gente começou a perceber a necessidade de falar mais das mulheres negras da Amazônia. [...] Criola queria pegar mulheres negras que usavam a rede para se posicionar politicamente. Qual a força disso? A gente se fez muito forte! A Djamila é um desses exemplos que se fez muito forte por causa das redes sociais; a Winnie Bueno, a Joice Berth, que são mulheres que despontam muito, por

causa de redes sociais. Todas essas que eu citei estão na Rede, a Eliane, do Preta Acadêmica, está na Rede. Então é pegar essas mulheres que usam a internet para a gente se articular. O movimento negro de mulheres está muito nisso de se articular, de fazer redes. [...] É muito de a gente usar a internet em momentos como ano passado, que eu fiz um texto, depois de uma chacina aqui em Belém, para o *Jornalistas Livres [RIBEIRO, 2017]*. Fiz um texto: "Gente, ninguém está sabendo que está tendo chacina aqui direto. Os jornais não estão dando, então divulguem."

E uma das pessoas que eu pedi, Djamila, "compartilha isso porque as pessoas têm que saber, a gente tem que ter visibilidade. As pessoas têm que saber o que está acontecendo aqui em Belém. Se ficar só aqui as coisas vão continuar nessa limpeza étnica diariamente e ninguém vai saber. E vai normalizar". Foi muito nesse sentido de "vamos usar as redes para falar das nossas opressões, das nossas dores, mas também para formar as outras negras, se informar também", é basicamente isso, para usar como plataforma para a nossa voz. Como diz a Monique Evelle, voz a gente sempre teve, mas eu falava sozinha aqui, a outra falava sozinha ali, aí vem o Facebook, vem o WhatsApp, vem o Telegram, o Instagram, enfim, e a gente consegue fazer essas redes: "Mas eu não estou sozinha, eu posso falar com a Djamila, eu posso contar com a Winnie, posso contar com a Jessika, com a Larissa", e assim vai.

A capacidade de conexão para a ação, representada pela fala de Flávia Ribeiro, em contraposição ao período anterior, descrito por Zélia, nos coloca justamente diante das potencialidades da conectividade generalizada na articulação política da luta contra o racismo neste século.

A Rede de Historiadorxs Negrxs é outra experiência de organização negra no século 21 que se vale desse fenômeno da superconectividade digital para circular cultura de luta antirracista para além de sua área física de alcance. Essa rede, que tem entre suas principais articuladoras a professora Ana Flávia Magalhães Pinto, promove sucessivas experiências nesse sentido. Eu poderia citar a coluna Nossas Histórias (2022), no *Portal Geledés*, onde historiadorxs do país inteiro compartilham em texto e vídeo os resultados de suas pesquisa sobre a população negra e as questões que lhe são caras; poderia citar ainda a histórica e inédita ação de ocupação da imprensa nacional (NUNES; ROSÁRIO, 2021), que marcou a semana da Consciência Negra, em 2021 e, por fim, a experiência de realização de exposições virtuais, como *1960-1970: Grupo Palmares de Porto Alegre e a afirmação do Dia da Consciência Negra* (GELEDÉS, 2021). A exposição mencionada é uma experiência de afetação multimídia que mistura história, arte e performatividade, nos marcos das novas possibilidades oferecidas pela internet.

Ao caminhar em meio a esses três princípios da cibercultura, com os olhos voltados para o movimento negro, é possível observar o trançado em que se misturam antigas e novas formas de luta política contra o racismo no Brasil – a partir da qual emerge a cultura de luta antirracista –, agora potencializada pela liberação dos polos de emissão, pela reconfiguração e pela conectividade generalizada. Aqui, retornamos a Emicida, lá na epígrafe deste capítulo, para pensar que, diante das transformações da cibercultura em nossa luta contra o racismo, "ser uma espécie de canivete suíço, se desdobrar em mil, é uma característica do nosso povo. Dar amplidão a essa característica é uma característica do nosso tempo".

MULHERES NEGRAS REEDUCANDO A SOCIEDADE

Por fim, chegamos ao último tópico que considero fundamental para que possamos compreender o movimento negro do século 21. Falo aqui do protagonismo das mulheres negras na luta do movimento negro brasileiro neste século. A percepção desse protagonismo despontou em nossa pesquisa, já a partir da análise dos dados do formulário. Nessa primeira fase, alguns números precisam ser considerados.

Cerca de 60% dos respondentes na primeira fase da pesquisa eram de mulheres. Nesse primeiro momento, apesar de os números evidenciarem uma maioria feminina, isso não representa ainda uma diferença tão discrepante. Diante de 261 respostas, decidimos estabelecer alguns critérios para a escolha dos sujeitos que seriam entrevistados na segunda fase. Os critérios eram os seguintes:

1. Grau de consistência/coerência nas respostas às questões discursivas;
2. Diversidade de perfis e tipos de atuação em organizações/redes/coletivos na militância antirracista;
3. Organização e logística para a realização das entrevistas em pelo menos uma capital de estado de cada uma das cinco regiões do Brasil, no período de apenas dois meses, entre junho e julho de 2018.

Como é possível perceber, nenhum dos critérios adotados se refere à questão de gênero, o que torna surpreendente a discrepância da proporção de participantes por gênero, na segunda fase da pesquisa. Das 26 pessoas que participaram das 24 entrevistas, quatro eram homens e 22 eram mulheres, todas elas negras. Isso representa algo em torno de 84% de mulheres entrevistadas.

Um outro dado importante ao qual chegamos a partir do formulário é acerca da posição das mulheres negras nas organizações. Se, durante bastante tempo, as mulheres negras foram relegadas a uma posição de subalternidade dentro do próprio movimento negro ao ser recorrentemente responsabilizadas pela cozinha e pelas festas, sendo secundarizadas nos debates políticos *stricto sensu*, quando perguntados se havia mulheres negras na direção ou na liderança de seus grupos/organizações, 72,4% de nossos respondentes indicaram que sim, ao passo que outros 20,7% eram de sujeitos que se articulam individualmente; portanto, a pergunta não se aplicava. Ou seja, quase todas as organizações representadas entre os respondentes tinham mulheres à frente ou como parte de sua direção.

Para finalizar os números relevantes nessa primeira fase, quando questionados sobre seu engajamento em outras causas sociais para além da questão racial, 87,7% dos respondentes indicaram a articulação entre raça e outras questões em suas atuações. Entre estes, 85% indicaram uma articulação com a luta das mulheres negras.

Nas duas fases da pesquisa, tanto no formulário quanto durante as entrevistas de história oral, solicitamos aos respondentes que indicassem ao menos três personagens ou organizações como referência para a sua militância na luta antirracista. Nosso objetivo, ao estabelecer essa questão, era compreender para onde o movimento negro do século 21 está se voltando quando em busca de inspiração. Evidentemente, apenas conhecer as referências não nos oferece um dado conclusivo. No entanto, se levarmos em consideração que só se toma alguém ou alguma organização como referência com base na aprovação ou na admiração em relação às suas posturas, pensamentos e/ou estratégias, a análise dessas referências mostra-se bastante rica em possibilitar um vislumbre da carga de significados e representações que circulam no imaginário desse movimento negro, na atualidade.

Na primeira fase, que implicava apenas a indicação do nome, sem necessidade de justificativa, as referências a seguir tiveram o maior número de recorrências, em ordem decrescente: Abdias Nascimento (25), Angela Davis (24), Geledés (24), Movimento Negro Unificado (23), Nelson Mandela (23) e outras referências à luta contra o colonialismo (21), Djamila Ribeiro (18), Sueli Carneiro (17) e Lélia Gonzalez (17), Martin Luther King (16), Malcolm X (13), as narrativas produzidas pela população negra na música (13), Zumbi dos Palmares (12) e religiões de matriz africana (11).

Quando passamos para a análise das referências indicadas durante as entrevistas, podemos perceber uma relevância maior das mulheres negras por dentro desse movimento. Nessa segunda etapa, foi extraído das entrevistas um mapa mostrando as referências citadas e o modo como elas se relacionam entre si. Nesse mapa, as referências foram classificadas em quatro grupos:

- **MULHERES ENTREVISTADAS:** Marise Lima, Jéssyca Silveira, Maíra Brito, Eva Bahia, Josiane Clímaco, Rita Vasconcelos, Natany Luiz, Ana Flávia, Flávia Ribeiro, Auxiliadora Martins, Simone Cruz, Patrícia Xavier, Nina Fola, Cristiane Gomes, Ceça Costa, Maria Lucia, Ana Luisa, Joana Machado e Ingrid Martins.
- **HOMENS ENTREVISTADOS:** Vinícius Dias e Flávio Carrança.
- **REFERÊNCIAS FEMININAS (OU INSTITUIÇÕES MISTAS OU PREDOMINANTEMENTE DE MULHERES):** Beatriz Nascimento, Avó, Angela Davis, Ubiraci Matildes, Rosana Fernandes, Beyoncé, Sony Santos, Thula Pires, Eliane Cavalleiro, Cida Bento/CEERT, Blogueiras Negras, Sueli Carneiro,

Geledés, Mônica Oliveira, Jurema Werneck, Criola, Lúcia Xavier, Roberta Tavares, Zélia A. de Deus, CEDENPA, Nilma Bentes, Erica Malunguinho, Luiza Bairros, Conceição Evaristo, bell hooks, Grada Kilomba, Kimberlé Crenshaw, Aparecida Santos, Marielle Franco, Lélia Gonzalez, Djamila Ribeiro, Neusa Santos, Nelma Oliveira Soares.

- **REFERÊNCIAS MASCULINAS (OU INSTITUIÇÕES MISTAS OU PREDOMINANTEMENTE DE HOMENS):** Malcolm X, Miltão/MNU, Irohin, UNEGRO, Reaja ou Será Morta(o), Carlos Moore, Henrique Cunha Jr., Satélite Prontidão, CECUNE e Kabengele Munanga.
- **QUATRO ENTREVISTADOS NÃO SE CONECTARAM À REDE DE REFERÊNCIAS:** Leonardo da Rosa, de Porto Alegre, referenciou Oliveira Silveira, a Mocambo – Associação Comunitária Amigos e Moradores do Bairro Cidade Baixa e Arredores e Vera Deyse. Luanna Teófilo, de São Paulo, referenciou a rapper Preta Rara, Maitê Lourenço (Black Rocks) e Patrícia Santos (Empregue Afro). Gabriele Conde, de Recife, referenciou Solano Trindade, Inaldete Pinheiro, Hélio Santos e Akotirene, representando as mulheres negras. Por fim, Tatiana Nascimento, de Brasília, referenciou Kika Sena, Dionne Brand e Audre Lorde.

Na versão original da tese, o diagrama foi apresentado na íntegra, tornando possível visualizar as redes de relações que se estabelecem entre entrevistados e referências. Dessa maneira, a leitora e o leitor podem observar visualmente que as redes estabelecidas por mulheres apresentam um caráter mais intrincado. Mas o presente formato, de menores dimensões e em preto e branco, dificulta muito a visibilidade de seus elementos. Por esse motivo, optamos por retirar a ilustração e listar aqui os grupos entrevistados e os nomes citados em suas falas.

A presença das mulheres negras entre as referências já pode ser sentida com força desde o formulário. No entanto, na sistematização das entrevistas, o que pude perceber foi a evidente centralidade de Sueli Carneiro e do Geledés dentro de uma forte rede de referências formada principalmente por mulheres negras. Sueli e o Geledés são referenciados por alguns motivos diferentes. Sueli é referenciada enquanto inspiração de luta no espaço acadêmico, inclusive por sua formação em Filosofia, que foge do estereótipo da ocupação de mulheres negras em áreas que se remetem ao cuidado, e coloca a mulher negra no campo da possibilidade de pensamento e produção de conhecimento. Ela é citada ainda enquanto referência bibliográfica e enquanto parte do processo de letramento racial e fortalecimento da identidade de algumas das entrevistadas. O Geledés, por sua vez, é mencionado pelo que representa enquanto uma instituição forte do movimento negro, capaz de atravessar 30 anos de existência com incidência na sociedade, além de ser um grande veículo de visibilização de pautas da população negra, plataforma de apoio à formação política e espaço com grande capacidade de afetar. Para além de tudo isso, tanto Sueli Carneiro como o próprio Geledés são referenciados enquanto parte de um movimento que representa a emergência do protagonismo de mulheres negras na luta antirracista no Brasil. Flávio Carrança, jornalista, integrante da COJIRA-SP, foi entrevistado em 16 de junho de 2018, em São Paulo (SP). Falando um pouco de sua trajetória e colocando Sueli Carneiro no quadro de suas referências na luta antirracista, ele diz o seguinte:

> O Milton, eu já contei aqui, foi a primeira pessoa que falou para mim: "Você é negro e tem um campo de atuação para trabalhar em relação a questão do racismo". Não é qualquer coisa. É uma pessoa que vai ficar para sempre marcada na minha memória. [...] Essa é a minha geração do movimento negro, as pessoas que construíram o MNU [...], com essas pessoas eu descobri que existia movimento negro e que isso podia ser um campo específico de atuação. No caso da Sueli, eu acho que é um segundo momento, eu já estava mais velho, em outro momento da vida, mas é essa questão da organização independente, das ONGs, da importância da questão da mulher e do gênero, de culminar essa questão com a discussão da questão racial, o trabalho com a juventude, o cuidar do nosso povo. O Geledés tinha uma multiplicidade de frentes de atuação que era muito rica. Porque o MNU tinha muito aquela coisa de ir para a rua, era esse o momento: "Vamos para a rua" [...]. Esse era o MNU, que deu a partida para essa retomada. O Geledés já é uma segunda fase dessa retomada, em que começam a surgir novos organismos. Basicamente, o protagonismo do movimento negro

passa a ser das mulheres, e o Geledés é a expressão mais acabada desse processo. Eu tive a sorte de estar próximo da Sueli Carneiro, da família Carneiro e das pessoas que construíam e constroem aquela organização.

Rita de Cássia P. de Vasconcelos, jornalista, integrante da Rede de Mulheres Negras de Pernambuco e da RENAFRO, foi entrevistada em 10 de julho de 2018, em Recife (PE). Rita Vasconcelos também defende o protagonismo feminino nesta geração do movimento negro e, para dar suporte à sua ideia, ela apresenta seu quadro de referências evidenciando uma esmagadora maioria de mulheres negras:

> Tem uma questão que é mesmo a liderança das mulheres à frente desse movimento negro, que sempre estiveram na luta, mas eram mais silenciadas. Hoje, a minha referência é Sueli Carneiro, minha referência é Jurema Werneck, minha referência é Mônica Oliveira aqui ou Sony Santos. Eu não me lembro agora, se você me perguntar, quem é minha referência entre os homens negros. Edson Cardoso, que é da antiga geração, mas não lembro nenhum homem hoje, atuante. Então eu acho que o movimento negro hoje é um movimento eminentemente de mulheres. Acho que esse é um grande diferencial: pensar o saber local, pensar a partir das mulheres, das pautas que as mulheres colocam, da visão que as mulheres colocam e das mulheres estarem de fato promovendo ações, inclusive na política. Acho que hoje a gente tem, inclusive, um referencial político feminino.

O mapa de referências construído a partir das entrevistas dá suporte à percepção apresentada por Rita. Há, nele, um predomínio de mulheres negras referenciadas, mas, para além disso, percebe-se que os homens referenciados raramente estão na interseção entre dois entrevistados. As únicas exceções são Malcolm X, referenciado pela radicalidade de seu discurso e sua prática, e Miltão e o MNU, referenciados por seu papel de destaque na retomada da luta antirracista da década de 1970. Uma inferência a ser feita a partir dessa constatação é a de que, se as referências masculinas raramente estão na interseção, isso implica dizer que, no mapa de referências desta pesquisa, os homens não se organizam numa rede. O mapa corrobora também com Flávia Ribeiro, jornalista, mestranda em Comunicação, Cultura e Amazônia, integrante do CEDENPA, da Rede de Mulheres Negras do Pará, da Rede de Ciberativistas Negras e da Rede Fulanas, entrevistada em 21 de junho de 2018, em Belém do Pará. Ao refletir sobre a proposta da ONG Criola para a formação de uma Rede de Ciberativistas, Flávia já apresentara sua percepção de que trabalhar em rede é algo muito característico das mulheres negras: "O movimento negro de mulheres está muito nisso de se articular, de fazer redes, de 'Vamos falar', de 'Vamos fazer um evento', de saber o que a outra está fazendo e apoiar, dizer: 'É isso mesmo! Vai lá, faz'."

Se hoje (na época da pesquisa), conforme já afirmei anteriormente, a estrutura organizacional do movimento negro deixa de ser "mais ou menos descentralizada" para emergir na figura das redes, isso tem bastante a ver com o impacto do protagonismo dessas mulheres negras. Considerando que a luta produz cultura, o que busco evidenciar aqui é que a luta das mulheres negras produziu uma cultura de luta antirracista cada vez mais carregada de seus códigos de significados e foi reeducando não apenas a sociedade, mas o próprio movimento negro.

O referido processo de reeducação protagonizado pelas mulheres negras na sociedade e no próprio movimento negro foi um dado tão forte nesta pesquisa que começou a se apresentar antes mesmo do preenchimento do primeiro formulário. Era a primeira reunião presencial do projeto, que até então não tinha nome. O grupo era formado por quatro pessoas. Além de mim, tínhamos na equipe Jorge Maia, então mestrando em Educação – nós dois como pesquisadores –, Amilcar Pereira como coordenador da pesquisa e Amauri Mendes Pereira como consultor. Eu estava bastante empolgada, porque naquele dia participaria da nossa reunião o Amauri, liderança do movimento negro das décadas de 1970/80, sobretudo no Rio de Janeiro, participante da articulação de algumas das principais instituições de movimento negro que tiveram vida nesse estado. A discussão proposta para aquele dia era a elaboração de um questionário para ser lançado em uma plataforma digital, cujas respostas deveriam nos possibilitar a elaboração de um mapeamento específico sobre o movimento negro na atualidade e deveriam servir de base para a seleção de nossos entrevistados.

Amauri, um homem negro, certamente chegando aos seus 70 anos, cheio de simpatia e de histórias longuíssimas dos seus tempos de militância na juventude. Nada disso fugia à imagem que já existia na minha cabeça, de uma personalidade histórica que viveu experiências fundamentais no movimento negro das décadas de 1970 e 80 e que, por isso, nos ajudaria com um arcabouço de experiência que ninguém mais ali teria. Eu e Jorge apresentamos algumas questões que já havíamos elaborado para compor o formulário. Amauri, para a minha surpresa, recorrentemente fazia colocações acerca da experiência das mulheres negras dentro do movimento. Em um dos momentos, ele me perguntou: "Mas, Thayara, enquanto única mulher negra presente aqui, o que você acha?". Eu não estava pronta para responder àquela indagação, mas foi o suficiente para a pergunta não sair mais da minha cabeça. Ao fim da nossa reunião, várias questões, já trabalhadas aqui, foram adicionadas para nos permitir compreender a experiência específica das mulheres negras em nossa pesquisa.

Esse episódio narrado ajuda a perceber que o processo histórico não é uma linha reta em que o passado ocasiona o presente num sentido único, portanto, tampouco o é a história do movimento negro no Brasil. Não corroboro aqui com a ideia de que uma geração anterior, mais velha, necessariamente forjou a geração atual de jovens negros que segue a luta, assim, num sentido único, como se todos estivéssemos presos a uma linha do tempo, que segue inexoravelmente, do passado ao futuro, delimitando a cada ator nesse processo, um espaço fixo. Não se trata de militantes históricos que ficaram no passado enquanto a juventude negra faz a luta do presente. É mais complexo do que isso.

A perspectiva de geração aqui adotada acompanha a noção de tempo já apresentada no capítulo 1. A cultura de luta antirracista expande o presente e nos remete a um tempo em espiral em que, partindo dos códigos produzidos na luta protagonizada por mulheres negras, é possível afetar e reeducar até mesmo sujeitos como Amauri, que se produziram militantes do movimento negro a partir de outros marcos temporais.

O passado não determina o presente numa linha reta pré-moldada. Nilma Lino Gomes inicia seu livro *O movimento negro educador: saberes construídos nas lutas por emancipação*, afirmando o seguinte: "O movimento negro é um educador. Minha trajetória como professora, minhas pesquisas, produções teóricas e ação política se pautam nesse reconhecimento" (GOMES, 2017, p. 13). E segue afirmando que "Os movimentos sociais são produtores e articuladores dos saberes construídos pelos grupos não hegemônicos e contra-hegemônicos da nossa sociedade. Atuam como pedagogos nas relações políticas e sociais" (GOMES, 2017, p. 16). Nesse caso, chamo a atenção para o fato de que, a partir da cultura de luta antirracista – que parte deste paradigma de tempo que diverge do hegemônico –, o movimento negro torna-se um educador, que reeduca também a si mesmo. Esse fluxo de cultura de luta antirracista circulando na sociedade permite aos militantes do movimento negro de outros tempos uma releitura em seu acervo de experiências, elencando novas prioridades a partir do presente.

Quando falo do "movimento negro do século 21", não excluo, portanto, os militantes que se forjaram parte do movimento negro em outras épocas. Utilizo essa categoria na realidade para delimitar a ação de sujeitos que foram afetados pela cultura de luta antirracista que circula hoje e que foi forjada a partir das características sócio-históricas desse tempo. Se, para o movimento negro contemporâneo, a luta contra a ditadura militar foi um marco temporal significativo, tenho defendido até aqui que a emergência do movimento de mulheres negras juntamente à desestabilização das identidades integradas e a emergência da aceleração tecnológica são marcos geracionais importantes para pensar o movimento negro no século 21.

Para compreender melhor o protagonismo das mulheres negras na circulação da cultura de luta antirracista, precisamos pensar um pouco sobre a luta das mulheres negras que nos precederam. Opto por partir, aqui, de um ponto de referência que, mesmo não tendo sido escolhido intencionalmente, foi recorrentemente acionado por nossos entrevistados, o MNU. Falando acerca da trajetória do Movimento Negro Unificado, a partir do ponto de vista de militante deste movimento, Lélia

Gonzalez nos conta sobre as resoluções tiradas do primeiro congresso da instituição, no ano de 1979. Entre essas resoluções, constava a seguinte:

> Outro tema importante discutido no congresso foi a situação da mulher negra. Finalmente aprovamos uma resolução sobre o que se poderia chamar de "dupla militância". Isso significa que, externamente, nossa prioridade é a luta contra a discriminação racial, nesse nível, as mulheres estão lado a lado com os seus irmãos. Internamente, porém, as atividades das mulheres serão direcionadas à denúncia do machismo de nossos companheiros e ao aprofundamento das discussões sobre nós mesmas. (GONZALEZ, 2020, p. 123)

Nesse texto de 1985, uma versão modificada de texto anterior produzido no ano de 1982, Lélia Gonzalez transparece a luta das mulheres negras por uma posição dentro do movimento negro ao indicar que elas "finalmente" aprovaram tal resolução. É sobre essa resolução, considerada como uma conquista naquele momento, que se assenta uma questão cara neste trabalho. Refiro-me, aqui, à questão das identidades em fins do século 20 e início do século 21.

A "dupla militância" apresentada por Lélia Gonzalez evidencia um jogo de posições entre as identidades que compõem um sujeito, a forma como elas se articulam e as lutas sociais que elas representam. Neste caso, Lélia Gonzalez fala de um movimento cuja principal característica é o significante "negro", como uma identidade integrada, capaz de representar todas as demandas de sujeitos distintos. Conforme a própria Lélia, no texto original Movimento negro na última década, publicado em 1982: "Nós, negros, não constituímos um bloco monolítico, de características rígidas e imutáveis" (GONZALEZ; HASENBALG, 1982, p. 18). Com essa afirmação, ela reforça que não há apenas uma forma de ser negro; pelo contrário, existiriam desde valores culturais trazidos por diversos povos africanos, passando por distintas formações de resistência como as irmandades, somando-se aos diversos ciclos econômicos nacionais que produziram diferentes formas de opressão, além das diferenças regionais em jogo, entre outras. Diante de toda essa pluralidade, ela defendia o uso de "movimento negro" no singular, e não de "movimentos negros" no plural:

Agora, se a gente junta tudo isso (e muito mais), uma pergunta se coloca: será que dá pra falar do movimento negro? É claro que, se a gente adota a perspectiva acima delineada, não dá. Como não daria para falar de movimento de mulheres, por exemplo. No entanto, a gente fala. Exatamente porque está apontando para aquilo que o diferencia de todos os outros movimentos; ou seja, a sua especificidade [...] *o significante negro*. (GONZALEZ; HASENBALG, 1982, p. 18)

Esse trecho de Gonzalez aponta para duas questões. A primeira é o esforço deliberado do movimento em criar uma unidade, característica reafirmada por Pereira quando indica o uso do termo "movimento negro" no singular em sua pesquisa, em respeito à perspectiva política das lideranças entrevistadas, "de busca por alguma 'unidade' dentro da pluralidade que é o movimento" (PEREIRA, 2013, p. 111), isso nas décadas de 1970 e 80. A segunda é que tanto essa pluralidade que compreendia infinitas experiências de ser negro quanto a própria unidade estabelecida como projeto por aquele movimento giram em torno de um único significante estruturante, o significante "negro". Importante é ressaltar que o projeto de unidade estabelecido por esse movimento foi muito bem-sucedido, principalmente quando percebemos, hoje, que a imagem produzida no imaginário acerca das organizações antirracistas daquele período é uma imagem de unidade, unificada, íntegra, não fragmentada.

Apesar de ser a base do movimento negro, esse único significante, relacionado por consequência a essa identidade única e bem estruturada, já naquele momento dava sinais de insuficiência. Em 1981, Lélia Gonzalez já denunciava que "ser mulher e negra (ou negra e mulher?) implica ser objeto de um duplo efeito de desigualdade muito bem articulado e manipulado pelo sistema que está aí" (GONZALEZ, 2020, p. 192). Em 1983, ela expunha que:

O lugar em que nos situamos determinará nossa interpretação sobre o duplo fenômeno do racismo e do sexismo. Para nós o racismo se constitui como a sintomática que caracteriza a neurose cultural brasileira. Nesse sentido, veremos que sua articulação com o sexismo produz efeitos violentos sobre a mulher negra em particular. (GONZALEZ, 2020, p. 76)

Ressalto aqui o protagonismo das mulheres negras, dentro do movimento negro, em perceber, evidenciar e buscar romper com a falha dessa ideia de que uma única identidade bem-estruturada em torno do significante "negro" era suficiente para dar conta de todas as questões relativas a outras identidades existentes em um sujeito. A própria resolução sobre a "dupla militância" – muito embora seja uma brecha por dentro dessa estrutura cujo significante estruturante era a identidade negra, deliberadamente projetada enquanto tal – precisa ser problematizada à luz de algumas questões. Para W. E. B. Du Bois, o estado de dupla consciência referia-se a um dispositivo que obrigava o sujeito negro, nos Estados Unidos, a se perceber permanentemente cindido. Ou estadunidense ou negro, como se um fosse a antítese do outro, como se não fosse possível que um mesmo sujeito comportasse essas duas identidades (DU BOIS, 2021). Ora, quando observo a fala de Lélia Gonzalez sobre a necessidade de acionar identidades diferentes em espaços diferentes, sou remetida à necessária permanência de uma cisão entre ser mulher e ser negra na luta do movimento negro daquele momento.

A produção de uma identidade negra quase que essencializada fez bastante sentido e produziu conquistas naquele contexto de luta do movimento negro contemporâneo. A conformação dessa identidade cumpriu sua função estratégica diante da luta contra o mito da democracia racial, que invisibilizava as hierarquias de cor, naturalizando as desigualdades raciais no Brasil. Conforme indica Hall, já na década de 1990:

> [...] onde estaríamos, conforme bell hooks comentou certa vez, sem um toque de essencialismo ou sem o que Gayatri Spivak chama de essencialismo estratégico, um momento necessário? A questão é se ainda estamos nesse momento, se esse constitui ainda uma base suficiente para as estratégias das novas intervenções. (HALL, 2003, p. 344)

Respondendo à própria pergunta acerca da suficiência daquele momento de predominância de uma identidade unificada em torno de um signo "negro" estrategicamente essencializante, Hall apresenta seus argumentos:

> Esse momento essencializa as diferenças em vários sentidos. Ele enxerga a diferença como "as tradições deles versus as nossas" – não de uma forma posicional, mas mutuamente excludente, autônoma e autossuficiente – e é, consequentemente incapaz de compreender as estratégias dialógicas e as formas híbridas essenciais à estética diaspórica. Um movimento para além desse essencialismo não se constitui em estratégia crítica ou estética sem uma política cultural, sem uma marcação da diferença. Não é simplesmente a rearticulação e a reapropriação como um fim em si mesmo. O que esse movimento burla é a essencialização da diferença dentro das duas oposições mútuas ou/ou. O que ele faz é deslocar-nos para um novo tipo de posição cultural, uma lógica diferente da diferença, para resumir o que Paul Gilroy tão vividamente pautou na agenda política e cultural da política negra do Reino Unido: os negros da diáspora britânica devem, nesse momento histórico, recusar o binário negro ou britânico. Eles devem recusar porque o "ou" permanece o local de contestação constante, quando o propósito da luta deve ser, ao contrário, substituir o ou pela possibilidade de um "e", o que significa a lógica do acoplamento, em lugar da lógica da oposição binária. Você pode ser negro e britânico, negra e britânica, não somente porque esta é uma posição necessária nos anos 90, mas porque mesmo esses dois termos, unidos agora pela conjunção "e", contrariamente à oposição de um ao outro, não esgotam todas as nossas identidades. Somente algumas delas estão, às vezes, envolvidas nessa luta específica. (HALL, 2003, p. 344-345)

O que toda essa argumentação baseada na experiência do sujeito negro na Inglaterra nos oferece acerca de nosso próprio contexto aqui no Brasil é a percepção de que o movimento negro não é formado por sujeitos **apenas** negros, seja agora ou em qualquer tempo. O que foi estrategicamente necessário no contexto de luta contra o mito da democracia racial, a centralização em torno desse signo "negro" como forma de articulação política, vai se tornando cada vez mais insuficiente diante da emergência dessas identidades descentralizadas, desse "e" em vez do "ou", de que Hall fala.

As mulheres negras começam a forçar as margens dos movimentos negro e de mulheres para pautar uma luta baseada nesses dois signos de identidade. Inicia-se e vai se fortalecendo a luta do movimento de mulheres negras. Em texto de 2003, sobre esse movimento, Sueli Carneiro nos diz o seguinte:

> A consciência de que a identidade de gênero não se desdobra naturalmente em *solidariedade racial intragênero* conduziu as mulheres negras a enfrentar, no interior do próprio movimento feminista, as contradições e as desigualdades que o racismo e a discriminação racial produzem entre as mulheres, particularmente entre negras e brancas no Brasil. O mesmo se pode dizer em relação à solidariedade de gênero intragrupo racial que conduziu as mulheres negras a exigirem que a dimensão de gênero se instituísse como elemento estruturante das desigualdades raciais na agenda dos movimentos negros brasileiros.
>
> Essas avaliações vêm promovendo o engajamento das mulheres negras nas lutas gerais dos movimentos populares e nas empreendidas pelos movimentos negros e movimentos de mulheres nos planos nacional e internacional, buscando assegurar neles a agenda específica das mulheres negras. Tal processo vem resultando, desde meados da década de 1980, na criação de diversas organizações de mulheres negras que hoje se espalham em nível nacional; de fóruns específicos de discussões programáticas e instâncias nacionais organizativas das mulheres negras no país a partir dos quais os temas fundamentais da agenda feminista são perscrutados pelas mulheres negras à luz do efeito do racismo e da discriminação racial. (CARNEIRO, 2003, p. 120)

Esse processo de descentralização de uma identidade monolítica é anunciado dentro do movimento negro brasileiro através do pioneirismo das mulheres negras, mas não se restringe a esse grupo específico. Na esteira das transformações anunciadas por Stuart Hall no/para o final do século 20, compreendemos a necessidade de lidar com esse processo não apenas do ponto de vista individual, do sujeito, mas principalmente do ponto de vista coletivo. Hall indica que, naquele momento:

> Um tipo diferente de mudança estrutural está transformando as sociedades modernas no final do século 20. Isso está fragmentando as *paisagens culturais de classe, gênero, sexualidade, etnia, raça e nacionalidade*, que, no passado, nos tinham fornecido sólidas localizações como indivíduos sociais. Estas transformações estão também mudando nossas identidades pessoais, abalando a ideia que temos de nós próprios como sujeitos integrados. Esta perda de um "sentido de si" estável é chamada, algumas vezes, de deslocamento ou descentração do sujeito [...] as velhas identidades, que por tanto tempo estabilizaram o mundo social, estão em declínio, fazendo surgir novas identidades e **fragmentando** *o indivíduo moderno*, até aqui visto como um sujeito **unificado**. A assim chamada "'crise de identidade" é vista como parte de um processo mais amplo de mudança, que está deslocando as estruturas e processos centrais das sociedades modernas e abalando os quadros de referência que davam aos indivíduos uma ancoragem estável no mundo social. (HALL, 2006, p. 7, grifos meu)

Ressalto, nesse trecho do trabalho de Hall, as palavras "unificado" e "fragmentando" não à toa. De certa maneira, essa é uma questão que aparece para mim desde o início desta pesquisa. Um movimento negro fragmentado *versus* um movimento negro capilarizado é a questão que deu início a toda esta discussão. Estaria o movimento negro fragmentado? Ana Luísa Coelho Moreira, psicóloga, integrante da ANPSINEP de Brasília (DF), entrevistada em 6 de julho de 2018, continua a indicar sua perspectiva:

> Tem um lado que eu acho que é positivo, porque o movimento negro, assim como outros movimentos, não dá conta das especificidades. Então, quando a gente faz um recorte da mulher negra, a gente ainda vê muito machismo no movimento negro; se a gente faz um recorte LGBT, a gente

vê muita homofobia, LGBTfobia. Então eu acho que são necessários esses grupos mais específicos, assim como a ANPSINEP, como o Afrobixas e outros. Mas, por outro lado, essa conversa enquanto movimento negro, eu acho que ela dispersou muito. É aí que eu falo dessa fragmentação, que é a leitura que eu tenho.

Minha aposta é que o movimento negro tem se reestruturado a partir de características sócio-históricas específicas do século que foram emergindo em finais do século 20 e ganharam lugar de destaque no século 21, como viemos analisando até aqui. Essas características descompassam com o imaginário acerca de movimento negro, muito ancorado no Movimento Negro **Unificado**. Portanto, diante desse modelo imaginado do que seja movimento negro, a experiência de hoje desse movimento parece dispersa e sem sentido.

Luiza Bairros, uma experiente militante do movimento negro da década de 1970, antiga militante do MNU e expoente na luta das mulheres negras no Brasil, uma das intercessões na rede de referências apresentada anteriormente, fala sobre um momento de virada estratégica do movimento negro. Em seu depoimento, ela indica a passagem das organizações mais estruturadas e centralizadas para um novo modelo de organização, que se estabelecia na busca por novas estratégias diante do entendimento de que o movimento negro já tinha cumprido seus papeis de denúncia. O marco adotado em sua fala é a Marcha Zumbi dos Palmares, ocorrida em 1995, e, como entendo esse evento como um momento de virada contextual e de estratégias, adoto-o como marco de início do que tenho compreendido como movimento negro do século 21. Segue uma passagem pungente da entrevista que Luiza nos concedeu para o livro *Memórias do baobá: raízes e sementes na luta por equidade racial no Brasil*, logo após deixar a SEPPIR, quando também entrevistei Sueli Carneiro e Hélio Santos (PEREIRA; OLIVEIRA; LIMA, 2015).

[...] minha saída do MNU se deu em 1995, porque em 1995 efetivamente se fechou um ciclo da militância no Brasil com a Marcha Zumbi dos Palmares, que aconteceu em Brasília. Naquela ocasião deixaram o Movimento

Negro Unificado vários outros militantes que tinham entrado nessa luta mais ou menos na mesma época que eu e, a partir disso, foi importante que nós nos reinventássemos enquanto militantes tendo como base aquela experiência que foi dada pelo MNU, mas partimos para fazer outras intervenções e outras formas de atuação na luta contra o racismo. Em 1995, o que nós dizíamos era que nós já tínhamos, enquanto movimento negro em geral, feito todas as denúncias e que a partir dali cabia ao Estado brasileiro, reconhecendo a maturidade política do negro brasileiro assumir a sua parcela de responsabilidade no enfrentamento do racismo no Brasil. Esse foi um ponto de inflexão que eu considero importantíssimo e que nos levou à busca de outros caminhos e outras formas de combate ao racismo, ao lado de outras organizações do movimento negro, que também, a partir desse momento, passaram a se proliferar. A própria luta contra o racismo passou a fazer parte da pauta de outras organizações não necessariamente negras, como é o caso do próprio movimento sindical. Em muitos sentidos, propiciou o aparecimento cada vez mais evidente do movimento das mulheres negras. Também é nessa conjuntura que os quilombolas começam a se colocar enquanto atores políticos na cena. A partir disso eu comecei a desenvolver um trabalho mais ligado ao movimento de mulheres negras, no caso aqui na Bahia.

O movimento de descentralização de uma instituição mais "unificada", como o MNU, não é uma falha. É, antes, a estratégia de um "organismo vivo, reestruturante, que se reinventa em cima das novas configurações de barreiras e bloqueios racistas que nós encontramos", conforme indica Eva Bahia, formada em Administração e que atua no Instituto Búzios, entidade comprometida com equidade de gênero, de raça, justiça social e justiça ambiental, cuja entrevista foi realizada na Bahia, no dia 20 de julho de 2018, no Hotel Golden Tulip Salvador, por mim, Amilcar Araujo Pereira e Jorge Lucas Maia.

Luiza Bairros demonstra e Eva Bahia chama a atenção é para o que viemos repetindo insistentemente. O movimento negro se forja a partir de um contexto sócio-histórico. Se esse contexto muda, o movimento, consequentemente, muda também. Torna-se possível não apenas como identificação individual, mas enquanto produção de luta, ser negro e sindicalista, negro e quilombola, negro e gay, negro e mulher. A interseccionalidade torna-se uma demanda cada vez mais comum, partida da necessidade de se sentir representados e de lutar por políticas que afetem mais do que apenas uma de suas identidades em jogo.

É a partir desse novo momento, do marco estabelecido por Luiza, que poderemos perceber as transformações com as quais viemos trabalhando aqui. Um movimento negro cuja estrutura é mais descentralizada, caminhando cada vez mais para o desenho de uma rede. Um movimento negro cuja cultura de luta antirracista se espraia na sociedade de forma cada vez mais rápida e tecnológica através de redes de comunicação e afeta sujeitos que vão agir não necessariamente a partir de estruturas organizadas, mas a partir dos próprios espaços que frequentam, circulando ali cultura de luta antirracista como numa infiltração. Um movimento descentralizado não apenas por conta das mais variadas frentes a partir das quais atua, mas também descentralizado a partir das variadas identidades em diálogo que hoje contemplam a ideia do "e" em vez do "ou", produzindo um movimento negro que, apesar de ainda ter como principal o significante "negro", não se restringe a ele. Por fim, um movimento negro carregado dos códigos de cultura de luta antirracista produzido na luta das mulheres negras e que vai reeducando tanto a si mesmo quanto a sociedade.

Se observarmos a Carta de Princípios do Movimento Negro Unificado, é possível perceber características daquele momento sócio-histórico, entre elas a forte articulação em torno de uma identidade negra, bastante delimitada a características fenotípicas, de maneira estratégica para dar enfrentamento ao mito da democracia racial. Como se pode ver a seguir:

CARTA DE PRINCÍPIOS
Nós, membros da população negra brasileira – entendendo como negro todo aquele que possui, na cor da pele, no rosto ou nos cabelos, sinais

característicos dessa raça –, reunidos em Assembleia Nacional, CONVENCIDOS da existência de:
- discriminação racial
- marginalização racial, política, econômica, social e cultural do povo negro
- péssimas condições de vida
- desemprego
- subemprego
- discriminação na admissão em empregos e perseguição racial no trabalho
- condições sub-humanas de vida dos presídios
- permanente repressão, perseguição e violência policial
- exploração sexual, econômica social da mulher negra
- abandono e mau tratamento dos menores, negros em sua maioria
- colonização, descaracterização, esmagamento e comercialização de nossa cultura
- mito da democracia racial

RESOLVEMOS juntar nossas forças e lutar por:
- defesa do povo negro em todos os aspectos políticos, econômicos, sociais e culturais através da conquista de:
- maiores oportunidades de emprego
- melhor assistência à saúde, à educação e à habitação
- reavaliação da cultura negra e combate sistemático à sua comercialização, folclorização e distorção
- extinção de todas as formas de perseguição, exploração, repressão e violência a que somos submetidos
- liberdade de organização e de expressão do povo negro

E CONSIDERANDO ENFIM QUE:
- nossa luta de libertação deve ser somente dirigida por nós
- queremos uma nova sociedade onde todos realmente participem
- como não estamos isolados do restante da sociedade brasileira

NOS SOLIDARIZAMOS:
a) com toda e qualquer luta reivindicativa dos setores populares da sociedade brasileira que vise à real conquista de seus direitos políticos, econômicos e sociais;
b) com a luta internacional contra o racismo.
POR UMA AUTÊNTICA DEMOCRACIA RACIAL! PELA LIBERTAÇÃO DO POVO NEGRO!
(MOVIMENTO NEGRO UNIFICADO, 1978)

Apesar de convencidos da "exploração sexual, econômica e social da mulher negra", a carta deixa transparecer que essa era uma discussão ainda embrionária dentro do movimento. Inclusive, apesar do reconhecimento da exploração, não há, no documento, nenhum tópico que direcione a luta para demandas específicas de mulheres negras, menos ainda de outras interseções.

A Coalizão Negra por Direitos é uma rede formada em 2019, por mais de 200 associações, ONGs, coletivos, grupos e instituições. Entre as coletividades que fazem parte dessa rede, encontramos a Atinuké – Coletivo sobre o pensamento de Mulheres Negras – RS, o CECUNE – Centro Ecumênico de Cultura Negra – RS, o CEDENPA – Centro de Estudos e Defesa do Negro do Pará, o Coletivo Nuvem Negra – RJ, a Criola – RJ, o Fórum Nacional de Mulheres Negras, o Instituto Afrolatinas – DF, responsável pela produção do Festival Latinidades, o Instituto AMMA Psique e Negritude – SP, o Instituto Búzios – BA, a Rede de Historiadorxs Negrxs – Nacional, a Rede de Mulheres Negras – PA, a Rede de Mulheres Negras de Pernambuco e a RENAFRO – Rede Nacional de Religiões Afro-brasileiras e Saúde. Todas essas coletividades aqui nomeadas foram representadas por entrevistados que fizeram parte desta pesquisa, e todas elas assinaram a Carta de Princípios da Coalizão Negra por Direitos, um documento representativo da cultura de luta antirracista produzida no século 21:

NA PROMOÇÃO DE AÇÕES CONJUNTAS DE INCIDÊNCIA POLÍTICA, SÃO PRINCÍPIOS DA COALIZÃO NEGRA POR DIREITOS:

1. Lutar por um país justo, com igualdade de direitos e oportunidades, que, para se concretizar, exige um longo e profundo processo de reparação histórica à população negra brasileira;
2. combater a discriminação racial, o racismo, a dominação patriarcal, a lesbofobia, a transfobia e o genocídio da população negra;
3. enfrentar as assimetrias e desigualdades raciais, bem como buscar efetivação da justiça social redistributiva e da justiça racial restaurativa;
4. defender o exercício do protagonismo de mulheres negras e homens negros, cis e trans, com especial atenção ao legado de luta de mulheres negras em nossa sociedade;
5. enfrentar de modo intransigente o feminicídio, a violência doméstica, o machismo, o sexismo e a exploração infantil;
6. lutar pelo direito à cultura como patrimônio, pela valorização de todas as manifestações culturais afro-brasileiras e africanas, reconhecendo-as e as incorporando como método de luta e como canais de preservação de nossa identidade;
7. promover o fortalecimento da sistematização e da disseminação de nossas memórias e história, bem como a defesa do direito à imaginação negra, como fundamento para a construção de futuro;
8. defender o respeito coletivo à livre orientação sexual, à identidade de gênero, ao direito à vida LGBTQI+, bem como enfrentar a lesbofobia, homofobia e transfobia;
9. lutar pela preservação e proteção de comunidades quilombolas e outras comunidades tradicionais negras, dos rios, das florestas e dos terreiros;
10. combater o racismo e o ódio religioso, enfrentar as violações do direito de culto e crença nas religiões de matriz africana, promover o acolhimento de vítimas e a garantia da reprodução cultural de nossas práticas ancestrais, em nossa diversidade;
11. atuar em prol do fortalecimento dos coletivos, movimentos e organizações compostas e protagonizadas pela juventude negra e da promoção do diálogo intergeracional;
12. promover o fortalecimento da identidade racial de negras e negros nos bairros, periferias, comunidades, favelas, escolas, universidades e presídios;

13. estimular e valorizar o trabalho de base permanente e a ação comunitária e local, no seio dos territórios atingidos pela barbárie, como elemento fundamental para a legitimidade das ações desta Coalizão, bem como buscar que as lideranças de base que enfrentam o cotidiano das dificuldades e violências, sejam elas próprias a representação de suas pautas nos diversos espaços de incidência política em nível nacional e internacional;
14. construir alianças transnacionais com movimentos, organizações, entidades, grupos e coletivos negros e não negros aliados, para a promoção eficaz da incidência política em organismos e fóruns internacionais.

(COALIZÃO NEGRA POR DIREITOS, 2022)

Na organização da Coalizão e na elaboração de sua Carta de Princípios, podemos perceber a cultura de luta antirracista forjada no contexto sócio-histórico do século 21: a formação de uma rede composta por uma série de coletividades distintas, a pluralidade de frentes de ação e a interseccionalidade que compreende a necessidade de representar subjetividades que vão além de uma identidade negra integrada e única, além da grande atenção dispensada a pautas das mulheres negras.

Mais significativo ainda é perceber que o próprio MNU também é uma das organizações que assina a nova Carta de Princípios, evidenciando que mesmo organizações tão tradicionais do movimento negro brasileiro podem ser afetadas pela cultura de luta antirracista que circula no século 21 e elencar novas prioridades a partir da expansão do presente.

CAMINHANDO PARA A FORMAÇÃO DE PROFESSORES

Chegamos até aqui compreendendo que o movimento negro reeduca a sociedade a partir da cultura de luta antirracista que afeta sujeitos. Diante de todo esse processo reeducativo desencadeado, a cultura de luta antirracista emerge como um caminho a ser percorrido no sentido de responder àquela primeira pergunta, que me perturba desde a graduação: "Se os professores precisam levar a cabo um processo de reeducação das relações étnico-raciais em sala de aula, quem reeduca os professores?". Minha aposta é a seguinte: quem reeduca esses sujeitos é a cultura de luta antirracista produzida no século 21, que adentra os currículos da formação de professores de História. Como esse movimento tem acontecido é o que compreenderemos a seguir.

CAPÍTULO 3
ENSINO DE HISTÓRIA FORJADO NA LUTA

TRÂNSITO
A gente pensa que ser é parada,
é lugar de chegada pra nós e pro outro.
E assusta quando percebe que ser é deslocamento,
é caminho é passagem.
E assim... ser não é o objetivo o objetivo é ir.
Transformar.
Mudar. Virar do avesso... pra no fim
...deslocar de novo.
O combustível é a escuta atenta
O compartilhar de histórias e tempos
O trânsito está em nós.

(Anotações de arquivo pessoal do dia 11 de julho de 2018 – dia seguinte ao retorno da viagem a Recife)

O título deste capítulo, que também nomeou originalmente minha tese de doutorado, é inspirado em um dos discursos de Amílcar Cabral, na luta pela libertação de Guiné-Bissau e Cabo Verde da colonização portuguesa e que, posteriormente, em 1974, foi publicado com o título de *Guiné-Bissau: nação africana forjada na luta*. Assim como Amílcar Cabral, que entendia a cultura como um aspecto importante na produção da luta contra o colonialismo, considero, aqui, a cultura de luta antirracista como um aspecto importante na luta contra a colonialidade que persiste na formação de professores de História.

CURRÍCULO É A EXPERIÊNCIA DE TORNAR-SE SUJEITO EM MEIO A UM EMARANHADO DE CONVERSAS COMPLICADAS

O currículo é, antes de mais nada, uma conversa complicada, como enfatiza William Pinar (2015), no seu texto *Currículo: uma introdução*, que chegou até mim aos 45 do segundo tempo, para revirar o que era preciso. Quando Pinar abandona e nos insta a abandonar versões mais prescritivas e estruturais do que venha a ser currículo – visão compartilhada por outros autores do campo –, ele dialoga diretamente com a importância das experiências e da dimensão do vivido na produção curricular. Vejamos o que diz Pinar:

> Currículo é uma conversa complicada. Estruturado por diretrizes, focado em objetivos, excessivamente voltado para resultados, o currículo escolar luta para permanecer conversa. E uma conversa – esforços de entendimento por meio da comunicação – entre alunos e professores, indivíduos que efetivamente existem em determinados lugares e dias, ao mesmo tempo pública e privada. O fato de alunos e professores serem indivíduos complica consideravelmente a conversa, e frequentemente de formas desejáveis, em razão de cada pessoa trazer para o que estiver sendo estudado seu conhecimento prévio, suas circunstâncias atuais, seu interesse e, sim, seu desinteresse. A fala e os textos dos alunos permitem que os professores avaliem em que pé estão as conversas em sala de aula, o que pode acontecer em seguida, o que precisa ser revisto ou as vezes evitado. Acrescentem-se a isso o local ou região em que o currículo é vivido, o país (sua história e conjuntura), a situação do planeta expressada específica e globalmente no clima (com mudanças climáticas catastróficas nos ameaçando a todos), e começa-se a perceber como a conversa sobre o currículo escolar é, pode ser e tem que se tornar complicada. (PINAR, 2015, p. 19)

Pinar diz que essa é uma conversa complicada e nos enreda em seu texto nas várias dimensões de complicação. Dessa mesma maneira, não posso olhar para o meu campo a não ser entendendo-o como um emaranhado de conversas complicadas, em que novos sujeitos e novos encontros vão, ao longo do tempo, complexificando as conversas de maneira que o currículo seja muito mais do que apenas a prescrição dos conteúdos que serão absorvidos. A conjuntura do planeta, expressa específica e globalmente, por exemplo, é algo que não posso deixar de mencionar. O campo e o currículo vividos se complexificam ainda mais diante da imprevisibilidade da vida.

Meu projeto inicial, que passou pelo primeiro exame de qualificação, tinha como objetivo geral compreender a produção e a circulação de cultura de luta antirracista em espaços de formação de professores de História em perspectiva transnacional – no Brasil e nos Estados Unidos. Lá, a pretensão era vivenciar a experiência, principalmente, no Schomburg Center for Research in Black Culture, no Harlem, que faz parte da rede de Bibliotecas Públicas de Nova York e é uma instituição cultural dedicada à pesquisa, à preservação e à exibição de materiais focados em afro-americanos, diáspora africana e experiências de formação. Aqui, a pretensão era acompanhar uma turma de formação de professores de História em que reconhecidamente circulasse a cultura de luta antirracista. De acordo com observações e análises prévias, realizadas tanto durante o mestrado, para a elaboração da dissertação, quanto no curso de extensão em Educação Antirracista, oferecido pelo GEPEAR no ano de 2018, eu percebia que uma característica importante para compreender a afetação e a circulação de cultura de luta antirracista era que a disciplina a ser vivenciada fosse um componente curricular obrigatório do curso. Isso porque, em primeiro lugar, no caso da obrigatoriedade, passamos a lidar com professores em formação que não necessariamente possuem um compromisso prévio com uma educação ou mesmo um mundo antirracista. Em segundo lugar porque, a partir da experiência no curso de extensão, percebi que os sujeitos visivelmente mais afetados foram os que não se inscreveram no curso, mas que frequentavam as aulas para acompanhar suas parceiras, devido ao horário e à localização em que se deu o curso: terças e quintas, na parte da noite, numa área de pouca acessibilidade da cidade do Rio de Janeiro, no Colégio de Aplicação da

UFRJ, na Lagoa Rodrigo de Freitas. Esses sujeitos se envolveram, foram afetados, compartilharam suas experiências e se engajaram ativamente durante a disciplina. Essa experiência me fez perceber as potencialidades de um contato que fosse obrigatório para a formação do professor de História, mas que não necessariamente implicasse o interesse prévio do professor em formação por esse debate. Nesse sentido, minha intenção era de participar especificamente da disciplina que chamamos, na UFRJ, de Didática Especial + Prática de Ensino de História, mas que poderia assumir outros nomes em diferentes instituições.

Cheguei a Nova York no dia 30 de janeiro de 2020, com um plano de trabalho para seis meses; no entanto, no dia 10 de março de 2020, cinco semanas após minha chegada, as atividades presenciais nos campus da NYU foram suspensas; logo, espaços públicos como o Schomburg Center também foram fechados. Com as medidas de distanciamento social já estabelecidas no Brasil e nos Estados Unidos, no dia 20 de março, recebi contato da CAPES indicando o retorno para o Brasil. Retornei no dia 21 de março, às vésperas do *lockdown* em Nova York, que, a essa altura, era o epicentro mundial da pandemia de covid-19. A pandemia provocou não apenas a interrupção do trabalho iniciado em Nova York, mas a necessidade de rearticulação de todo o projeto de pesquisa, já que a própria possibilidade de realização de um trabalho de campo no Brasil também ficou em suspenso. Foi um período de bastante instabilidade, primeiramente na tentativa de reencontrar sentido num trabalho como esse diante da sensação de fim de mundo que vivíamos, mas também no sentido de compreender que experiência construir, de maneira a dar sentido à pesquisa que já acontecia, uma vez que, mesmo na UFRJ, a disciplina de Didática Especial + Prática de Ensino de História encontrava-se em uma situação ainda mais delicada por conta de seu caráter prático. As notas de campo daquele período transparecem um pouco da minha insegurança:

> Essa questão de fazer as duas coisas ao mesmo tempo – O estágio docente com O MEU ORIENTADOR DE TANTOS ANOS, e ao mesmo tempo a pesquisa de campo, me deixa em conflito.

Parece um pouco narcísico que eu analise a prática na disciplina dele. Tínhamos outras ideias, de procurar a Ana Flávia Magalhães Pinto, por exemplo. Mas acontece que com a situação que vivenciamos hoje de pandemia e aulas remotas, por todo transtorno que já teremos na adaptação, pensei que seria melhor estar, pelo menos, num ambiente mesmo que digital, mais seguro, no sentido de que já há uma familiaridade, então no meio do caos existe pelo menos uma constante. (Notas de campo, 1º ago. 2020: reflexões ainda durante o momento de escrita do programa da disciplina.)

A imprevisibilidade, que não pode nem deve ser retirada da jogada, foi acolhida e me trouxe, naquele momento *sui generis* na história do Brasil e do mundo, à disciplina Relações Étnico-raciais e Direitos Humanos, oferecida pela primeira vez como disciplina obrigatória exatamente em meio à pandemia de covid-19, de maneira remota, via aplicativo de videoconferência, no Período Letivo Especial (PLE), entre agosto e novembro do ano de 2020, no curso de Licenciatura em História da UFRJ. A mesma disciplina em que fiz estágio docente.

Pinar segue não nos deixando esquecer que alunos e professores são indivíduos que estão com os pés fincados nessa terra que é o currículo, tentando se fazer sujeitos a partir da afetação provocada por todas essas complicações. O autor nos provoca a assumir uma postura diferente: ele propõe pensar o currículo como *currere*, abraçando as transformações que isso produz. Para o autor:

> É [n]a experiência vivida do currículo – *currere*, o correr do curso –, em que o currículo é experimentado e vivido. A forma verbal é preferível porque enfatiza o currículo vivido e não o planejado, apesar de as duas coisas virem quase sempre entrelaçadas. O verbo enfatiza a ação, processo e experiência, em contraste com o substantivo, que pode transmitir a ideia de completude. Apesar de todo curso ter um fim, as consequências do estudo são contínuas, por serem sociais e subjetivas. (PINAR, 2015, p. 20)

Na substituição do signo, mora a necessidade de quebrar a linha reta entre objetivo – conteúdo – avaliação – resultado, inserindo a imprevisibilidade da dimensão do vivido, que sempre complica a conversa e que não termina no alcance de determinadas *"skills"*, mas, no nosso caso, na mobilização de subjetividades a partir da cultura de luta antirracista.

A imprevisibilidade no processo de pesquisa é esse momento potente em que se perde algo de planejado e se vivencia uma experiência desestabilizadora que traz uma nova perspectiva. Aqui, o que se ganhou é que foi nesse acaso que optei por vivenciar a disciplina em questão. Uma disciplina cujo contexto não pode ser compreendido fora do complexo de lutas, conquistas e contingências que resultaram em sua criação. O ano em que a UFRJ completou 100 anos, 2020, foi também aquele em que, pela primeira vez, uma disciplina de Relações Étnico-raciais e Direitos Humanos (ou qualquer uma que aborde a temática das relações raciais no Brasil) foi oferecida no curso de formação de professores de História de maneira obrigatória. Foi o vivenciar dessa disciplina que abriu as portas para que pudéssemos adentrar nesse emaranhado de conversas complicadas.

Há algo mais que se refere ao desenho dessa pesquisa, ainda relacionado à experiência, que só foi possível nessa situação contingente. Falo da cada vez mais profunda percepção do eu, inserida nesse campo. Diante de todo o trabalho desenvolvido até aqui, mas principalmente neste capítulo, preciso falar do desafio posto na observação, na reflexão e na análise de contextos muito próximos que me atravessam. Essa necessidade vem justamente da importância da dimensão da experiência nas reflexões aqui propostas. Estou inserida no contexto desta pesquisa, tanto temporal quanto espacialmente, mas é mais do que isso. Estar tão próxima do que já fora chamado (mas, por vezes, ainda entendido) de "objeto de estudo" causa, em geral, desconforto e desconfiança na academia. Entretanto, é uma conquista do movimento negro brasileiro, nos seus diversos caminhos de luta por educação, a possibilidade de disputa pela validação de epistemologias antes renegadas e impensáveis nesse espaço. A epistemologia feminista negra, com a qual fui posta em intenso diálogo durante o trabalho de campo em 2018, é uma dessas.

Patricia Hill Collins (2019), em seu livro *Pensamento feminista negro*, uma das bases para a consolidação dessa epistemologia – originalmente publicado em 1990, mas com uma edição em português apenas no ano de 2019 –, indica alguns ranços da ciência positivista que, ainda hoje, mais de trinta anos depois da escrita, dominam o imaginário acerca da produção científica. Segundo ela:

> Em primeiro lugar os métodos de pesquisa geralmente exigem que quem a realiza tenha distanciamento de seu "objeto de estudo", definindo quem pesquisa como um "sujeito" com plena subjetividade humana e objetificando o "objeto" de estudo. Um segundo requisito é a ausência de emoções no processo de pesquisa. Em terceiro lugar, a ética e os valores são considerados inadequados no processo de pesquisa, seja como motivo da investigação científica, seja como parte do próprio processo de pesquisa. (COLLINS, 2019, p. 408-409)

O pensamento feminista negro fornece toda uma base que subverte a lógica dessa ciência positivista, teoricamente já superada há muito, mas que ainda ronda o meio acadêmico. No modelo epistemológico aqui adotado, as experiências vividas são validadas enquanto critério de credibilidade para a produção do conhecimento (COLLINS, 1990, p. 413). Certa de que não há objetividade axiológica e estéril, ou mesmo a possibilidade de separar pesquisador e pesquisa em qualquer que seja o contexto, coloco-me neste trabalho a partir da posição de uma jovem mulher negra universitária, com um compromisso político com o antirracismo, com a luta das mulheres negras e principalmente com a educação antirracista. Faço-o, primeiramente, inspirada em Conceição Evaristo, quando esta acentua que sua escrita é marcada pela condição de mulher negra na sociedade brasileira (EVARISTO, 2021, p. 24). Mas faço também porque muitas entrevistadas que vocês conheceram ao longo da pesquisa, em maior ou menor grau, têm trajetórias e lutas bastante parecidas com as minhas. Caminhar com minha análise nesse contexto implicou necessariamente me compreender enquanto parte do grupo que é sujeito da minha pesquisa, abraçar suas dores que, muitas vezes, também eram as minhas e me encontrar coletivamente em suas lutas. Este trabalho é fruto de um compromisso ético e político com as mulheres e os homens, negras e negros, que conheci.

A conversa com Pinar, com Patricia Hill Collins e com as muitas mulheres negras que compartilharam comigo suas histórias, foi profundamente formativa. A valorização da experiência nesses contextos me subsidia a compreender que o trabalho de campo dessa pesquisa não precisa se restringir ao que vivi enquanto o microfone estava ligado, em 2018, ou ao que acontecia dentro dos quadradinhos do Google Meet, nesses meses em que acompanhei a disciplina, em 2020. Se aceito que o currículo é, na realidade, o processo de se tornar sujeito, deparo-me também, e com certa surpresa, com o fato de que sou parte e que minha trajetória de formação está enredada e é fruto nessa produção curricular, que busco compreender.

Enquanto pesquisadora, é difícil corresponder à demanda de viabilizar uma metodologia que evidencie subjetividades mobilizadas numa sala de aula online de formação de professores de História, fugindo da lógica objetivo – conteúdo – avaliação – resultado. Fugir dessa lógica é uma demanda porque, conforme afirma Maria Luiza Süssekind:

> a investigação dos processos de aprender-ensinar-e-aprender, formação profissional e de praticância dos currículos responde pouco à ideia de um currículo como lista de objetivos e conteúdos com resultados medidos em números, pois experimentamos que currículo é uma conversa complicada, um movimento, uma travessia. (SÜSSEKIND, 2019, p. 105)

Essa travessia é um processo complexo. De Ensino de História a Ensino de História Forjado na Luta, de professor de História a professor de História comprometido com uma educação antirracista.

Como registrei em anotações de arquivo pessoal em 11 de julho de 2018 – dia seguinte ao retorno da viagem a Recife (trecho do texto que consta na epígrafe do capítulo), quando se trata das subjetividades, o mais importante é compreender que *"ser, [não] é parada e [nem] lugar de chegada. Para nós e[ou] pro outro"*. Percorrer essa travessia implica necessariamente fugir dos modelos prescritivos de produção científica. Nenhum desenho de pesquisa modelado *a priori* é capaz de lidar com a imprevisibilidade do currículo, como o correr do curso.

> A própria pesquisa se torna uma conversa complicada na formação de professores, sem receita, método ou protocolo. Há pistas, dicas como seguir as pessoas, seguir o enredo e a alegoria como foi dito pela etnografia pós-moderna (MARCUS, 1998). Assim, é importante "pedir permissão para entrar" no cotidiano das escolas (FERRAÇO, 2003, p. 33), subvertendo o papel hegemônico e hierárquico do pesquisador positivista. A pesquisa, sob essa abordagem, nada mais é do que "fazer as coisas em conjunto" (BECKER, 1967, p. 21; CERTEAU, 1994, p. 58). Todo o trabalho prossegue com a participação voluntária de professores e estudantes. Tal trabalho é sobre estabelecer relacionamentos, compartilhar conhecimentos, construir sabedoria e estar atento à estratificação de vozes (AOKI, 2005). (SÜSSEKIND, 2019, p.109)

Evidentemente, há vestígios dessa travessia nos tantos materiais que consideraremos neste capítulo, mas compreendê-la implica também percorrê-la junto. O que, de repente, me vem à mente é que, para além de jovem mulher negra universitária, com um compromisso político com o antirracismo e com a educação antirracista, sou também – dentro dessas múltiplas possibilidades de ser que habitam um único indivíduo, – uma professora de História, formada nessa mesma universidade, neste mesmo século 21, com a minha própria experiência de atravessar para um Ensino de História Forjado na Luta, uma luta emaranhada no correr do curso da formação que vivi, desde a minha entrada na graduação até hoje, na saída desta universidade.

Se os meus pés estiveram fincados na mesma terra dessas conversas complicadas que teremos e se é nessas conversas que minha formação se torna possível, percebo que, mais do que apenas vestígios, posso compartilhar com vocês meu próprio processo de me tornar sujeito a partir desse currículo – vivenciado como o correr do curso – sempre complexificado pelos sujeitos a serem aqui apresentados e, principalmente, sempre afetados pela cultura de luta antirracista produzida pelo movimento negro. Esse processo começa com a minha entrada na graduação, em 2011, e encerra-se, para efeitos de análise da tese, com a experiência na sala de aula de Relações Étnico-raciais e Direitos Humanos, em 2020.

Peço que não confundam a quantidade de vivência nesse capítulo com um exercício narcísico. As redes de relações se repetem, e sujeitos aparecem recorrentemente, porque as conversas e afetações não se dão no vazio de um perfil genérico que vai representar o professor de História que desejamos formar. Elas se dão na minha própria experiência, em que os sujeitos têm rosto, têm nome e têm afeto. Ainda refletindo sobre a proximidade com os sujeitos do campo, eu alimentava a transformação do meu olhar sobre o que é "fazer ciência", rememorando a disciplina Narrativa, pesquisa e formação: investigar o cotidiano e a experiência educativa, realizada no Instituto Nacional de Educação de Surdos, no Rio de Janeiro, no ano de 2019, e oferecida numa parceria interinstitucional pela Profa. Dra. Carmen Sanches Sampaio (PPGEdu/UNIRIO), pela Profa. Dra. Graça Reis (PPGE/UFRJ) e o Prof. Dr. Tiago Ribeiro (Debasi/INES), situação na qual a potência das conversas apareceu para mim pela primeira vez.

Referindo-me ao fato de estabelecer meu trabalho de campo na disciplina de Relações Étnico-raciais e Direitos Humanos, em que o professor regente foi Amilcar Pereira, meu orientador desde o início da graduação, registrei, nas notas de campo de 1º de agosto de 2020 (produzidas ainda durante o momento de escrita do programa da disciplina), o seguinte:

> A nossa proximidade, no entanto, é um problema, porque naqueles critérios tradicionais de pesquisa científica fica complicado estabelecer um "distanciamento" com uma pessoa com uma relação de tantos anos. Daí eu lembrei da disciplina do INES, sobretudo da Graça Reis, e de como a minha sensação com a disciplina era o extremo oposto de uma análise cartesiana, mas se aproveitava dos espaços de contato próximo para narrar a experiência. Então pensei que esse tipo de pesquisa poderia ser mais

produtiva pra mim. Uma pesquisa que use do contato próximo pra ir, a partir de uma tessitura artesanal, compreendendo aquela experiência.

É seguindo as pistas, as pessoas reais, fazendo as coisas em conjunto e estabelecendo relacionamentos, compartilhando conhecimentos e circulando e sendo afetada pela cultura de luta antirracista em todo esse processo, que apresento para vocês o caminho percorrido.

UM EMARANHADO DE CONVERSAS COMPLICADAS

Narrando sua própria experiência de "conversas complicadas e implicadas na/da/com a formação de professores", em diálogo com Pinar, Maria Luiza Süssekind nos conta sobre o reforço de sua percepção de que:

> "[...] Concebido como conversa complicada, o currículo é um esforço permanente de comunicação com os outros" (PINAR, 2012, p. 47). Nesse sentido, complicar a conversa curricular é a luta constante pela emancipação social (SANTOS, 2007), é o levante contra as dicotomias, hierarquias e abissalidades (2001, 2007, 2010) na busca permanente por um movimento horizontal, rizomático, dissensuoso que nos impinge olhar, reconhecer e trocar, e não aniquilar a diferença. (SÜSSEKIND, 2019, p. 101)

O que, de fato, me interessa aqui é a percepção da autora de que complicar a conversa curricular é uma luta constante pela emancipação social. Essa é uma percepção com a qual concordo. O esforço de complicar a conversa me parece sempre um esforço político de desestabilização e, no caso dessa disciplina, o esforço de tornar mais complicadas as conversas curriculares passa pela luta contra o racismo, pelo movimento negro e pela cultura de luta antirracista. Mas esse esforço passa também por Amilcar Pereira, professor regente da disciplina em questão, que entendo enquanto um sujeito que desestabiliza a universidade a partir da cultura de luta produzida pelo movimento negro da década de 1970 e que, por isso mesmo, possibilita travessias para um Ensino de História Forjado na Luta, como foi a minha própria formação. Nesses trechos, ele evidencia como, em dois momentos diferentes, foi afetado pelo movimento negro; nenhum deles em sua formação inicial. Um desses momentos foi o Encontro Nacional de Entidades Negras (ENEN), realizado na cidade de São Paulo entre os dias 14 e 17 de novembro de 1991, como resultado da construção, na década de 1980, de uma articulação de organizações negras (CONEN).

Em entrevista realizada por mim em 24 de maio de 2022, no âmbito do projeto Ensino de História Forjado na Luta: A Cultura de Luta Antirracista e seu Potencial Educador (através do aplicativo Google Meet, Rio de Janeiro), Amilcar Pereira relata:

> Eu fui me entender pensando relações raciais, muito mais por uma questão da vida, pelo fato de eu ser filho do Amauri [Mendes Pereira] e ter a experiência que eu tive. Porque, quando eu era pequeno, desde criança, eu ia nos eventos de movimento negro com o meu pai, ele me levava. Então eu cheguei a viajar com ele para o Encontro Nacional de Entidades Negras [...], foi em 1991, eu era garoto. Fui com ele e passei lá uma semana no Pacaembu [estádio de futebol, em São Paulo], acompanhando tudo. Nas marchas, a Marcha de 88, eu era garoto, estava lá. Na marcha de 84, nas Diretas Já, ele falou no palco, foi representante do movimento negro e falou lá antes do Brizola. Eu estava lá. Eu lembro dessas coisas, e isso foi me marcando, a minha forma de entender o mundo, de ler o mundo. Mas, na faculdade mesmo, não lembro de nada que tenha me marcado nesse sentido.
>
> [...]
>
> Ela [Verena Alberti, pesquisadora no CPDOC-FGV] me convidou para trabalhar com ela, eu era assistente de pesquisa dela. Isso mudou minha vida, mais uma vez. [...] Eu conheci Sueli Carneiro, Flávio Jorge, Milton Barbosa, essas pessoas do movimento negro, nessas primeiras entrevistas que eu e Verena fomos fazer em São Paulo. Logo Sueli Carneiro, Miltão, o Flávio Jorge... São as pessoas que eu lembro que mais me marcaram, e tudo em uma só viagem [...] fomos reunindo um acervo. Acabamos com 38 entrevistas com lideranças do movimento negro de todo o Brasil. [...] Eu fui lendo e fui aprendendo muito conversando com as pessoas do movimento negro. A minha formação, eu já evidenciei aqui, eu comecei a pensar nessas questões em função do meu pai e outras lideranças do movimento negro que me educaram para as relações raciais. [...] O movimento negro foi me educando, foi me formando para atuar nessa área.

Passa por mim, pesquisadora, professora de História formada pela UFRJ e professora em formação no estágio docente, que, tendo atravessado uma formação inicial absolutamente em contato com a cultura de luta antirracista produzida pelo movimento negro da década de 1970, no primeiro ano do doutorado, tive a possibilidade de participar do projeto Movimento Negro na Atualidade e viver uma experiência profunda de afetação pela cultura de luta antirracista no século 21. E passa também pelos alunos da disciplina/professores de História em momento de formação inicial, que, diante de um programa elaborado já a partir de tantas conversas, chegam, no correr do curso, com suas múltiplas questões, identidades, interesses e desinteresses, subjetividades e, principalmente, com toda a carga de imprevisibilidade que torna o currículo muito mais do que apenas o plano de curso preestabelecido.

É essa luta por uma educação antirracista que nos posiciona, a todos esses sujeitos, como complicadores do currículo, nesse emaranhado de conversas. Não há neutralidade: há, antes, o compromisso ético em complicá-las, considerando sempre que o currículo é, sim, produzido por pessoas reais, alunos e professores que existem em determinados dias e horários, como bem indica Pinar. É por isso que os sujeitos apresentados aqui possuem rostos, nomes e afetos. Eles são complicadores nessa conversa e acrescentam novas dimensões à experiência que é tornar-se professor de História na UFRJ neste século 21.

A UFRJ FAZ 100 ANOS

EUGENIA E PROJETO COLONIAL

Pensando nas posicionalidades, em que se produz e em que lugares ocupa o currículo, entendo que ele vai muito além daquilo que se faz no espaço da sala de aula. Lembro que, no convite para a minha formatura da graduação em História da UFRJ, realizada em dezembro de 2015 e janeiro de 2016, a comissão de formatura, da qual fiz parte, brindava "aos espaços difusos de construção de conhecimento", defendendo que uma universidade "não é feita só de quadros e salas de aula" e afirmando que "grande parte da magia está em seus corredores e nas grandes experiências vividas e compartilhadas". Ainda nos contando sobre sua conversa com Pinar, Maria Luiza Süssekind evidencia, para nós, como a noção de currículo por ele defendida também foge ao espaço-tempo delimitado da sala de aula.

> Na mesma direção, William Pinar defende que a noção de currículo precisa considerar a conversa que este estabelece entre estudantes e professores e todos os níveis envolvidos na educação, que não se restringe à sala de aula, e dá relevo aos aspectos pessoais/autobiográficos, culturais/alegóricos, sociais e políticos e também a historicidade do currículo - este visto como um conceito-verbo, mas também como um monte de práticas. (SÜSSEKIND, 2019, p. 107)

A complexidade desses espaços de produção curricular nos leva a pensar sobre uma primeira conversa complicada, estabelecida entre a UFRJ e o movimento negro, que é marca na formação dos professores de História da UFRJ, principalmente nessa última década do século 21; portanto, é também flagrante em minha própria formação.

No centenário da instituição, a própria universidade mobilizou-se num grande esforço de se pensar e se compreender. Parte desse esforço foi a produção de uma série de entrevistas com professores da instituição, acerca de sua fundação, seus marcos, seus pressupostos, seus desafios e seu desenvolvimento durante esses 100 anos que transcorreram. Esse material (UFRJ, 2020) é valiosíssimo para compreendermos os termos dessa primeira conversa complicada. Que universidade era essa? Quanto dela persiste ainda hoje? Que projetos de mundo ela legitimava? Quanto disso se funda naqueles primeiros pensamentos sobre ciência e modernidade?

A UFRJ, primeira universidade do país, criada por um decreto de Epitácio Pessoa no ano de 1920, completou, em 2020, seus 100 anos de idade. Há quem diga, como José Murilo de Carvalho, professor emérito do Instituto de História da UFRJ, que o determinante para a fundação dessa universidade foi a visita do rei Alberto da Bélgica, que teria desembarcado no Brasil 12 dias após sua fundação. Ao concordar em participar do projeto da produção de memória desses 100 anos da UFRJ, o professor evidencia o seguinte:

> Não o faço com espírito celebratório, nem para aderir à tentativa de construir um passado glorioso para a instituição. Interessa-me o presente. A universidade foi criada em 1920 com base em autorização legal de 1915. Resumia-se a reunião de três escolas: de medicina, a politécnica e a de direito. Dificilmente se poderia chamar esse conjunto de universidade. Fica evidente a conexão entre sua criação e a presença do rei Alberto da Bélgica que chegou ao Brasil doze dias depois. O convite ao rei tinha sido feito por Epitácio Pessoa, eleito presidente quando ainda estava na Europa representando o Brasil na Conferência de Versalhes. [...] De 1920, vale apenas salvar as palavras do rei Alberto sobre a universidade, ditas no dia 23 de setembro: [...] "o ano de 1920 será uma data a ser lembrada dos fastos intelectuais de vosso país. Vós tereis, de agora em diante, uma universidade integral que será digna do Brasil e cuja influência será fator considerável na vida científica de vossa pátria". Embora a data não tivesse valor, que ele lhe emprestou [...]. (CARVALHO, 2020)

José Murilo de Carvalho indica que uma das intenções na criação da então Universidade do Rio de Janeiro era justamente a concessão do título de *doutor honoris causa* ao rei Alberto I. No entanto, o professor Antonio José Barbosa de Oliveira, em sua entrevista, indica que, apesar de esse fato constar em muitos livros, não há comprovação em ata da titulação do rei pela Universidade do Rio de Janeiro (OLIVEIRA, 2020).

O ato de fundação, referente à data que a UFRJ celebrava em 2020, com ou sem titulação *honoris causa*, carrega a marca de um contato próximo entre Epitácio Pessoa e o rei da Bélgica. "Essa é uma coisa muito pessoal do Epitácio Pessoa. [...] Como presidente eleito ele visitou a Bélgica e o rei da Bélgica. Para retribuir essa visita foi que o rei decidiu vir ao Brasil" (CARVALHO, 2020). O que há de não dito nessa informação sobre a vinda do rei e a fundação da Universidade do Rio de Janeiro é sua face colonial. Vale lembrar que a hoje denominada República Democrática do Congo teve um dos processos mais sangrentos de anexação, tendo se tornado propriedade privada do rei Leopoldo II em 1877 e, mais tarde, em 1908, colônia da Bélgica. O país tornou-se independente apenas em 30 de junho de 1960: logo, naquele momento, em 1920, quando discursava sobre a fundação da universidade, encontrava-se com as principais instituições científicas do país e era considerado para o título de *doutor honoris causa*, Alberto I reinava sobre sua colônia no Congo (BRUM, 2019). Em 2020, no ano do centenário da UFRJ, o então monarca belga, rei Philippe, enviava uma carta com um pedido de desculpas ao presidente da República Democrática do Congo, Félix Tshisekedi, no dia 30 de junho, 60 anos após a independência do país e pouco mais de um mês depois de o assassinato de George Floyd ter sido um novo catalisador do debate sobre a violência do período colonial no Congo e sobre o papel do rei Leopoldo II (1835-1909) na morte de milhões de pessoas na África (DW, 2020). Seguindo o fio dos aspectos sociais, culturais, políticos e históricos que fazem parte dessa conversa curricular da UFRJ, Nadja Paraense dos Santos, professora do Instituto de Química, evidencia a relação de Getúlio Vargas com a universidade:

> Quando chega o Vargas em 1930, ele tem um projeto de universidade. Toda a fala do Vargas é em cima de criar um novo homem para um novo país. Esse novo homem, ele precisava ter uma formação. Com isso então se começa uma discussão sobre o Estatuto das Universidades Brasileiras, a reestruturação do Ministério da Educação e Saúde Pública em 35, a Universidade do Brasil em 37 e a criação da Faculdade Nacional de Filosofia em 39. (SANTOS, 2020)

Na produção desse novo homem brasileiro, Vargas tinha a parceria de Gustavo Capanema. Jerry Dávila (2006) inicia o primeiro capítulo – "Construindo o homem brasileiro", de seu livro *Diploma de brancura*, justamente evidenciando o contato de Capanema com o muito eugenista Oliveira Viana através de carta endereçada a este no dia 30 de agosto de 1937, e sua preocupação com a moldagem do homem brasileiro: "Como será o corpo do homem brasileiro, do futuro homem brasileiro, não do homem vulgar e inferior, mas do melhor exemplar da raça? Qual a sua altura? O seu volume? A sua cor? Como será a sua cabeça? A forma de seu rosto? A sua fisionomia" (DÁVILA, 2006, p. 48).

O autor inicia seu texto evidenciando como a preocupação de Capanema com a estátua do "Homem Brasileiro" que figuraria à frente do novo Ministério da Educação e Saúde, demonstrada na carta a Oliveira Viana, tinha, na realidade, mais a ver com seus projetos de nação visando ao futuro do Brasil:

> Capanema estava preocupado com a aparência dessa escultura porque concebia a nova sede do MES como uma afirmação sobre o futuro do Brasil e o papel do governo em sua moldagem. Os dois temas que expressavam a visão de Capanema não estavam retratados na escultura. Primeiro: o "Homem Brasileiro" deveria simbolizar o produto da engenharia social e racial que era de responsabilidade especial de Capanema. Como explicou a Getúlio Vargas quando encomendou a obra, a escultura teria essa forma "[...] justamente porque o Ministério de Educação e Saúde se destina a preparar, a compor, a afeiçoar o homem do Brasil. Ele é verdadeiramente o 'ministério do homem'". Segundo, a figura degenerada não combinava com o prédio modernista. (DÁVILA, 2006, p. 48)

O que podemos encontrar nas entrelinhas dessa ideia de que a então Universidade do Brasil fazia parte do projeto de Vargas de formar "um novo homem para um novo país", apresentada pela professora Nadja, é que esse novo homem seria produzido para um país que se pretendia moderno, a partir da perspectiva hegemônica das elites intelectuais brasileiras da época, ou seja, a eugenia.

A professora Marieta de Moraes Ferreira, do Instituto de História, nos apresenta outro componente importante da narrativa sobre a criação da UFRJ, a fundação da Universidade do Distrito Federal (UDF), sob a liderança de Anísio Teixeira:

> Os embates políticos na década de 30, em torno dos projetos educacionais, foram muito intensos. De um lado havia os educadores, os intelectuais ligados à Escola Nova que tinham uma preocupação com a educação e com

o ensino de uma forma muito mais moderna, muito mais sintonizada com os novos tempos, e de outro lado havia as demandas da igreja católica. [...] Os elementos ligados à Escola Nova defendiam uma escola pública, gratuita e laica, que era uma premissa que contrariava efetivamente os desejos e as intenções da Igreja Católica. Esse embate perpassa toda a década de 30 e nesse contexto se criam duas outras universidades: a Universidade de São Paulo, em 1934 e a Universidade do Distrito Federal, em 1935, sob a liderança de Anísio Teixeira, que era o responsável pela educação durante a gestão da prefeitura do importante político brasileiro [Pedro Ernesto Baptista], que atuava aqui no Rio de Janeiro. A criação da UDF representou, em certa medida, essa ideia de uma educação preocupada em formar professores, de preparar uma elite intelectual que pudesse de fato trazer uma renovação para a educação de uma maneira geral, e principalmente a UDF efetivava essa premissa de educação pública, laica e gratuita. (FERREIRA, 2020)

A criação da UDF representa uma aproximação do campo específico da formação de professores. A professora Marieta evidencia que, ao chegar a essa posição, Anísio Teixeira já carregava consigo a experiência de ter sido responsável pela educação no Distrito Federal nos anos anteriores. Apesar de não imputar diretamente a Anísio Teixeira a qualidade de eugenista, como faz com outros intelectuais da época, Dávila afirma que, em seu tempo de gestão à frente da educação no Rio de Janeiro, essa rede de ensino atraía eugenistas do Brasil inteiro:

A educação continuava local, mas era administrada por uma elite nacional. Por exemplo, foi Monteiro Lobato que garantiu a nomeação de Anísio Teixeira para reformar e dirigir o sistema escolar do Rio de Janeiro em 1931. [...] Eles não só tratavam o sistema escolar do Rio como modelo, usavam-no como um espaço onde podiam desenvolver e refinar as ciências eugênicas e sociais que asseguravam a missão educacional de construir a "raça brasileira" [...] Na época em que Anísio Teixeira foi nomeado diretor do Departamento de Educação do Distrito Federal, a coalizão de cientistas, médicos e cientistas sociais era plenamente devotada ao nacionalismo eugênico. Eles concordavam que a degeneração era adquirida por meio da falta de cultura, saúde e ambiente, assim como a educação e a saúde públicas poderiam revertê-la. Não obstante, o desafio de mapear especificamente em que medida os fatores cultural e ambiental criavam degeneração era algo ainda a ser enfrentado. Teixeira assumiu esse desafio e transformou o sistema escolar do Rio em um laboratório que atraiu os principais eugenistas da nação. Educadores como Roquette Pinto, Arthur Ramos, Lourenço Filho e Afrânio Peixoto foram atraídos para o sistema escolar do Rio a fim de pesquisar a degeneração, desenvolver programas de saúde e educação para tratá-la e aplicar esses programas nas escolas da cidade. O sistema escolar do Rio de Janeiro proporcionava aos eugenistas um meio ambiente perfeito: quase cem mil escolares de todas as raças e condições sociais, com um Departamento de Educação que dava aos eugenistas quase carta branca para estudar as crianças e tratar suas deficiências percebidas. (DÁVILA, 2006, p. 60, 67)

Além da experiência à frente do sistema de educação do Rio de Janeiro, que Anísio Teixeira levou para pensar a formação de professores na UDF, ele levou também o médico baiano Afrânio Peixoto, a quem indicou como primeiro reitor da Instituição. Podemos perceber nessa fala oficial de Afrânio Peixoto, enquanto deputado federal pela Bahia, na Câmara dos Deputados, em 1923, onde versa sobre as investidas de imigração de negros estadunidenses para o Brasil, o motivo de seu destaque enquanto um dos principais eugenistas da época:

É nesse momento que a América pretende desembaraçar-se do seu núcleo de 15 milhões de negros no Brasil... Quantos séculos serão precisos para depurar-se todo esse mascavo humano? Teremos albumina o bastante para refinar toda essa escória? Quanto tempo ainda para a redenção de Cam? Não bastou a Libéria, descobriram o Brasil? Pois bem! Ainda com armas na mão, não, não e não! Deus nos acuda se é brasileiro! (CÂMARA DOS DEPUTADOS, 1923)

É, no mínimo, para se fazer pensar o fato de que, mesmo sujeitos lidos como progressistas pela sua contribuição para uma educação pública, gratuita e laica tenham tido, naquele momento, aproximação tão grande com ideias e personagens reconhecidamente eugenistas. O que podemos perceber é que há a memória que se quer preservar acerca de Anísio Teixeira, uma memória sem ressalvas, produzida tanto na grande recorrência de seu nome durante essas entrevistas quanto pelas homenagens que lhe são rendidas sem nenhuma nota de pé de página, ainda hoje, na instituição. A professora Marieta de Moraes Ferreira segue apresentando os reveses políticos sofridos pela UDF e que culminaram com a estruturação da Universidade do Brasil:

> A UDF foi profundamente atacada por setores conservadores da sociedade brasileira de então, especialmente os setores ligados à Igreja Católica e a situação ainda se complicou mais com a revolta comunista de 1935 que amplificou o processo de polarização política que estava em voga. O resultado da polarização e desses embates foi o fechamento da UDF num processo lento e a criação da Universidade do Brasil em 1937. [...] Já existiam desde o começo da década de 30 esse desejo e essa necessidade de criação de uma universidade que estivesse ligada ao Ministério da Educação. Principalmente porque nós estamos vivendo um momento de centralização política e de ampliação de um regime autoritário. Então, evidentemente, criar uma universidade que desse as diretrizes para todas as outras universidades brasileiras e a Universidade do Brasil teve esse papel de funcionar como modelo para outras universidades. [...] Em 39 é a pá de cal na Universidade do Distrito Federal, sendo que seus alunos vão ser incorporados na Faculdade Nacional de Filosofia, e parte dos professores que se adequavam às novas orientações também faz parte dessa nova Faculdade voltada fundamentalmente para a formação de professores em todas as áreas, porque a FNFi incorporava não só a História e as Ciências Sociais, mas Matemática, Física, Química, Biologia. Era uma faculdade com o objetivo bastante amplo e que estava incorporada às outras faculdades que já existiam anteriormente como Medicina, Politécnica, Direito. Esse é o momento fundamental de criação da Universidade do Brasil. (FERREIRA, 2020)

É importante olhar para os processos históricos através de suas diversas camadas de complexidade. A história da educação, de maneira geral, mas principalmente a história da UFRJ, não é diferente. Dávila, mais uma vez, nos ajuda a compreender uma importante camada de complexidade, escondida pela produção da memória institucional, a saber, a compreensão acerca de raça, que persiste nos processos de elaboração de políticas públicas para a educação no Brasil, mesmo em campos políticos diferentes e opostos. Ao apresentar uma importante premissa de seu trabalho, ele diz o seguinte:

> Embora os conflitos entre os reformadores progressistas e os católicos fossem pesados, o auge do autoritarismo reacionário fez pouco para alterar as políticas educacionais de caráter racial aplicadas nas administrações anteriores. Ao contrário, os educadores militares do Estado Novo continuaram e expandiram os programas e as práticas que lidavam mais diretamente com raça. O período do Estado Novo mostra que, apesar das divisões políticas que emergiram na política nacional brasileira depois de 1930 [...], um consenso acrítico sobre os significados de raça e degeneração, com as receitas para tratar essa degeneração, permaneceu intacto. (DÁVILA, 2006, p. 36)

Em sua participação na produção de memórias, o professor Luiz Antonio Cunha, da Faculdade de Educação, ao contar sobre os diferentes projetos para a cidade universitária, aprofunda ainda mais as questões em torno de Gustavo Capanema, e não apenas dele, mas também de Francisco Campos, o primeiro a comandar o Ministério de Educação e Saúde:

> O Estatuto das Universidades Brasileiras de 1931 ensejou mudanças no estatuto da universidade do Rio de Janeiro. Nesse novo estatuto se falava também de uma recomendação para a criação da futura cidade universitária. O resultado não foi imediato, vários estudos surgiram sobre em que local criar a universidade [...] inclusive um projeto elaborado pelos fascistas. Estou falando de fascismo *stricto sensu*, não estou falando de

fascismo adjetivo. Isso porque quem elaborou o Estatuto das Universidades Brasileiras e a reforma do estatuto da Universidade do Rio de Janeiro foi Francisco Campos, o primeiro-ministro da educação. Fascista! Na composição política do governo Vargas, o Ministério da Educação foi sempre entregue aos mineiros e mineiros fascistas. Em primeiro lugar Francisco Campos e em segundo lugar Gustavo Capanema. Em 1931, no mesmo mês em que foi promulgado o Estatuto das Universidades Brasileiras Francisco Campos e Gustavo Capanema promoveram o desfile da Legião Mineira em Belo Horizonte, uma organização de caráter fascista. [...] Se você for consultar a lista das pessoas que receberam título de doutor honoris causa da universidade, você encontrará nos anos 40 o Salazar, ditador de Portugal. (CUNHA, 2020)

Se o rei da Bélgica não recebeu seu *honoris causa* lá em 1920, de fato, ao buscar pela documentação indicada pelo professor Luiz Antonio Cunha, encontrei o decreto-lei no 3.481, de 9 de agosto de 1941, assinado por Getúlio Vargas e Gustavo Capanema, que concede o título, ainda hoje não revogado, a Salazar, ditador de Portugal (CONSUNI, 2022):

Autoriza o Ministro de Estado de Educação e Saúde a conceder ao Senhor António de Oliveira Salazar o título de *doutor "honoris causa"* **da Universidade do Brasil**.

O PRESIDENTE DA REPÚBLICA, usando da atribuição que lhe confere o art. 180 da Constituição, DECRETA:

Artigo único. Fica o Ministro de Estado da Educação e Saúde autorizado a conceder ao Senhor Professor da Universidade de Coimbra, doutor António de Oliveira Salazar, o título de doutor *"honoris causa"* da Universidade do Brasil; revogadas as disposições em contrário.

Rio de Janeiro, 9 de agosto de 1941, 120º da Independência e 53º da República.
GETÚLIO VARGAS
Gustavo Capanema
(BRASIL, 1941)

Nessas entrevistas com professores da UFRJ, selecionadas para compor o projeto de memória dos 100 anos da instituição, fica evidente um forte conteúdo crítico com relação às interfaces com o Estado Novo, com o fascismo e com a ditadura civil-militar. O que busquei até aqui, no entanto, foi evidenciar o não dito na história da universidade, mas que, se observarmos bem, poderemos vislumbrar nas cenas apresentadas pelos professores. Aponto, no entanto, para o fato de que, mesmo as entrevistas disponíveis no site comemorativo passaram por uma edição. Portanto, ao falar sobre a produção de memórias, faço não imputando aos professores a intencionalidade do narrado, mas do ponto de vista institucional, já que, em última instância, o que está no ar representa a imagem que a própria UFRJ quer passar sobre si.

Um bom exemplo é o caso desse título concedido e nunca revogado a António de Oliveira Salazar, que representa o reconhecimento e a legitimação, através da Universidade do Brasil, ao projeto colonial, que Salazar levava a cabo em países como Guiné-Bissau e Cabo Verde, Moçambique, Angola e São Tomé e Príncipe.

Apesar do não dito – e em realidade justamente por conta desse não dito –, a universidade absorveu muito dessa cultura eugenista e colonizadora que se entrelaça em sua história. Uma cultura que se torna bastante factível quando observamos que, no currículo que vigorou entre os anos de 2011 e 2019 para a formação de professores de História – e que compreendeu o meu próprio período de formação inicial –, nenhuma disciplina sobre História da África, ou mesmo das relações raciais no Brasil, era oferecida de maneira obrigatória. A esse ponto, é difícil enxergar a linha que separa a metáfora da realidade, na ideia de "educação colonizadora".

Entendendo as agências e escolhas daqueles sujeitos que buscavam moldar o homem brasileiro através da educação e, portanto, da formação de professores que seria o modelo a ser exportado para o restante do país, é impossível separar suas ações de suas percepções sobre raça, modernidade e futuro. Assim, podemos compreender que a UFRJ já nasceu marcada por uma perspectiva racial que considerava a negritude como passado e a brancura como futuro. Mais do que isso: foi a partir dessa cultura que, em grande medida, ela manteve a população negra fora da universidade, tanto física quanto epistemologicamente, por quase um século.

O MOVIMENTO NEGRO COMO COMPLICADOR DA CONVERSA

> *Entrei nas escolas e nas faculdades*
> *Igrejas não vão mais me silenciar.*
> **("Um chamado", Bia Ferreira)**

Uma conversa nunca tem um lado só, e, aqui, o complicador dessa conversa é o movimento negro e a cultura de luta antirracista que vai adentrando e afetando a universidade por diferentes caminhos. Se os eugenistas projetaram um futuro que se valeu do não dito para resistir até o nosso presente, Monica Lima, professora de História da África do Instituto de História, nos mostra que é na conversa com esse passado-presente que podemos expandir o presente para projetar um novo futuro.

> A universidade se constrói nesse passado, nessa história de 100 anos, mas é sempre novo tudo o que ela faz. São todos esses passados presentes na nossa história, eles nos fazem refletir sobre tudo o que aconteceu, sobre essa longa história, mas nos fazem perceber o quanto o tempo presente é promissor. (LIMA, 2020)

Entre esses mais de 100 anos que separam sua fundação da atualidade, a professora Monica Lima, que experiencia a UFRJ desde 1979, primeiro como aluna, depois como professora do Colégio de Aplicação e, por fim, como professora de História da África no Instituto de História, destaca a virada do milênio como um momento importante para a desestabilização dessa muito arraigada cultura racista na instituição.

A UFRJ, no finalzinho dos anos 1990, na quase virada do milênio, estava vivendo um período de redemocratização depois da terrível história da intervenção que o ministro Paulo Renato fez na universidade. E retomou com eleições democráticas com respeito à decisão dos colegiados. E o grande marco desse momento democrático, eu diria que foi a eleição do professor Aloísio Teixeira. Eleição aquela que tinha sido abortada quando da intervenção. Então as forças que levaram Aloísio Teixeira à reitoria da UFRJ cresceram com aquela vitória. E mesmo assim a gente tem que olhar para o mundo em volta. O que estava acontecendo no nosso país naquele período? O ano de 2002 também foi um ano vitorioso, finalmente, das forças de esquerda, das forças vinculadas a uma perspectiva popular e democrática na presidência do Brasil. Finalmente, Luiz Inácio Lula da Silva, depois de diversas tentativas, conseguiu consagrar-se presidente do nosso país. O início da Gestão de Aloísio Teixeira se deu junto a essa perspectiva democrática em nível nacional, e isso repercutiu diretamente com o que veio a acontecer na universidade nos próximos anos. Estávamos aí com esse marco, iniciando o novo milênio na nossa universidade. A entrada dessa reitoria na UFRJ também animou os movimentos sociais que aqui dentro viviam, que por sua vez também se alimentavam de toda uma movimentação que lá fora crescia. Em 2003, Luiz Inácio Lula da Silva assina a lei do ensino de História da África e de cultura afro-brasileira para todos os estabelecimentos públicos e privados do Brasil. E o que isso quis dizer? Que uma longa reivindicação do movimento negro estava sendo contemplada. E aquilo teria desdobramentos para a universidade. Essa lei, que pode ser classificada como uma lei de reparação, representava todo um movimento social que reivindicava a democratização do ensino, a democratização da universidade. Indo mais além e contemplando-se todos os historicamente excluídos. Essa lei não veio sozinha, ela veio acompanhada de todo um movimento social que reivindicou a abertura da universidade para as cotas, que reivindicou a abertura da universidade para essa população. (LIMA, 2020)

Nessa entrevista, constante do projeto de produção da memória institucional da UFRJ, não é possível ter noção de suas impressões sobre como foi ser formada enquanto professora de História nessa instituição, lá na década de 1980. No entanto, o professor Amilcar Pereira conta um pouco sobre como foi sua formação na década de 1990, período anterior ao marco desestabilizador indicado por Monica Lima:

> Tudo era tão eurocêntrico! Eu lembro que eu fiz uma música para uma querida amiga, também de 1997, e outro dia, depois de muitos e muitos anos, lembrando da música eu falei "Caramba! Como a música era eurocêntrica!". Ela era uma pessoa muito forte, mas também muito doce, e eu lembro que eu brincava assim: "Traz Paris e Esparta também", que era pra dizer que traz a beleza, a doçura, a formosura, mas também traz a força. E os símbolos que eu acionava eram Paris, Esparta, porque a gente só estudava a história da Europa. Não tinha Oxum, não tinha Xangô, não tinha nada disso. Não tinha Luiz Gama, não tinha Maria Firmina, não tinha nada disso. Todos os referenciais que eram naturalizados cotidianamente eram de história da Europa, e a gente não se dava conta porque não tinha outra coisa, não tinham outros referenciais. Eu não fui aluno do Flávio [Gomes]; talvez, se eu tivesse sido, eu teria percebido alguma coisa. A Monica, que você fala, ela entrou no IFCS em 2011, eu já era professor antes. Não tinha, Thay. Era eurocêntrico e ponto. Não havia nenhuma possibilidade de se questionar isso. Então é até difícil identificar colonialidade, porque era tudo naturalizado. [...] O que eu tenho certeza, de que eu me lembro bem, é que quando as coisas começam a mudar já era o final da graduação. (Entrevista com Amilcar Araujo Pereira, já citado, realizada em 24 de maio de 2022.)

Os passados-presentes de que a professora Monica falara vêm produzindo currículos na UFRJ por muito tempo. Formar-se professor de História na década de 1990, por exemplo, na experiência do professor Amilcar, implicou ser bombardeado de símbolos que conformaram um imaginário em que "bonito" e "forte" tinham uma referência europeia. Os anos 2000 trazem consigo um momento de grande circulação de cultura de luta antirracista. A tensão racial produzida pelo debate acerca das cotas raciais na universidade pública descortina o véu do silêncio e faz com que debates sobre raça e racismo se espalhem pela sociedade. A partir da luta do movimento negro, toda a sociedade começa a olhar para as universidades e se questionar sobre a ausência de pessoas negras naquele espaço. Em entrevista no ano de 2004, Carlos Alberto Medeiros, militante do movimento negro, fala desse impacto da discussão sobre ações afirmativas na sociedade:

> Acho que a situação atual que está acontecendo, o debate, e eu acho isso importante – acho que não falei antes –, para além de qualquer coisa que a ação afirmativa possa conseguir, que as medidas de ação afirmativa possam conseguir, ela já teve uma vitória muito grande que é a discussão de raça. É fazer o brasileiro discutir raça porque o brasileiro não gosta, é desconfortável, incômodo, causa urticária... e estão tendo que discutir: está todo dia no jornal. Todo dia no jornal questão de raça. E se a gente considerar que você não pode resolver um problema antes que você reconheça a existência dele, então nós estamos caminhando em um sentido positivo, de estudar os problemas, que não vão ser resolvidos com ação afirmativa. Ação afirmativa é um meio de conseguir alguma coisa, de se conseguir um caminho para tirar o aspecto escandinavo que certas instituições brasileiras ainda têm. (MEDEIROS apud ALBERTI; PEREIRA, 2007, p. 406)

Em 2012, o Supremo Tribunal Federal vota por unanimidade pela constitucionalidade da política de cotas raciais nas universidades brasileiras. É a partir da confluência de uma série de políticas públicas no campo da educação que iniciamos a segunda década do século 21 na universidade. Essa segunda década, na UFRJ, certamente estilhaça os sonhos mais brancos daqueles eugenistas presentes no contexto de sua fundação e contribui para tirar o aspecto escandinavo de que Medeiros falava. O futuro que outrora fora planejado ruiu através da luta da população negra por educação, que se faz de longa data, e pela cultura de luta antirracista que invade a universidade através de outras vias.

> A segunda década, já adotando as políticas de ação afirmativa, a universidade tem a experiência da entrada desses estudantes negros, pobres, de áreas

populares no seu quadro discente. [...] Esses estudantes estão demandando novas leituras, novas bibliografias nos cursos, novas disciplinas, novas formas de abordagem, uma descolonização dos nossos currículos. Isso tudo que é trazido por esses estudantes. A organização desses estudantes em coletivos que também é uma outra forma de articulação estudantil dentro do próprio movimento estudantil, que não é vivida sem as suas questões, mas que traz para a universidade novos interlocutores. A UFRJ [...] está vivendo um momento de transformação que a meu ver é muito positivo. A universidade está aprofundando o seu diálogo com a sociedade brasileira, ela está conseguindo, é claro que não sem dificuldades, mas eu percebo, com muito mais flexibilidade e eu diria até empenho de muitos docentes, ouvir e processar essas demandas por transformação. Por transformação curricular, pedagógica, de organização e das instituições de deliberação. Essa é uma transformação viva e hoje em dia a gente a percebe pelos corredores da universidade. Nós somos um país com uma maioria, mais de 50% da população preta ou parda, e autodefinida como negra. Portanto nós não podemos, a UFRJ, Universidade do Brasil, não pode fechar os olhos para isso. Essa entrada não só possibilitou uma democratização interna importante, como ela também começou a parecer mais com a sociedade brasileira. A Universidade do Brasil está com mais cara do Brasil. (LIMA, 2020)

Esse grupo de sujeitos que adentra a universidade e, conforme diz Monica Lima, faz com que a Universidade do Brasil tenha mais cara de Brasil, traz consigo novas perguntas, novas demandas, novas formas de pensar e produzir conhecimento, e por isso promove uma série de disputas epistemológicas que, ocorrendo no interior dessa instituição, contribuem para a desestabilização do eurocentrismo ainda validado nesse espaço. Esse é um processo que acontece em universidades no Brasil inteiro. Em Brasília, Maíra de Deus Brito nos contara sobre a criação do Maré – Núcleo de Estudos em Cultura Jurídica e Atlântico Negro, criado na UnB, em 2015. Esse grupo mantém a disciplina Direito e Diáspora, com turmas cheias, sendo oferecida como disciplina optativa. No Pará, Ingrid Martins falou sobre a criação do grupo de estudos e ativismo de mulheres negras amazônidas Feminismo Negro: A Voz que Querem Calar, criado na Universidade da Amazônia (UNAMA), em 2018. O objetivo é de "ter um espaço na universidade que seja capaz de representar e acolher mulheres negras criando formas de resistência capazes de reverberar suas vozes e dar protagonismo a autoras e autores negros que são deixados à margem das grades curriculares dos cursos de graduação" (MARTINS; OLIVEIRA; MOURA, 2019). Já aqui no Rio de Janeiro, Natany Luiz, formada em Relações Internacionais e integrante do Coletivo Nuvem Negra, da Pontifícia Universidade Católica do Rio de Janeiro (PUC-Rio), entrevistada em 6 de junho de 2018, no âmbito do projeto Movimento Negro na Atualidade, por mim e Jorge Maia, na Faculdade de Educação da UFRJ, nos fala sobre o surgimento do Nuvem Negra e sobre sua atuação:

> As primeiras mobilizações de surgimento do Coletivo são em março de 2015, porque acontece um evento do Departamento de Ciências Sociais que é a Semana de Ciências Sociais. O desse ano tinha sido em homenagem à Lélia Gonzalez, que foi diretora do departamento na década de 1990. Os alunos estavam lá assistindo, rolou uma homenagem para ela e os alunos se questionaram: "Ela não está na bibliografia do curso. Ela foi diretora do departamento e morta não está na bibliografia". Obviamente [foram] alunos negros que perceberam isso e se juntaram, começaram a pensar: "Como isso está acontecendo? O que a gente pode fazer?". [...] A nossa força motriz foi entender que a gente não tinha a aplicação da 10.639, a gente não tinha intelectuais negros sendo discutidos na maioria dos cursos. Entendendo que grande parte dessa galera que está ali vai para a sala de aula, vai fazer licenciatura, a gente pesa muito nossa ação sobre o departamento de educação e sobre as licenciaturas no geral: "Como a gente vai implementar disciplinas obrigatórias nesse departamento que vai formar professores para estarem dentro da sala de aula?". Então a gente tem isso de ter essa relação institucional, de ir aos departamentos e propor disciplinas. A gente já conseguiu duas disciplinas, mas ainda não obrigatórias, porque eles não vão implementar uma disciplina obrigatória assim, porque eles não querem. Mas já rolou com o departamento de Ciências Sociais, o de RI e o de Direito. A gente foi ao departamento de Educação,

mas não teve sucesso. O departamento disse que não tinha necessidade de uma disciplina obrigatória para discutir relações raciais.

Essa questão da não obrigatoriedade, recorrente nas disputas epistemológicas apresentadas pelas entrevistadas, e no caso que narra Natany, ainda mais especificamente em disciplinas de licenciatura, é importante para compreendermos a complexidade dessa segunda década do século 21 para o ensino de História na UFRJ. O que quero chamar a atenção aqui é, em primeiro lugar, para o fato de que quando eu entrei na Licenciatura em História, em 2011, e no currículo que vigorou durante toda a minha formação, apesar da cultura de luta antirracista que me afetou e me formou, ainda era possível que um professor formado por essa universidade passasse por todo o processo sem ter contato com disciplinas de História da África e sem nenhum preparo para compreender as camadas de complexidade das relações raciais no Brasil e, portanto, trabalhar para a reeducação dessas relações.

No entanto, é importante evidenciar que a crítica à colonialidade incrustrada na formação da UFRJ, que não fora possível durante a maior parte da formação do professor Amilcar Pereira, por exemplo, já era possível na minha formação. O que posso dizer é que me tornar professora de História na UFRJ, apesar de ainda ser complexo e repleto das marcas da colonialidade, foi também o espaço de disputas, de autoidentificação racial e de aproximação do movimento negro. Desde o início da graduação, tive contato com debates acerca da colonialidade e da eugenia arraigadas na instituição que me formava, além de refletir sobre as marcas desses passados-presentes no meu campo de atuação, a educação. Entre 2011 e 2016, tive a oportunidade de cursar disciplinas, na UFRJ, que foram fruto desse novo momento de demanda por transformações epistemológicas na universidade, como:

- Educação e Etnia – professor Amilcar Araujo Pereira
- Colonialismo, Educação e a Pedagogia da Revolução – professores Amilcar Araujo Pereira e Paolo Vittoria
- Introdução ao Estudo das Sociedades Africanas Pré-Coloniais – professora Monica Lima

- História da África Contemporânea I – professora Monica Lima
- Multiculturalismo e Educação – professor Amilcar Araujo Pereira
- A Escravidão nas Américas – professora Renata Figueiredo Moraes (professora substituta com pesquisa sobre as festas da Abolição no Rio de Janeiro: 1888-1908)
- História da África Contemporânea II – professor Silvio de Almeida Carvalho Filho

Considero que, a partir dessa segunda década do século 21, o que experienciei foi justamente a travessia para um Ensino de História Forjado na Luta e carregado dessa cultura de luta antirracista, produzida pelas disputas do movimento negro pela Lei 10.639/03, pela política de cotas raciais e por novas epistemologias dentro da universidade. Conforme a professora Monica indica, além da entrada de jovens negros através da política de cotas raciais, entraram também alguns professores através de políticas públicas de expansão da universidade:

> A gente sabe [que] foram realizados muitos concursos em governos anteriores ao golpe de 2016 e houve a entrada de professores, na universidade, com novas ideias, novos posicionamentos. Novos, no sentido de trazendo essa vivência das mudanças sociais. E esses professores, muitos entraram ou se tornaram aqui cientes de que a ampliação do quadro docente da UFRJ teve a ver com políticas públicas de reforço à universidade. (LIMA, 2020)

O professor Amilcar Pereira, além da própria Monica Lima, foram professores que entraram na universidade justamente nesse contexto e, como é possível perceber nos tópicos anteriores, tiveram importante papel na minha formação enquanto uma professora de História comprometida com uma educação antirracista. Amilcar, em entrevista, fala um pouco sobre sua entrada na UFRJ, que se deu justamente em função da expansão da universidade em uma vaga aberta pelo Programa de Apoio a Planos de Reestruturação e Expansão das Universidades Federais (REUNI):

Eu acho que tudo isso é reflexo de um outro Brasil, diferente daquele da época em que eu entrei. A UFRJ estava mudando. [...] Foi um momento de mudança da universidade. Aquilo que eu trazia como pauta de pesquisa, como agenda política, tinha espaço naquele momento. Antes não teria. [...] Eu fiz o concurso todo, era um concurso para o ensino de História, e eu me apresentei o tempo todo, desde o projeto, no próprio currículo, no memorial, em tudo o que eu apresentei na candidatura, eu me apresentei como uma pessoa que ia se dedicar ao ensino de história e cultura afro-brasileira, às relações étnico-raciais etc. Eu fiz a minha candidatura toda voltada para isso e pensei "É um diferencial", eu arrisquei. Podia não ter dado certo, mas como era um outro momento, a banca era simpática a essa questão e tinha a Lei 10.639/03, que já estava sendo mais conhecida, e acabou que eu passei em primeiro. Então, quando eu entro, eu já entro para isso, para estudar história e cultura afro-brasileira, relações étnico-raciais. Tanto que, quando veio a possibilidade do PET no ano seguinte, em 2010, eu já fiz um projeto. Eu fui franco-atirador ali, no sentido de que era muito disputado. Eu fiz lá o projeto, mandei e acabei conseguindo. Eu era muito novinho na faculdade, é por isso que eu sempre falo: você entrou na faculdade e, de certa forma, fomos nos formando juntos, porque eu tinha acabado de entrar na UFRJ em 2010. Thay: **e eu não sabia nem quem eu era, direito, ainda.** (Entrevista com Amilcar Araujo Pereira, já citado, realizada em 24 de maio de 2022, grifo meu.)

A minha trajetória se entrelaça à do professor Amilcar Pereira logo no início da graduação. Dessa maneira, sendo bolsista do PET – Conexões de Saberes/Diversidade, tive a possibilidade de estar em contato com a cultura de luta antirracista produzida pelo movimento negro, ao mesmo tempo que vivia cultura racista estruturalmente arraigada na universidade. Minha própria trajetória de formação e o processo de tornar-me sujeito em meio a essa conversa complicada entre racismo e antirracismo na instituição forjaram, em mim, a certeza de que uma educação verdadeiramente democrática não pode ser racista. Não existe um "público, laico, gratuito e de qualidade" se a gente não questiona as estruturas raciais.

Ao fazer uma avaliação de sua trajetória enquanto docente na UFRJ, Amilcar Pereira evidencia o caráter político de sua atuação nas disputas por transformações, inclusive curriculares, na universidade.

> Tudo o que eu pude fazer, Thay, nessa trajetória, tudo o que apareceu de oportunidade, eu "montava no cavalo". O cavalo passou selado na minha frente, tinha "relações raciais" escrito nele, eu pulava. Guindava lá. Tudo! Tudo o que apareceu, todos os projetos, todas as possibilidades, eu ia para contribuir. Minha intenção sempre foi contribuir para que essas discussões entrassem na agenda política da universidade, entrassem também no currículo. Entrassem de diferentes formas. Eu acho que essa é uma avaliação justa da minha trajetória. Eu tentei contribuir o máximo que eu pude, escrevendo, pesquisando, atuando, como professor, nas comissões. Depois, quando surgiu a possibilidade, eu fui convidado para compor a chapa da coordenação da pós, eu fui batalhar por uma distribuição de bolsas que incorporasse... fui batalhar pelas cotas [na pós]. Tudo o que eu tive oportunidade de trabalhar nesse sentido eu fui fazendo. Desde que eu entrei na universidade. É um senso mesmo de necessidade de atuação política. Quando alguém diz que é militância, é militância. Não deixa de ser militância, no sentido de trazer essas questões para o âmbito acadêmico com qualidade. (Entrevista com Amilcar Araujo Pereira, já citado, realizada em 24 de maio de 2022.)

São essas disputas, entre outras levadas a cabo pelos muitos sujeitos afetados pela cultura de luta antirracista, que invadiram a universidade, que criaram a possibilidade, nessa segunda década do século 21, de um Ensino de História Forjado na Luta. O trabalho que aqui apresento está em acordo com os prognósticos da professora Monica Lima para esta terceira década que já estamos vivenciando:

> Não tem volta para essas conquistas. Ao contrário, nós estamos aí para aprofundar. Estamos aí para discutir: "E, agora, o que mais podemos fazer para nos aproximarmos mais da sociedade, para estarmos mais em dia não só com essas demandas de transformações curriculares, de descolonização

do conhecimento, mas também pensar de que maneira nós podemos dialogar com os movimentos sociais?". Porque nós também devemos aos movimentos sociais uma boa parte das transformações que vivemos nos últimos tempos, portanto, a UFRJ estreitar esse contato, essa articulação é fundamental para o caminho que ela vai ter e também para a importância que ela vai ter na sociedade. (LIMA, 2020)

A disciplina de Relações Étnico-raciais e Direitos Humanos, que teve sua primeira turma no ano de 2020, é um desses esforços no sentido de aprofundar as conquistas de democratização e descolonização. Inauguramos a terceira década deste século institucionalizando a cultura de luta antirracista nos currículos da formação de professores de História dessa universidade.

RELAÇÕES ÉTNICO-RACIAIS E DIREITOS HUMANOS

Desde o início dos anos 2000, houve intensos debates sobre a reforma do currículo do curso de licenciatura em História na UFRJ. Com algumas tentativas frustradas nesse sentido e após um processo intenso de disputas por sua elaboração, como pode ser visto na dissertação de Luiz Henrique de Carvalho (2021, p. 129), *Mudanças no currículo da Licenciatura em História da UFRJ: disputas na formação de professores de História*, a disciplina obrigatória Relações Étnico-raciais e Direitos Humanos foi aprovada. O professor Amilcar Pereira nos conta sobre sua participação nesse processo:

> Pensando em termos de avaliação da minha trajetória. Quando, em 2017, a diretora do IH fez um pedido [...] à Carmen, que era diretora da Faculdade de Educação, para uma comissão mista – IH, FE e estudantes –, eu me voluntariei na hora para participar dessa comissão, para tentar interferir na construção [...] com uma intencionalidade aberta e indisfarçada. Era isso mesmo. Eu queria participar e propor a construção de uma disciplina sobre ensino de História e Relações Étnico-raciais na licenciatura de História. Fui construindo isso com os meus pares, primeiro na Faculdade de Educação, negociando entre as minhas colegas para estabelecer quais seriam as prioridades da nossa representação – que depois fui eu. Mas a gente ainda estava decidindo quem ia representar e quais seriam as prioridades. Eu consegui convencer minhas colegas a estabelecer como uma das prioridades essa disciplina. [...] Foi com essa perspectiva de atuação política para a transformação do curso de licenciatura. A gente tinha que ter alguma disciplina, inclusive porque essa disciplina já existia. Eu fui levantando os argumentos. Ela já existia em várias outras universidades, na UnB, na UFSCar, já tinha até na Federal Rural daqui do Rio. Então eu fui levantando essas universidades e pensei: "Vou entrar nessa comissão. Eu sei que vai me dar trabalho", me deu muito trabalho, não foi fácil, mas com esse objetivo muito evidente de construir. (Entrevista com Amilcar Araujo Pereira, já citado, realizada em 24 de maio de 2022.)

A disciplina, como podemos perceber, se insere também em um processo de abertura e consolidação de um campo de pesquisa, na universidade, que ainda responde àquela demanda provocada pela Lei 10.639, sancionada no ano de 2003, e que Monica Lima já anunciara que provocaria transformações.

Tive a oportunidade, nesse contexto, de ser a estagiária docente nessa disciplina e contribuir, em 2020, no PLE, para a composição de seu primeiro programa. Sua própria construção foi fruto de uma intensa conversa não apenas entre Amilcar Pereira, professor regente da turma, e eu. Mas uma conversa complexa, que envolvia também a própria cultura da universidade marcada pela colonialidade, a cultura de luta antirracista produzida pelo movimento negro e que nos afetara, as contingências impostas pela covid-19, além do compromisso ético com uma educação antirracista. Foi esse emaranhado de conversas complicadas que criaram a possibilidade de produção de um programa que não fosse uma lista de conteúdos a serem assimilados, mas uma experiência a ser compartilhada e vivida, de modo a criar brechas, tensões, deslocamento e travessia em quem estivesse presente, mas também na própria instituição.

Essa disciplina, pensada para ser ofertada para turmas de 3º período do novo currículo de licenciatura em História, teve uma procura tão grande dos estudantes formandos de 2020 que ficou decidido adiantar em um período sua execução para contemplar os estudantes que já estavam na rota de saída da universidade. A resposta da aluna F. N., que já estava, naquele momento, no 9º período de História, no currículo, quando perguntada sobre suas expectativas acerca do curso, demonstra que, ainda em 2019, era possível que um professor de História saísse formado sem ter tido grande contato com essa temática e justifica a demanda pelo adiantamento da disciplina e a sua abertura para alunos que não estivessem no currículo novo: "Tenho altas expectativas. Espero que o curso me insira em uma temática que tive pouquíssimo contato durante a graduação". (F. N. – aluna autoidentificada como branca)

Por conta desse acordo para o adiantamento, mas também por conta das circunstâncias especiais produzidas pela pandemia, a turma acabou tendo uma composição diversa. Podíamos encontrar ali jovens no 2º ou 3º período da licenciatura em História, já constantes no novo currículo e cursando a disciplina como obrigatória, alunos mais experientes na graduação, entre o 6º e o 11º período, que estavam sob o mesmo currículo que me formou e foi válido entre 2011 e 2019 – mas que escolheram, por diversos motivos, cursar essa disciplina –, além de alunos da Pedagogia da UFRJ. Estes últimos dois perfis cursaram a disciplina como optativa.

Para efeitos de análise neste trabalho, vou considerar apenas o material produzido pelos alunos que preencheram o formulário final de avaliação, o que significa dizer que esses foram – em um período atípico de adaptação onde era possível trancar as disciplinas a qualquer momento – os que conseguiram percorrer todo o caminho conosco. Apesar de termos coletivamente decidido que seus nomes não seriam usados em minha tese, todos concordaram em partilhar suas experiências e escritas durante o processo. Falamos, aqui, de um grupo final de 13 alunos. Entre estes, cinco deles já eram do novo currículo, portanto cursavam a disciplina como obrigatória, e oito deles eram alunos que, como F. N., escolheram cursar a disciplina por diversos motivos, incluindo a questão prática de sua oferta na grade do PLE, em face da necessidade de concluir o curso. Algumas respostas que obtivemos no formulário inicial nos informam sobre as motivações que trouxeram esses alunos ao curso:

Acredito que seja de extrema importância para minha formação docente e pessoal. (F. N.)

Por compreender a relevância da temática para minha formação enquanto pessoa e enquanto profissional. (J. P. – aluna autoidentificada enquanto parda, cursando o 11º período de História, no currículo 3+1)

Mesmo não tendo o objetivo de trabalhar com educação, me interessei na disciplina pela necessidade urgente de me aprimorar nos debates étnico-raciais e da educação antirracista. (L. F. – aluna autoidentificada enquanto preta, cursando o 6º período de História, no currículo 3+1)

Esse questionário foi enviado e preenchido na primeira aula, que teve como tema a apresentação do programa construído. Dessa maneira, as respostas por eles apresentadas podem ser consideradas apenas enquanto expectativas. O que chama a atenção nessas três respostas é que, diante do questionamento sobre o que os trouxe até a escolha dessa disciplina, as respostas indicam que as expectativas transcendem a própria formação docente. Indicar a busca por transformar-se "enquanto pessoa", mesmo sem o objetivo de trabalhar diretamente com a educação, em alguns casos, demonstra que não se trata apenas da demanda por uma lista de conteúdos e conhecimentos: é uma demanda deliberada por passar por um processo de deslocamento.

Em termos de composição racial, esses 13 alunos se autodeclararam, nos formulários inicial e final, enquanto sendo sete alunos brancos e seis alunos negros, considerando negros a junção entre pardos e pretos. Apesar de não ter havido mudança na autodeclaração, a princípio, ainda assim, pude perceber processos de deslocamento, entre um momento e outro, que foram para além da sala de aula e das questões específicas que ocuparam aquele espaço-tempo. Durante o correr do curso, houve muito mais do que apenas o que podia ser contido pelos quadradinhos do Google Meet. Alunos chegaram com demandas distintas, resultantes das circunstâncias específicas ocasionadas pela covid-19, do contexto político nacional e também de certezas e incertezas acerca de sua própria experiência de ser negro no mundo, entre muitas outras. Essa demanda chegou especificamente para mim, não à toa, mas em diálogo com o que falo e com o que o meu corpo, apesar das limitações impostas pelo online, significa neste mundo:

> Eu tinha (até hoje) uma amiga negra retinta. Já tínhamos discutido uma vez pelo fato dela me achar uma chacota por me autodeclarar negra de pele clara. Eu quero entender se realmente faz algum sentido o que ela falou: além do fato de ela me chamar de fraude porque me considera branca,

ela disse que, a partir do momento que alguém como eu se autodeclara dessa forma, está invalidando a trajetória de pretos retintos que nunca precisaram, segundo ela, de "cursinho de melanina" pra ter a noção de que são de fato pretos. Esse argumento dela faz algum sentido? (G. A. – aluna inicialmente autoidentificada enquanto parda, mas que mudou sua autodeclaração para preta. Cursando o 3º período da licenciatura em História, no currículo válido a partir de 2019)

Enquanto parte daquele processo, interpelada por uma questão tão pessoal, o que pude fazer foi escutar, acolher e compartilhar um pouco de mim mesma:

Isso é muito comum. E eu acho que isso é muito comum porque existem militâncias negras diferentes, existem movimentos negros pensando de várias maneiras diferentes. Essa é uma crítica que existe para pessoas negras de pele clara e eu acho que sua declaração tem a ver com você, com qual é a sua trajetória, com como você se identifica, com as experiências que você já viveu. Eu, por exemplo, sou uma mulher negra de pele clara e passei exatamente por isso. Passei uma vida inteira sem perceber que eu era negra, mas sentindo várias coisas que me diferenciavam de quem era branco nos espaços que eu vivia. É claro que ter a pele mais clara traz alguns privilégios. Isso não quer dizer que não somos negras. Inclusive a Sueli Carneiro tem um texto muito bom, no Geledés, que ela fala sobre isso, sobre a importância de pessoas negras de pele clara se identificarem enquanto negras. [...] A autodeclaração é autodeclaração, e ela é importante por isso, porque a única pessoa que pode dizer isso sobre você é você mesma, a partir das tuas experiências no mundo. E leva tempo, e muita gente boicota, mas é pensar em para onde você precisa olhar, onde você precisa se referenciar. Tem muita gente que leva a luta a cabo, contribui muito sendo negro de pele clara. E é isso: infelizmente esse era o sonho do colonizador, miscigenar até diluir, dividir para conquistar é uma estratégia de muito tempo. Eu li um texto muito bom, recentemente chamado *Negritude usos e sentidos*, do Kabengele Munanga, e lá ele fala uma coisa que para mim foi muito importante. Por que a gente não pode articular a nossa luta e a nossa identidade única e exclusivamente na cor da pele? Porque foi uma estratégia de estado, no nosso país, miscigenar a população. Se a gente identifica quem é negro e quem não é, unicamente a partir da cor da pele retinta, a gente está caindo no truque da miscigenação, caindo no truque de quem estabeleceu a política do embranquecimento no Brasil. (Minha resposta à demanda da aluna G. A. via aplicativo de mensagem instantânea.)

Essa conversa aconteceu no dia 7 de setembro de 2020, através de aplicativo de mensagens instantâneas. Apenas três dias depois, tivemos a terceira aula prevista no programa:

3ª AULA (10/9):
A constituição da ideia de raça no "mundo atlântico", Raça e Educação no Brasil do século 20
- PEREIRA, Amilcar Araujo. *O mundo negro*: relações raciais e a constituição do movimento negro no Brasil. Rio de Janeiro: Pallas/Faperj, 2013. (Capítulo 1) (texto 2a)
- DÁVILA, Jerry. *Diploma de brancura*: política social e racial no Brasil – 1917-1945. São Paulo: Ed. UNESP, 2006. (Introdução) (texto 2b)

Modelo de atividade 2:
Atividade em grupo – A turma será dividida em cinco grupos de trabalho (que existirão no WhatsApp – e funcionarão como uma extensão da nossa sala de aula virtual). O texto indicado deverá ser articulado ao episódio do podcast e ao contexto educacional do século 21. Nessa aula, cada grupo terá 10 minutos para apresentar suas reflexões na sala virtual durante o encontro síncrono.
Cada grupo deverá escolher 1 podcast *Infiltrados no Cast*
Especial: Os Maiores Racistas da História Brasileira
1 – João Batista de Lacerda
2 – Monteiro Lobato
3 – Renato Kehl
4 – Raimundo Nina Rodrigues

Nessa aula, tivemos um debate acerca do projeto de embranquecimento, físico e cultural, levado a cabo no Brasil, como projeto de Estado. Apesar de um conteúdo preestabelecido, essa é uma oportunidade de perceber como as conversas curriculares são mesmo complexas. A implicação de sujeitos distintos, presentes em sala de aula, faz com que o conhecimento ali produzido percorra caminhos e crie sentidos diferentes conforme muitas variáveis, bem como as próprias questões que interpelam cada sujeito.

A presença dessa aula no programa é herdeira de antigas disciplinas de Educação e Etnia oferecidas pelo professor Amilcar, em outros momentos. A aula foi conduzida no sentido de pensar sobre a construção da ideia de raça e problematizar a política de embranquecimento, além de seus ranços, principalmente na Educação Básica brasileira. Uma reflexão provocada em alguns alunos que compartilharam conosco suas experiências, como foi o caso da aluna J. P., que assim falou durante a aula:

> Eu só me lembrei de uma situação. Eu trabalhei um tempo em uma secretaria escolar e uma das funções era fazer matrícula das crianças. Uma das perguntas para os pais era sobre a cor da pele dos filhos. Eu sinceramente me impressionei com o constrangimento que essa pergunta causava nos pais. Alguns deles estavam acompanhados de seus filhos, e a gente dizia: "Qual é a cor do seu filho?", aí a pessoa, os pais geralmente... não falavam, mas apontavam "é essa daqui". A gente dizia: "É autodeclaração. Você pode dizer a cor do seu filho". É difícil, porque a maior parte dos pais, mesmo de crianças negras, dizia: "Branco ou pardo". Pouquíssimos... eu fiz muitas matrículas e lembro que dois pais disseram orgulhosamente a cor dos seus filhos como crianças pretas ou crianças negras. Então é só para pensar um pouco que, na escola, como esse espaço muitas vezes de negativação, que inibe a própria identidade. E como isso é mesmo alguma coisa que está visceral, que é das nossas relações. Que está nos pais, na maneira como eles olham para os filhos e provavelmente na maneira como os filhos percebem a si mesmos. É uma coisa que está de fato atravessando a nossa construção enquanto sociedade mesmo.

Já para mim, essa aula produziu sentidos um pouco diferentes. O que construí foi uma relação direta com o questionamento das estruturas da universidade que me formara, e de quanto ainda há desse projeto colonizador e eugenista vigorando hoje. Isso correspondia a uma experiência vivida e compartilhada de ter me formado enquanto professora de História nessa instituição, e o resultado de todo esse processo pôde ser visto no início deste capítulo que apresentei a vocês.

Fico imaginando, no entanto, o quanto essa aula, imediatamente posterior à demanda da aluna G. A., conversou com as questões que ela já trazia consigo. O que posso apresentar de vislumbre acerca do produto dessas conversas é que G. A. era uma das alunas mais participativas, mesmo em tempos em que o simples fato de vermos uns aos outros tornou-se desafiador. Além disso, em seu formulário final, ela passa a se declarar enquanto "preta", e não mais enquanto "parda". Uma transformação que diz menos sobre a composição racial da turma, já que, para efeitos políticos, é uma conquista do movimento negro da década de 1970 que pretos e pardos sejam considerados enquanto negros; diz mais sobre as travessias que conseguimos construir coletivamente, nas conversas que compõem esse Ensino de História Forjado na Luta. Ao responder ao formulário enviado recentemente, em 2022, no intuito de compreender a percepção geral, posterior, dos alunos que chegaram ao final daquele curso, a aluna G. A. afirma o seguinte: "A experiência da disciplina mudou a minha vida e a minha percepção sobre educação".

A própria possibilidade de travessias como essa tem a ver também com a construção de currículo não como ficha prescritiva de conteúdos, mas como um conjunto de experiências compartilhadas, de certa maneira até um tanto autobiográficas, em que muitos sujeitos estão aplicados e podem se afetar mutuamente. Para Maria Luiza Süssekind:

> Em Pinar (1975), *currere* é a ideia de que as escritas sobre os currículos são documentos de escavação, deslocamento e reconhecimento de que as pessoas preexistem aos conhecimentos, e não vice-versa. Nesse sentido, as produções escritas dos estudantes têm valorizado um esforço de reescrita de si mesmo e autodeclaração identitária. O *currere* é, portanto, algo

historicizado, pós-escrito, autobiográfico e cosmopolita, ao mesmo tempo também é uma conversa complicada tecida a partir do eu e dos muitos outros que nos habitam. (SÜSSEKIND, 2019, p. 102-103)

Nesse terreno de conversas complicadas, o que não era possível de prever, nem nos mais distópicos pensamentos, era que na primeira vez em que essa disciplina seria oferecida de maneira obrigatória, ela teria de ser realizada de maneira completamente remota. Diante dessa necessidade, a produção do programa se deu na tentativa de produzir sentidos mesmo diante daquele contexto. Um trecho do programa da disciplina Relações Étnico-raciais e Direitos Humanos dizia o seguinte:

Curso em tempos de ensino remoto
Devido ao presente contexto de pandemia de covid-19, entendemos que encontros com 4 horas-aula de aula expositiva seriam inviáveis. Portanto, pensamos, para esse curso, uma dinâmica que permitisse uma experiência proveitosa, mesmo diante das contingências. Nossas aulas expositivas síncronas terão duração entre 1h30m e 2 horas-aula, via aplicativo de videoconferência. O restante da carga horária será preenchido com atividades complementares à discussão realizada nos encontros síncronos. Essas atividades foram elaboradas com o intuito de: 1) incentivar o debate qualificado de intelectuais na esfera pública; e 2) proporcionar uma experiência de vivência em sala de aula, que dialogue com esse novo tempo em que as mídias digitais ganham centralidade na circulação do conhecimento.

Nesse processo de adaptação, a internet assume um papel de grande destaque. Ela passa a funcionar, agora, não apenas como possibilidade de recurso didático. Ela se torna o próprio mediador das relações. Conforme refletimos um pouco no capítulo 2, as salas de aula foram radicalmente transformadas; elas foram, durante aquele momento em que transcorreu minha experiência com essa disciplina, destituídas de seus territórios físicos e reterritorializadas em espaços online. Essas salas de aula, reterritorializadas, avançaram sobre o espaço privado do lar, misturando mundos culturais distintos.

A partir dessa sobreposição de espaços, algumas possibilidades foram criadas. Como essa que a aluna N. E. (autoidentificada enquanto preta, cursando o 10º período de História, no currículo 3+1) evidencia ao avaliar o PLE de maneira geral, em seu formulário final:

> Foram 23 trabalhos feitos ao total durante o PLE em todas as disciplinas que cursei e, algumas vezes, me senti mais cansada do que eu costumava me sentir durante o ensino presencial. No entanto, acho que ter a oportunidade de assistir às aulas em casa – principalmente considerando que moro muito longe da faculdade – contribuiu para que eu me dedicasse mais às discussões e às leituras dos textos durante esse período.

Esse tempo de deslocamento certamente contribuiu para a possibilidade de maior dedicação da aluna às disciplinas cursadas. No que se refere à disciplina aqui em questão, sua própria autoavaliação é bastante justa: "Eu acredito que pude contribuir para a nossa comunidade de aprendizagem fazendo a leitura dos textos e tentando propor discussões para a turma" (N. E.). Ainda fazendo a avaliação acerca do PLE, outra aluna, apesar de ter tido uma experiência positiva, ressalta uma dimensão a se considerar:

> Tirando problemas externos, que acredito todos e todas passaram, como: ansiedade, angústia etc. creio que o PLE foi cansativo, mas "menos pior" do que imaginava. **Levo em consideração também, conforme já mencionado, meu privilégio de ter recursos tecnológicos**. (Resposta da aluna (L. F.) ao questionário final da disciplina; grifo meu.)

Apesar dessa experiência positiva, como outras que tivemos no formulário, pudemos experienciar também o acirramento de certas desigualdades. Como no caso do aluno C. E., que, ao fazer sua autoavaliação, indica o seguinte: "Aprendi muito e contribui como pude. Infelizmente estava no trabalho, tentando sempre assistir às aulas" (aluno autoidentificado enquanto preto, cursando o 10º período de História, no currículo 3+1), ou ainda com situações vividas no cotidiano das interações que sobrepunham a vida familiar e a formação docente, como foi o caso da aluna R. P. (autoidentificada enquanto parda, cursando o 11º período de Pedagogia), que descrevo adiante.

Para aquela aula, estava programada a apresentação de trabalhos em grupo. No transcorrer das apresentações, R. P. entrou em contato comigo solicitando o seguinte: "Thay, será que teria como o próximo grupo ser Monteiro Lobato? Meu filho chegou aqui e está com os avós. Eu preciso dar a janta dele".

Apesar de R. P. ser aluna de Pedagogia, acredito que esse episódio específico afetou toda a dinâmica da sala de aula. Por isso, apesar de não envolver produções específicas no campo da História, optei por trazê-lo mesmo assim. Há questões de gênero que gritam aqui. Como R. P., eu também fui uma jovem mãe, no momento de formação docente, e posso afirmar que ainda hoje as políticas para tornar possível a nossa presença na universidade são ínfimas. Inclusive em espaços que se consideram progressistas, há pouco ou nenhum esforço para que mães sejam estimuladas a ocupar o espaço público de pesquisa e participar de congressos, entre outros momentos importantes da vida acadêmica. No entanto, com a pandemia, o que se pode perceber é o agravamento, sobretudo para mulheres negras, dessa situação (NEUMANN *et al.*, 2020), e um, entre os diversos motivos existentes, é que não há mais um espaço separado para as demandas da formação e as demandas da maternagem.

No espaço-tempo dessa sala de aula sobreposta, o tempo do cuidar, bem como o tempo do trabalhar, no caso de C. E., acabam se misturando ao tempo da formação. No decorrer da aula, quando chega o momento de apresentação, a aluna traz a seguinte demanda: "Professor, eu posso apresentar com a câmera desligada? Porque eu estou amamentando o meu filho e não me sinto à vontade de apresentar com a câmera ligada. Pode ser?". Ao que o professor responde prontamente: "Com certeza! Inclusive, minha filha está mamando agora também. Fica tranquila". Diante da demanda, mais uma vez, a escolha foi oferecer um pouco da própria experiência, de maneira a horizontalizar as relações e tornar aquele espaço da sala de aula reterritorializada em um espaço de produção de sentidos. Manu, a filha de Amilcar, entrou em nossas casas, vivenciou partes das aulas com a turma e nos fez morrer de fofura muitas vezes. Isso só nos fez perceber que, nesse PLE, o espaço-tempo da produção curricular, que já não se restringe ao espaço físico de uma sala de aula, adentrou, no sentido mais literal, as nossas próprias casas.

Diante do terreno insólito em que pisávamos, a perspectiva de bell hooks (2013) acerca da construção de uma comunidade de aprendizagem foi um porto seguro. Ao colocar em perspectiva as potencialidades de uma educação transgressora, engajada e para a liberdade frente a um contexto emergencial de PLE, em que palavras como "síncrona" e "assíncrona" invadiram nosso vocabulário, foi possível transitar, ponderar e abrir um caminho, talvez uma brecha, para pensar sobre uma educação antirracista, mesmo em um contexto em que o contato humano, tão caro para esse tipo de reflexão, foi limitado. Fazer a travessia em meio a esse contexto não foi tarefa fácil. O professor Amilcar Pereira conta um pouco de suas próprias incertezas:

> O que eu sempre tentei fazer foi ouvir muito as pessoas, chamar as pessoas pelo nome, reconhecer as pessoas, suas subjetividades, suas formas como se definem, com muito respeito. E isso no presencial é possível. Eu estou criando uma relação com a turma, muito bacana. A gente se olha, eu olho no olho, chamo pelo nome. A gente troca ideias, as minhas piadas ficam melhores, porque no ao vivo é outra história. Naquela turma, eu estava me achando um péssimo professor, essa é a realidade. Inclusive, eu fiquei muito feliz quando eu fui convidado, no início desse ano, para ser paraninfo da turma da prática de ensino. Eles se formaram em 2020, mas fizeram a cerimônia no início desse ano. Eu fiquei muito feliz, orgulhoso e surpreso justamente por isso, porque eu estava me sentindo um péssimo professor por não estar conseguindo fazer o que me parece fundamental como estratégia, que é olhar no olho, reconhecer as diferenças... (Entrevista com Amilcar Araujo Pereira, já citado, realizada em 24 de maio de 2022.)

Assim, a nona aula do programa foi planejada de maneira a possibilitar uma experiência de reflexão diante das contingências do momento que vivíamos, em face da necessidade de uma educação antirracista:

9ª AULA (22/10):
Educação como prática da liberdade
- HOOKS, bell. *Ensinando a transgredir*: a educação como prática da liberdade. São Paulo: Martins Fontes, 2013. (texto 7a)

Modelo de atividade 1
O que é uma educação transgressora, diante dos desafios que enfrentamos?
(Trecho do programa da disciplina Relações Étnico-raciais e Direitos Humanos (PLE – 2020)

No espaço-tempo da sala de aula, refletindo sobre a questão colocada, de pensar uma educação transgressora diante dos desafios daquele contexto, a aluna N. E. fala um pouco do que pensar sobre bell hooks, naquele contexto:

Eu acho que sala de aula não existe sem afeto. Afeto é muito importante. E é o que nos conecta enquanto seres humanos e o que nos aproxima também. Quando ela fala que não pode exigir que o aluno vá se despir e contar suas experiências se ela também não tiver essa proposta de se abrir e fazer daquele espaço um espaço realmente de aprendizagem, de estar todo mundo falando, não vai funcionar. Eu acho que a educação transgressora é a educação em que a gente está realmente aberto a aprender junto, e isso dos dois lados. Levar em consideração que o currículo ali não é só aquele currículo prescrito, não é só a matéria que você tem que dar e você vai pensar o seu plano de aula a partir daquele assunto e vai morrer aí. E você vai passar os conhecimentos que você adquiriu na faculdade ou no livro que você leu. O currículo é justamente essa troca, é saber que mesmo que você tenha planejado, foi só a sua parte do trabalho e a outra parte do trabalho está com os alunos, e ela é tão importante quanto o seu planejamento e tudo o que você se propôs a discutir ali.

Esse deslocamento, essa travessia, a possibilidade de o professor transformar a si mesmo a partir da conversa com o que trouxemos de nós e de nossas experiências, afetadas pela cultura de luta antirracista, para o programa, é o que compreendo como uma marca da produção de um Ensino de História Forjado na Luta.

bell hooks, como educadora, mas também como mulher e intelectual negra, abriu as portas ainda para outros caminhos, dentro daquela experiência que foi a disciplina.

Esses caminhos, no entanto, iniciam-se muito antes. Seu texto "Intelectuais negras" (HOOKS, 1995) chegou a mim bastante cedo, ainda na graduação, através do professor Amilcar, mas me afetou de diferentes formas em distintos momentos, como é possível perceber em nossa conversa durante sua entrevista:

> A bell hooks, eu já usava há bastante tempo. Você leu bell hooks comigo. "Intelectuais negras" e *Ensinando a transgredir*, porque eu li muitos anos atrás. Eu acho que ainda foi num daqueles cursos da Faculdade de Educação, na época do PET. Mas essa pegada... As mulheres negras estavam ali, eu enxergava, dialogava um pouco, mas esse protagonismo no âmbito da produção de conhecimento, essa ênfase toda, é recente, é muito recente também para mim. [...] para mim, o protagonismo das mulheres negras ficou evidente em 2018 [quando o trabalho de campo do projeto Movimento Negro na Atualidade foi realizado]. Ali foi o que isso ficou evidenciado de maneira inquestionável, e isso acaba se refletindo também na produção.
>
> **Thay: Eu acho que esse momento foi muito formativo para mim, e é curioso, como eu já tinha lido "Intelectuais negras", como você bem falou, mas como ele bate diferente depois que eu passei por esse processo. Porque é muito diferente você se formar a partir das coisas que você lê e você se formar a partir de uma experiência como aquela. Você estar com as pessoas, ouvir as histórias das vidas delas, eu acho que pesa muito para esse lado do afeto, de uma afetação que é diferente. E eu acho que, talvez por isso, tenha batido, para mim, diferente, o próprio texto "Intelectuais negras", depois de passar por**

isso e antes de passar por isso. (Entrevista com Amilcar Araujo Pereira, já citado, realizada em 24 de maio de 2022, grifo meu.)

A última vez que esse texto me atravessou foi na disciplina Intelectuais, Ensino de História e Cultura Brasileira, cursada no segundo semestre de 2019 e oferecida pelas professoras Martha Abreu e Angela de Castro Gomes, no Programa de Pós-graduação em História (PPGH) da Universidade Federal do Estado do Rio de Janeiro (UNIRIO). A essa altura, eu já tinha vivido a experiência da pesquisa junto ao movimento negro em 2018 e sido reeducada pela cultura de luta antirracista do século 21. Boa parte das minhas contribuições e reflexões, naquela disciplina, estava relacionada a essa experiência que ainda estava muito forte em mim.

Aquela era a sexta aula da disciplina na UNIRIO. Já vínhamos debatendo sobre o que é um intelectual, suas funções na sociedade, intelectuais mediadores, entre outras discussões. Naquele dia, as discussões envolviam intelectualidade e questões de gênero, e um dos textos propostos para a aula era justamente "Intelectuais negras". Diante da proposta das professoras de que alguns alunos se comprometessem a apresentar e debater os textos, eu escolhi justamente esse. Uma das críticas direcionadas a bell hooks, nas discussões posteriores à apresentação, foi acerca de sua escrita, que, segundo um colega da disciplina, seria "peculiar e confusa". Ao ser questionado sobre essa fala, cujo conteúdo é problematizado pela própria autora no referido texto, o colega indica que seu estranhamento se deve ao fato de que provavelmente o público-alvo não era ele. Isso nos revela um pouco do que sofre a produção intelectual de mulheres negras, inclusive as já consagradas, como bell hooks. Textos produzidos por homens brancos, e cujo público-alvo idealizado é homens brancos, independentemente da forma ou grau de dificuldade que oferecem à leitura, dificilmente são considerados peculiares e confusos. Esses textos são o que se considera o "normal" para um texto acadêmico.

Relato esse episódio, em específico, com o texto "Intelectuais negras" porque ele foi importante para aguçar minha percepção crítica e mobilizar aquela experiência do protagonismo das mulheres negras que eu vivenciara na produção da luta antirracista, também no campo da produção de conhecimento. Toda essa experiência anterior com o protagonismo das mulheres negras no século 21, essa cultura de luta antirracista que nos afetou, além desse caráter provocativo instado em mim a partir da experiência na disciplina da UNIRIO, atravessou nossa conversa na própria elaboração do programa, no ano de 2020.

Nesse processo de produção do programa, entre conversas, contingências e trocas de experiências, caminhamos por seis versões diferentes do mesmo documento até que chegássemos ao resultado final – nossa primeira contribuição para o correr do curso. Algo importante a se perceber com o passar dessas versões é o fato de que, entre a primeira e a última versão, as produções de intelectuais negras ficaram muito mais presentes dentro do programa, através das diversas mídias que foram apresentadas. Se, na primeira versão, tínhamos seis produções intelectuais de mulheres negras como referência, tendo a primeira dessas produções aparecido apenas na sétima aula, na versão final, tínhamos 11 produções intelectuais de mulheres negras, entre as diversas mídias, tendo a primeira delas aparecido logo na segunda aula, construindo o tom da disciplina e forjando uma discussão que perpassou todo o curso. A importância dessa segunda aula foi grande. Quando os alunos foram questionados acerca da aula que mais os impactara, a aula mais mencionada no formulário final teve como tema "Modernidade e 'colonialidade' nas Américas". Na primeira versão do programa, essa aula tinha como referência apenas o texto "A modernidade é de fato universal? Reemergência, desocidentalização e opção decolonial", de Júlio Pinto e Walter Mignolo (2015). Já na versão que compartilhamos com a turma, essa aula contou também com a referência do texto *A categoria político-cultural de amefricanidade*, de Lélia Gonzalez (1988).

Um outro ponto a ser considerado é este em que retorno para a disciplina de intelectuais cursada na UNIRIO. As professoras, naquele momento ainda anterior à pandemia, nos estimularam à produção de um podcast como trabalho final. Produzi, em parceria com os colegas de doutorado Fernanda Crespo e Leandro Duarte, o episódio piloto do podcast *Não Serei Interrompida: Mulheres Negras Reeducando a Sociedade* (NWA, 2020), que surgiu da intersecção entre o projeto Movimento Negro na Atualidade, que desvelou o protagonismo da atuação de mulheres negras na luta antirracista hoje, e as reflexões gestadas durante a disciplina Intelectuais, Ensino de História e Cultura Brasileira no PPGH-UNIRIO. Neste, provocados pelas tensões acerca da legitimidade da intelectualidade feminina negra, produzimos um episódio piloto em que evidenciávamos o protagonismo de intelectuais negras a partir de uma rede de intelectuais que se estende pela militância política, pela arte e cultura e pela produção científica. A ideia é deixar de desperdiçar possibilidades de compreender melhor a realidade, por conta de critérios que promovem visibilidade do pensamento, baseadas em uma escolha de raça e de gênero. Como já foi dito por bell hooks em seu texto "Intelectuais negras", o imaginário sobre o que é um intelectual é ligado à um padrão masculino e branco. Assim nasceu o *Não serei interrompida*, da necessidade de criar ferramentas para visibilizar a produção de intelectuais negras. Essa experiência foi tão importante para mim enquanto professora, pesquisadora e mulher negra que pude compartilhá-la com a turma na 11º aula:

11ª AULA (5/11):
Movimento Negro e Educação
- PEREIRA, Amilcar A. Black Lives Matter nos currículos? Imprensa negra e antirracismo em perspectiva transnacional. *Cadernos de Pesquisa*, São Paulo, v. 49, n. 172, p.122-143, abr./jun., 2019.
- *Não serei interrompida* [episódio piloto]: "Mulheres negras reeducando a sociedade" – Fernanda Crespo, Thayara de Lima e Leandro Duarte. Nwa Podcasts, abr. 2020.

Da aula aqui mencionada, recebemos uma série de retornos para a atividade solicitada. Nesse caso, refiro-me ao *Modelo de atividade 1*, uma atividade individual em que a intenção era a elaboração de articulação entre as leituras e as mídias digitais sugeridas, produzindo, como resultado, um texto (meme, palavra-imagem, podcast etc.) que visasse afetar seu público do Instagram e/ou Facebook. Quem preferisse poderia elaborar material visando afetar alunos dos Ensinos Fundamental e Médio. A intenção, com esse modelo de atividade, era incentivar o debate qualificado de intelectuais na esfera pública e proporcionar uma experiência de vivência em sala de aula que dialogasse com esse novo tempo em que as mídias digitais ganham centralidade na circulação do conhecimento. Um desses retornos é o meme produzido pela aluna G. A.

Na postagem original em uma rede social, a aluna utilizou um famoso meme mostrando duas figuras do personagem Homem-Aranha exatamente iguais apontando um para outro, contendo, em cima de cada um, o texto "a experiência negra a partir dos homens negros" e "a experiência feminista a partir das mulheres brancas" dentro da academia, com a legenda a seguir:

[Quinta Atividade do Programa da Disciplina RELAÇÕES ÉTNICO-RACIAIS e DIREITOS HUMANOS (Período Letivo Especial 2020)]

Meus esforços foram ignorados quando tentei partilhar informação e conhecimento sobre como, apesar do racismo, as relações de gênero entre os negros eram construídas de forma a manter a autoridade dos homens mesmo que eles não espelhassem os paradigmas brancos ou sobre a dentidade e o status das mulheres brancas eram diferentes dos das mulheres negras. (HOOKS, 2013, p. 162)

O meme produzido pela aluna, depois de quase todo o curso, indica uma postura crítica em relação à ausência da experiência de mulheres negras na academia. O programa produzido e as conversas que se deram até que pudéssemos chegar até ele demonstram a intenção de que esse tipo de reflexão tivesse espaço e pudesse se fortalecer durante a experiência compartilhada. No entanto, para além disso, foi possível perceber também o protagonismo das mulheres negras dentro da própria disciplina e, dessa maneira, o quanto suas experiências ocuparam o espaço daquela sala de aula e contribuíram para a construção do currículo e da circulação de cultura de luta antirracista que por ali circulara. No formulário solicitado ao final do curso, havia um espaço dedicado a uma autoavaliação. Gostaria de trazer dali três respostas que considero importantes para compreendermos esse protagonismo:

Acredito que fui muito bem nessa disciplina. Fiz questão de participar das aulas, ler todos os textos, fazer fichamentos e me esforçar para entregar atividades bem feitas. (G. A.)

Boa. Conforme falei anteriormente, muitos alunos se calam, frustrando o professor. Aproveitei o privilégio de contar com recursos tecnológicos e a falta de timidez para participar sempre que possível. (L. F.)

Eu acredito que pude contribuir para a nossa comunidade de aprendizagem fazendo a leitura dos textos e tentando propor discussões para a turma. (N. E.)

O conteúdo dessas autoavaliações se reforça quando percebemos que essas três mulheres negras são também as únicas alunas que foram citadas nominalmente quando, no formulário, os estudantes foram questionados acerca dos colegas de disciplina que mais os impactaram. A aluna L. A., quando perguntada se teria sido afetada de alguma maneira pela experiência naquela disciplina, em questionário respondido em 2022, faz questão de demarcar sua posição de mulher negra:

1 – Você foi, de alguma maneira, afetada pela experiência naquela disciplina? Como?
A disciplina em questão, de certa forma, foi a primeira que me conectou com autores cruciais como Lélia Gonzalez e bell hooks. Digo de certa forma, pois, mesmo conhecendo tais obras, não havia tido a oportunidade, dentro da UFRJ, de discuti-las associando-as à nossa profissão. Sem dúvidas, foi determinante para ingressar nas discussões em torno da educação antirracista. Que, na prática, enquanto mulher preta, já fazia parte do meu horizonte.

O que me parece importante sublinhar aqui é que, na luta por romper silenciamentos impostos às produções intelectuais de mulheres negras, pudemos contribuir para a conversa entre as intelectuais negras em nosso programa e as que se formavam na sala de aula. L. A. demonstra como toda essa conversa – que só foi possível enquanto experiência a compor o currículo graças àquele processo imersivo na cultura de luta antirracista do século 21 – foi importante para sua formação profissional, indicando, inclusive, sua travessia para a educação antirracista.

Entendo que a disciplina como um todo, apesar das muitas limitações impostas pelo contexto de pandemia e isolamento social, foi bastante rica em conversas que possibilitaram travessias para o Ensino de História Forjado na Luta. Ao responder o formulário posterior, rememorando sua experiência com a disciplina, alguns alunos indicaram alguns sentidos atribuídos àquela experiência e a seu impacto em suas trajetórias.

F. R. (autoidentificado enquanto branco, cursando o 2º período da licenciatura em História, no currículo novo), foi um desses alunos:

1 – Você foi, de alguma maneira, afetado pela experiência naquela disciplina? Como?

Acredito que sim. No próprio PLE me aproximei da temática indígena e, nos períodos subsequentes, eu me interessei muito por estudos de gênero e raça. Participo até hoje de um grupo de estudo quinzenal sobre intelectuais negras e de um projeto de extensão decorrente do engajamento geral deste mesmo grupo.

5 – Você acha que a experiência na disciplina contribuiu, de alguma maneira, para isso? Como?

Creio que a disciplina contribuiu. A resposta pode soar um pouco repetitiva, mas elejo dois fatores fundamentais em minha experiência: a) A questão do primeiro contato com as temáticas oferecidas; b) A disciplina fazer parte do ciclo básico do curso de História, oferecendo uma perspectiva diferente das obrigatórias e em tempo de os alunos se engajarem.

F. R. chama a atenção para a importância de ter uma disciplina como essa logo nos momentos iniciais de sua formação. O aluno, que naquele momento estava no segundo período da licenciatura em História, evidencia seu engajamento na temática indígena e em estudos de gênero e raça, além de destacar a importância de essa disciplina estar no começo da graduação "oferecendo uma perspectiva diferente das obrigatórias e em tempo de os alunos se engajarem". Esse engajamento inicial dos alunos é bastante importante no sentido de produção de mais desestabilizações na colonialidade presente na licenciatura em História e na UFRJ, de maneira geral. N. E. nos conta um pouco acerca da forma como essa experiência na disciplina se relacionou, a partir de sua própria atuação, com outras disciplinas na instituição:

1 – Você foi, de alguma maneira, afetado pela experiência naquela disciplina? Como?
Sim! Essa foi, sem dúvida, uma das únicas vezes em que me senti realmente contemplada como estudante dentro da universidade. Os textos que estudamos e as formas como as discussões foram mobilizadas me tocaram muito.

3 – Você utilizou algo daquela disciplina para o diálogo em outras disciplinas cursadas posteriormente? Em caso positivo, pode me contar ao menos um exemplo?
Utilizei o texto que lemos do Jerry Dávila e o de bell hooks para fazer uma crítica ao Bordieu na disciplina de Introdução à Sociologia. Era um trabalho final e eu discursei, a partir da perspectiva desses autores e também de Nilma Lino Gomes, um texto complementar, sobre como a ideia de capital cultural não abrangia em sua totalidade pessoas negras. Foi uma experiência positiva escrever o texto e apresentá-lo para o professor e os colegas.

N. E., que inicia indicando que, apesar de já estar num período avançado do curso, poucas vezes se sentiu tão contemplada por uma disciplina como nessa experiência, narra a utilização da experiência nessa disciplina para desestabilizar outros espaços dentro da universidade. Esse comprometimento com a desestabilização da cultura racista (leia-se: o comprometimento com a educação antirracista) é a principal característica que evidencia a travessia para um Ensino de História

Forjado na Luta. A aluna J. P. demonstra o impacto que sua experiência com a disciplina teve em sua prática docente:

1 – A disciplina Relações Étnico-raciais e Direitos Humanos foi minha primeira experiência formal com educação antirracista na UFRJ. Eu não cursei outra disciplina que tivesse relações étnico-raciais como questão central ao longo de toda a graduação. Quando identifiquei a oferta da disciplina na grade do período, me lembro de ter ficado bastante empolgada, inclusive. Ao longo do curso, eu senti a disciplina como um espaço de problematização da minha própria prática como professora da Educação Básica. Cada conversa e cada leitura traziam, para mim, os limites e possibilidades da minha atuação como professora. Foi uma experiência bem importante, porque, além do arcabouço teórico, tive a possibilidade de pensar recursos didáticos para o trabalho em sala de aula e de conhecer pessoas que já trabalham com isso.
3 – A minha abordagem, como professora, dos conteúdos de História mudou bastante depois do curso. A História dos povos africanos, por exemplo, deixou de começar na Europa. Assim, também, o repertório visual passou a privilegiar a beleza e o sucesso pretos, e não marginalização dos seus corpos ao longo da História. A dimensão da violência nunca foi excluída das minhas aulas. Pelo contrário, como professora de área periférica, essa dimensão é incontornável, aliás. Mas o meu investimento passou a ser outro... Passei a trabalhar mais com os registros de resistência, de agência, de criação pretos. Eu percebi uma mudança grande. Percebi, por exemplo, uma identificação maior de alunos pretos e pretas, que chegaram a expressar orgulho de sua cor e das histórias como povo.

Esse processo de travessia não afeta apenas a vida profissional. Como vimos no início, era demanda dos próprios estudantes que escolheram participar dessa disciplina passar por um processo de transformação que se refletisse também em sua formação pessoal. A aluna G. A., que já indicara anteriormente que "a experiência da disciplina mudou [sua] vida e a [sua] percepção sobre educação" segue afirmando que "Todos os textos, as discussões e atividades tiveram influência direta em tudo que f[e]z depois: debates, disciplinas e até mesmo reflexões sobre posicionamentos pessoais."

A cultura de luta antirracista que circula em nossa sociedade, produzida a partir da luta do movimento negro do século 21, é, como pudemos perceber através de toda a experiência vivida, narrada e tecida neste texto, um elemento importante para a reeducação dos professores de História que estão em formação neste século. Mais do que buscar usá-la como um recurso, cabe compreender que sua presença em salas de aula é inevitável e reestrutura a própria produção do conhecimento elaborado nos espaços acadêmicos. É na conversa com a cultura de luta antirracista que as universidades podem livrar-se desse ranço colonial e racista que as estrutura; e é também nessa conversa que se formam os professores de História do século 21, comprometidos com uma educação antirracista.

CONSIDERAÇÕES FINAIS

Nilma Lino Gomes semeia, em seu livro *O movimento negro educador*, alguns questionamentos:

> O que a Pedagogia e as práticas pedagógicas teriam a aprender com o Movimento Negro entendido como ator político e educador? E o campo das Humanidades e das Ciências Sociais? O que os cursos de formação de professoras e professores sabem e discutem sobre esse movimento social e suas demandas por educação? E os cursos de pós-graduação das Humanidades e Ciências Sociais? O que os currículos têm a aprender com os processos educativos construídos pelo movimento negro ao longo da nossa história social, política e educacional? A pós-graduação dialoga com esses aprendizados? E têm integrado em seus corpos docente e discente sujeitos negras e negros que fazem parte ou foram reeducados por esse movimento social? Que sabedorias ancestrais o movimento negro nos ensina? Como ele nos reeduca? (GOMES, 2017, p. 13)

Sinto que minha tese de doutorado foi também um esforço de resposta que pude oferecer do lugar que ocupo. Mais do que aquilo que os cursos de formação de professores discutem sobre o movimento negro, tentei trazer o que se discute com o movimento e qual é o fruto dessa conversa. O último questionamento de Nilma é justamente COMO ele nos reeduca. Minha pedra foi lançada nessa direção.

O que busquei com esse trabalho de pesquisa foi, o tempo inteiro, refletir acerca de uma questão que me incomoda desde a graduação: se em uma educação antirracista os professores precisam levar a cabo a (re)educação das relações étnico-raciais, numa sociedade estruturalmente racista, quem é que reeduca os professores? Diante desse questionamento, é muito fácil cair num ciclo vicioso de desresponsabilização. O trabalho precisa ser feito, e ele precisa começar de algum lugar.

Até chegar à sala de aula da formação de professores de História, percorri um longo caminho. Para o leitor, que tem em mãos uma obra oriunda de um trabalho inteiro, organizado nessa narrativa que busca responder a certos objetivos, é importante lembrar que este trabalho é também fruto de um amadurecimento profundo enquanto pesquisadora.

A própria forma da escrita é uma evidência de como esse processo foi formativo para mim. À medida que passam os capítulos, é possível perceber que meu texto tenta se distanciar mais e mais daqueles quadradinhos herméticos da produção da ciência tradicional. Não iniciei esse trabalho com o propósito de fazer minha experiência parte dele; no entanto, o próprio campo demandou de mim a transformação de algumas percepções. No meio do processo, fui afetada, me entendi parte e percebi que as experiências vividas podem ser entendidas como critério de credibilidade para a produção do conhecimento.

O que eu já sabia, desde o mestrado, é que o movimento negro é um educador, conforme afirma Nilma Lino Gomes. Tendo esse potencial educador do movimento negro como premissa, me debrucei para compreender o caminho pelo qual se desencadeia o processo de reeducação. Iniciei esse percurso com aqueles sujeitos que, engajados na luta armada de libertação de suas nações, produziam também teoria que subsidiava a luta. Tornou-se evidente que, para esses sujeitos, como Amílcar Cabral e Frantz Fanon, entre outros, a cultura era um ponto estratégico para afetar sujeitos para o combate. A partir da ideia de que a luta não é apenas um fato cultural, mas também um fator de cultura, apresentada por Cabral, assumi que a luta empreendida pelo movimento negro brasileiro, a partir dos mais diversos contextos, também produz uma cultura: a cultura de luta antirracista.

Uma vez estabelecida a importância da cultura de luta antirracista para a afetação de sujeitos e produção de novos imaginários, me dediquei a compreender – a partir da análise de dados produzidos através do formulário Movimento Negro na Atualidade e das entrevistas de história oral realizadas nas cinco regiões brasileiras – algumas características específicas da cultura de luta antirracista produzida pelo movimento negro no século 21. Entre essas características, as que mais se destacaram foram as seguintes: a descentralização das organizações de movimento negro, que passam a se articular em uma perspectiva de rede, que conecta agências e grupos, que colaboram entre si, a partir de suas especificidades, promovendo "infiltração antirracista" e afetação nas mais diversas frentes que um sujeito possa ocupar. Outra característica importante é a inter-relação entre a aceleração das tecnologias de comunicação e as várias novas possibilidades de produção de luta e de circulação de cultura de luta antirracista. Por fim, a última característica sobre a qual me debruço é o flagrante protagonismo das mulheres negras dentro do movimento negro. Esse protagonismo faz com que a cultura de luta antirracista que circula no século 21 seja impregnada pelos códigos produzidos pela luta das mulheres negras. A partir de todas essas características é que a cultura de luta antirracista vai circulando na sociedade e afetando sujeitos em diferentes dimensões.

No terceiro e último capítulo, me debruço mais especificamente na licenciatura em História da UFRJ. Nesse capítulo, adotando a perspectiva de William Pinar, que considera o currículo não de maneira prescritiva, como uma lista de conteúdos, mas enquanto o correr do curso, é possível perceber o emaranhado de conversas complicadas que se entrelaçam na produção do programa da disciplina Relações Étnico-raciais e Direitos Humanos e põem em contato a colonialidade existente na estrutura da universidade, a cultura de luta antirracista e os sujeitos que se formaram enquanto professores de História naquela mesma universidade, mas em tempos distintos.

Todo esse esforço de pesquisa dialoga com aquele momento da terceira década do século 21, anunciado pela professora Monica Lima para as universidades e, principalmente, no que tange à questão de pesquisa que me trouxe até aqui. É o momento de enxergar a potência da cultura de luta antirracista na formação dos professores de História, já que apenas um Ensino de História Forjado na Luta é capaz de fazer frente aos ranços coloniais que ainda habitam nossas escolas e universidades.

Aqui, encontramo-nos com Amílcar Cabral novamente. Encontramos Amílcar na inspiração do título deste livro em um de seus discursos publicados em 1974: *Guiné-Bissau: nação africana forjada na luta*; e o encontramos também numa dessas cenas históricas que poderiam ser confundidas com uma coincidência, já que nos inspiramos na luta que Cabral e o PAIGC empreendiam contra o colonialismo português para empreender nossa própria luta contra a colonialidade ainda presente nos currículos. A luta de Cabral pode ser compreendida no seguinte trecho do autor, nesse mesmo discurso mencionado acima: "Se a queda do fascismo em Portugal poderia não conduzir ao fim do colonialismo português [...] estamos seguros de que a liquidação do colonialismo português arrastará a destruição do fascismo em Portugal". Já a nossa luta pretende arrastar para a lama não apenas o título de *doutor honoris causa* de Salazar, mas toda uma forma eurocêntrica de produzir conhecimento e formar para uma educação colonizadora, que ainda mantém esse título de pé.

Entretanto, nosso principal encontro com Cabral, com a cultura de luta antirracista e com o ensino de História está na sua relação com o tempo. Pensamos, aqui, a partir da convergência entre passado, presente e futuro, em que a relação entre eles deixa de se estabelecer a partir da causalidade necessária, que caminha num sentido de progresso, para considerar a expansão do momento presente a partir de quando as temporalidades e o inventário de experiências que as compõem podem ser mobilizados. Essa relação com o tempo, reiterada repetidamente durante este trabalho, reafirma um compromisso de ação política na formação de professores de História, mas também na própria ação da docência que se propõe a afetar.

> Consequentemente, tomamos (SÜSSEKIND; LONTRA, 2016) os currículos como conversas complicadas que se desdobram em uma profusão de narrativas que podem ser "interpretadas sob a ideia de travessias curriculares, políticas, epistemológicas e metodológicas de formação e autoformação de professores" (p. 87) sempre como travessias únicas, inéditas e humanas. (SÜSSEKIND, 2019, p.105)

É o que transparece quando se busca a produção de um caminho que, em vez de dispor fatos históricos no varal do tempo, intenciona produzir experiências de expandir o presente, instando as agências docentes para produzir um futuro que seja utópico para a população negra. Essa travessia é o que enxerguei em Amilcar, formado pela UFRJ nos anos 1990, mas reeducado pelo movimento negro; a encontrei em mim mesma, no contato com a cultura de luta antirracista que me formou, ao adentrar a universidade; e é o que se buscou estabelecer nessa primeira experiência com a disciplina de Relações Étnico-raciais e Direitos Humanos, que, em 2020, passou a ser parte obrigatória da formação de todo professor de História que sai da UFRJ. É assim que gostaria também de encerrar este trabalho, reafirmando que, apesar das duras batalhas da atualidade, a cultura de luta antirracista não retrocede. Ela segue infiltrando-se na sociedade, expandindo o presente e alcançando corações e mentes, também, e cada vez mais, dos professores de História.

REFERÊNCIAS

AFROLATINAS. *Festival Latinidades*. Disponível em: http://afrolatinas.com.br/sobre-o-festival/. Acesso em: 31 out. 2022.

AFROLATINAS. *Utopias negras — Se puder, sonhe!* Jacqueline Fernandes (org.), 9 de jun. 2020. Disponível em: https://afrolatinas.com.br/utopias-negras-se-puder-sonhe/. Acesso em 14 mai. 2021.

AGOSTINHO Neto. *Portal Geledés*, São Paulo, 10 mai. 2009. Disponível em: https://www.geledes.org.br/agostinho-neto. Acesso em: 3 nov. 2022.

AKOMFRAH, John. *The Last Angel of History*. London: Black Audio Film Collective, C4/ZDF, 1996.

ALBERTI, Verena. *Ouvir contar*: textos em história oral. Rio de Janeiro: FGV, 2004.

ALBERTI, Verena; PEREIRA, Amilcar A. (org.). *Histórias do movimento negro no Brasil*: depoimentos ao CPDOC. Rio de Janeiro: Pallas/CPDOC-FGV, 2007.

ALBUQUERQUE JÚNIOR, Durval Muniz. Regimes de historicidade: como se alimentar de narrativas temporais através do ensino de História. *In*: GABRIEL, Carmen T.; MONTEIRO, Ana M.; MARTINS, Marcus L. B. (org.). *Narrativas do Rio de Janeiro nas aulas de história*. Rio de Janeiro: Mauad X, 2016.

ALMEIDA, Silvio Luiz de. *Racismo estrutural*. São Paulo: Pólen, 2019.

ALVES, Ana Rosa. A praça pública-[...]. *O Globo*, Mundo, 14 jun. 2020. Disponível em: https://oglobo.globo.com/mundo/a-praca-publica-nao-lugar-para-exaltar-figuras-que-causaram-tanta-dor-diz-historiador-24477825. Acesso em: 8 nov. 2020.

BHABHA, Homi K. *O local da cultura*. Tradução: Myriam Avila, Eliane L. Reis, Glauce Gonçalves. Belo Horizonte: Ed. UFMG, 1998.

BRASIL. *Decreto-Lei n.º 3.481, de 9 de agosto de 1941*. Autoriza o Ministro de Estado de Educação e Saude a conceder ao Senhor Antônio de Oliveira Salazar [...]. Disponível em: https://www2.camara.leg.br/legin/fed/declei/1940-1949/decreto-lei-3481-9-agosto-1941-413470-publicacaooriginal-1-pe.html. Acesso em: 15 out. 2022.

BRASIL. *Lei n. 10.639, de 9 de janeiro de 2003*. Altera a Lei n. 9.394, [...] obrigatoriedade da temática "História e Cultura Afro-brasileira", e dá outras providências. Disponível em: http://www.planalto.gov.br/ccivil_03/leis/2003/l10.639.htm. Acesso em: 15 out. 2022.

BRASIL. *Parecer CNE/CP 3/2004*: Diretrizes Curriculares Nacionais para a educação das relações étnico-raciais e para o ensino de história e cultura afro-brasileira e africana. Disponível em: https://normativasconselhos.mec.gov.br/normativa/view/CNE_003.pdf. Acesso em: 15 out. 2022.

BRAUNS, Ennio; SANTOS, Gevanilda; OLIVEIRA, José Adão de (org.). *Movimento Negro Unificado:* a resistência nas ruas. São Paulo: SESC/Fundação Perseu Abramo, 2020.

BRUM, Maurício. Como a Bélgica decepou mãos, braços e matou mais de 15 milhões na África. *Gazeta do Povo* (online), 7 fev. 2019. Disponível em: https://www.gazetadopovo.com.br/ideias/como-a-belgica-decepou-maos-bracose-matou-mais-de-15-milhoes-na-africa-1s4q005faaje073ntfm4syd0b/. Acesso em: 3 nov. 2022.

CABRAL, Amílcar. A cultura nacional. *In*: COMITINI, Carlos (coord.). *Amílcar Cabral*: a arma da teoria. Rio de Janeiro: Codecri, 1980. p. 53-92.

CABRAL, Amílcar. *Guiné-Bissau*: nação africana forjada na luta. Lisboa: Nova Aurora, 1974a.

CABRAL, Amílcar. *PAIGC*: unidade e luta. Lisboa: Nova Aurora, 1974b.

CÂMARA DOS DEPUTADOS. *Annaes da Câmara dos Deputados*, Sessão de 27 de dez. 1923, p. 383 e 384.

CARNEIRO, Sueli. Mulheres em movimento. *Estudos Avançados*, v. 17, n. 49, p. 117-133, 2003.

CARVALHO, José Murilo de. Entrevista cedida a Tatiana Roque: Os 100 anos da UFRJ; A fala do rei sobre a Universidade; e Epitácio Pessoa. *UFRJ faz 100 anos — 1920-2020*. Fórum de Ciência e Cultura da UFRJ; Universidade Federal do Rio de Janeiro, 2020. Disponível em: https://100anos.ufrj.br/ufrj_tl_video/os-100-anos-da-ufrj/. Acesso em: 10 nov. 2022.

CARVALHO, Luiz Henrique de. *Mudanças no currículo da Licenciatura em História da UFRJ*: disputas na formação de professores de História. Dissertação (Mestrado em Educação). Rio de Janeiro: Faculdade de Educação, Universidade Federal do Rio de Janeiro, 2021.

CÉSAIRE, Aimé. *Discurso sobre o colonialismo*. Tradução: Claudio Willer. São Paulo: Veneta, 2020.

COALIZÃO NEGRA POR DIREITOS. *Carta proposta da Coalizão Negra por Direitos*. Disponível em: https://coalizaonegrapordireitos.org.br/sobre/. Acesso em: 12 nov. 2022.

COLLINS, Patricia Hill. *Pensamento feminista negro:* conhecimento, consciência e a política do empoderamento. Tradução: Jamille Pinheiro Dias. São Paulo: Boitempo, 2019.

CONSUNI. Títulos Honoríficos concedidos, *Conselho Universitário*, Universidade Federal do Rio de Janeiro. Disponível em: https://consuni.ufrj.br/index.php/titulos. Acesso em: 3 jun. 2022.

CUIDEMOS da educação dos nossos filhos. *O Clarim da Alvorada*, n. 18, 24 jan. 1926.

CUNHA, Luiz Antonio. Entrevista cedida: UFRJ e a cidade; Contexto fascista da UB. *UFRJ faz 100 anos — 1920-2020*. Fórum de Ciência e Cultura da UFRJ; Universidade Federal do Rio de Janeiro, 2020. Disponível em: https://100anos.ufrj.br/ufrj_tl_video/100-anos-da-ufrj-entrevista-com-luiz-antonio-cunha/. Acesso em 03 nov. 2022.

DAVIDSON, Basil. Prefácio. *In*: NETO, Agostinho. *Sagrada esperança*. São Paulo: Ática, 1985.

DÁVILA, Jerry W. *Diploma de brancura:* política social e racial no Brasil – 1917-1945. Tradução: Cláudia Sant'Ana Martins. São Paulo: Ed. UNESP, 2006.

DERY, Mark. Black to the Future: Interviews with Samuel R. Delany, Greg Tate and Tricia Rose. *In*: DERY, Mark (ed.). *Flame Wars: the Discourse of Cyberculture*. Durham: Duke University Press, 1994.

DU BOIS, W. E. B. *As almas do povo negro*. Tradução: Alexandre Boide. São Paulo: Veneta, 2021.

DU BOIS, W. E. B. *Darkwater:* Voices from within the Veil. New York: Harcourt, Brace and Company, 1920.

DW. Rei da Bélgica lamenta passado colonial do país no Congo. Deutsche Welle (online). 30 jun. 2020. Disponível em: https://www.dw.com/pt-br/rei-da-belgica-lamenta-passado-colonial-do-pais-no-congo/a-53995929. Acesso em: 3 nov. 2022.

EMICIDA. Entrevista concedida a Flávia Oliveira e Isabela Oliveira. *Angu de Grilo*, podcast, n. 100, ago. 2021. Disponível em: https://open.spotify.

com/episode/4f7tmX5Ccc4CTHGdje3Wue?si=jDxZoCFmTd6YEhvc2wk-LQ&utm_source=copy-link. Acesso em: 7 nov. 2022.

ESHUN, Kodwo. Mais considerações sobre o afrofuturismo. *In*: FREITAS, Kênia (org.). Mostra de cinema *Afrofuturismo: cinema e música em uma diáspora intergaláctica*, São Paulo, 19 nov.-2 dez. 2015. *Catálogo...* Tradução: André Duchiade. São Paulo: Caixa Cultural, 2015. Disponível em: https://issuu.com/tj70/docs/afrofuturismo_catalogo. Acesso em: 17 out. 2022.

EVARISTO, Conceição. Narrativas de (re)existência. *In*: PEREIRA, Amilcar Araujo (org.). *Narrativas de (re)existência:* antirracismo, história e educação. Campinas: Ed. UNICAMP, 2021. p. 23-48.

FANON, Frantz. *Os condenados da terra*. Tradução: José Laurênio de Melo. 2. ed. Rio de Janeiro: Civilização Brasileira, 1979.

FANON, Frantz. *Pele negra, máscaras brancas*. Tradução: Renato da Silveira. Salvador: EDUFBA, 2008.

FANON, Frantz. *Por uma revolução africana:* textos políticos. Tradução: Carlos Alberto Medeiros. Rio de Janeiro: Zahar, 2021.

FAUSTINO, Deivison. Prefácio. In: FANON, Frantz. *Por uma revolução africana*: textos políticos. Tradução: Carlos Alberto Medeiros. Rio de Janeiro: Zahar, 2021, p. 10.

FERREIRA, Higor Figueira. *A construção do currículo em uma experiência escolar para meninos pretos e pardos na Corte em meados do século XIX*. Dissertação (Mestrado em Educação) – Programa de Pós-graduação em Educação, Universidade Federal do Rio de Janeiro, Rio de Janeiro, 2013.

FERREIRA, Marieta de Moraes. Entrevista cedida: Embates políticos; Fechamento da UDF e criação da Universidade do Brasil; e A nova FNFi. *UFRJ faz 100 anos — 1920-2020*. Fórum de Ciência e Cultura da UFRJ; Universidade Federal do Rio de Janeiro, 2020. Disponível em: https://100anos.ufrj.br/ufrj_tl_video/100-anos-da-ufrj-entrevista-com-marieta-de-moraes-ferreira/. Acesso em: 10 nov. 2022.

FESTIVAL Latinidades lança campanha de financiamento coletivo para edição de 2017. *Portal Geledés*, São Paulo, 5 jun. 2017. Disponível em: https://www.geledes.org.br/festival-latinidades-lanca-campanha-de-financiamento-coletivo-para-edicao-de-2017/. Acesso em: 3 nov. 2022.

FLEUR, Rafaela. Lacração [...]. *Correio*, Salvador, 13 nov. 2017. Disponível em: https://www.correio24horas.com.br/noticia/nid/lacracao-empoderamento-e-luta-conheca-a-geracao-tombamento/. Acesso em: 31 out. 2022.

FRANCE PRESSE. Após morte [...]. *G1*, 7 jun. 2020. Disponível em: https://g1.globo.com/mundo/noticia/2020/06/07/apos-morte-de-george-floyd-onda-de-manifestacoes-contra-racismo-chega-a-espanha-e-a-italia.ghtml. Acesso em 8 nov. 2022.

FREITAS, Kênia; MESSIAS, José. O futuro será negro ou não será: afrofuturismo versus afropessimismo – as distopias do presente. *Imagofagia*, n. 17, p. 402-424, 2018.

FRENTE Negra Brasileira: a história de uma luta. Produção e direção: Yedo Ferreira e Amauri Mendes Pereira. São Paulo: CULTNE/Enugbarijô Comunicações, 1985-1986. 1 vídeo.

GABRIEL, Carmen T.; MONTEIRO, Ana.; MARTINS, Marcus L. B. (org.). *Narrativas do Rio de Janeiro nas aulas de história*. Rio de Janeiro: Mauad X, 2016.

GALARRAGA C., Naiara. Emicida [...]. *El País Brasil*, 12 dez. 2020. Disponível em: https://racismoambiental.net.br/2020/12/12/emicida-nossos-livros-de-historia-sao-os-discos/. Acesso em: 7 nov. 2022.

GELEDÉS Instituto da Mulher Negra, Rede de Historiadores Negros, Acervo Cultne. 1960-1970: Grupo Palmares [...], *Nossas histórias: vidas, lutas e saberes da gente negra*, 2021 [parte da exposição virtual]. Disponível em: https://artsandculture.google.com/story/BgXRJakjmcizKA?hl=pt-BR. Acesso em: 10 nov. 2022.

GILROY, Paul. *O Atlântico negro*. Tradução: Cid Knipel Moreira. Rio de Janeiro: UCAM; São Paulo: Editora 34, 2001.

GOMES, Nilma Lino. Movimento negro e educação: ressignificando e politizando a raça. *Educação e Sociedade*, Campinas, v. 33, n. 120, p. 727-744, jul.-set. 2012.

GOMES, Nilma Lino. *O movimento negro educador:* saberes construídos nas lutas por emancipação. Petrópolis: Vozes, 2017.

GONÇALVES, Afonso; PEREIRA, Amilcar A.; GONÇALVES, Douglas; PHILOMENA, Odara Dias. Contra o racismo, por uma nova história: raça e luta política no Brasil. *In*: PEREIRA, Amilcar A.; CRESPO, Fernanda

N.; SILVA, Jessika R. S. da; LIMA, Thayara C. S. de (org.). *História oral e educação antirracista:* narrativas, estratégias e potencialidades. Rio de Janeiro: Letra e Voz, 2021.

GONZALEZ, Lélia. A categoria político-cultural de amefricanidade. In: *Tempo Brasileiro*. Rio de Janeiro, n°. 92/93 (jan./jun.). 1988, p. 69-82.

GONZALEZ, Lélia. O Movimento Negro Unificado: um novo estágio na mobilização política negra. *In*: GONZALEZ, Lélia. *Por um feminismo afro-latino-americano:* ensaios, intervenções e diálogos. Organização: Flávia Rios, Márcia Lima. Rio de Janeiro: Zahar, 2020.

GONZALEZ, Lélia; HASENBALG, Carlos. *Lugar de negro*. Rio de Janeiro: Marco Zero, 1982.

HALL, Stuart. A centralidade da cultura: notas sobre as revoluções culturais do nosso tempo. Tradução: Ricardo Uebel, Maria I. Bujes e Marisa V. Costa. *Educação & Realidade*, Porto Alegre, v. 22, n. 2, p. 15-46, jul.-dez. 1997.

HALL, Stuart. *Identidade cultural na pós modernidade*. Tradução: Tomaz Tadeu da Silva, Guaracira Lopes Louro. 11. ed. Rio de Janeiro: DP&A, 2006.

HALL, Stuart. Que "negro" é esse na cultura negra? *In*: HALL, Stuart. *Da diáspora:* identidades e mediações culturais. Tradução: Adelaine La Guardia Resende *et al.* Belo Horizonte: Ed. UFMG; Brasília: Representação da UNESCO no Brasil, 2003. p. 335-349.

HAMPTON, Henry; FAYER, Steve. *Voices of Freedom:* An Oral History of the Civil Rights Movement from the 1950s through the 1980s. New York: Bantam, 1991.

HOOKS, bell. *Ensinando a transgredir:* a educação como prática da liberdade. Tradução: Marcelo Brandão Cipolla. São Paulo: Martins Fontes, 2013.

HOOKS, bell. Intelectuais negras. Tradução: Marcos Santarrita. *Revista Estudos Feministas*, Florianópolis, v. 3, n. 2, p. 464-478, 1995.

ILÊ Aiyê. *In*: ENCICLOPÉDIA *Itaú Cultural de Arte e Cultura Brasileira*. São Paulo: Itaú Cultural, 2022. Disponível em: http://enciclopedia.itaucultural.org.br/grupo636197/ile-aiye. Acesso em: 31 out. 2022.

IMARISHA, Walidah. Reescrevendo o futuro: usando ficção científica para rever a justiça. Tradução: Jota Mombaça. *Revista Ponto Virgulina*, n. 1, p. 254-263, 2020.

IMARISHA, Walidah; BROWN, Adriene M. (ed.). *Octavia's brood:* Science Fiction Stories from Social Justice Movements. Oakland: AK Press, 2015.

IPCN. *Campanha de restauração da sede do IPCN!* Disponível em: http://institutodepesquisadasculturasnegras.blogspot.com/2011/03/eleicoes-no-ipcn.html. Acesso em: 7 nov. 2022.

KABRAL, Fábio. Afrofuturismo: ensaio sobre narrativas, definições, mitologia e heroísmo. *In*: LIMA, Emanuel F. *et al.* (org.). *Ensaios sobre racismos*. São José do Rio Preto: Balão, 2019.

KILOMBA, Grada. *Memórias da plantação:* episódios de racismo cotidiano. Tradução: Jess Oliveira. Rio de Janeiro: Cobogó, 2019.

LEAL, Gilberto Roque Nunes. Entrevista cedida a Amilcar Araujo Pereira e Verena Alberti. Rio de Janeiro, CPDOC/Fundação Getúlio Vargas (FGV), p. 34, 16 set. 2006. Disponível em: https://www18.fgv.br/CPDOC/acervo/historia-oral/entrevista-biografica/gilberto-roque-nunes-leal. Acesso em: 10 nov. 2022.

LEMOS, André. Cibercultura: alguns pontos para compreender nossa época. *In*: LEMOS, André; CUNHA, Paulo (org.). *Olhares sobre a cibercultura*. Porto Alegre: Sulina, 2003. p. 11-23.

LEMOS, André. Os sentidos da tecnologia: cibercultura e ciberdemocracia. *In*: LEMOS, André; LÉVY, Pierre. *O futuro da internet:* em direção a uma ciberdemocracia planetária. São Paulo: Paulus, 2010. p. 21-31.

LIMA, Monica. Entrevista cedida: Força de ação ativa; Nova redemocratização na UFRJ. *UFRJ faz 100 anos — 1920-2020*. Fórum de Ciência e Cultura da UFRJ; Universidade Federal do Rio de Janeiro, 2020. Disponível em: https://100anos.ufrj.br/ufrj_tl_video/entrevista-com-monica-lima/. Acesso em 03 nov. 2022.

MARCHA Zumbi dos Palmares – 1995. *Portal Geledés*, São Paulo, 18 set. 2016. Disponível em: https://www.geledes.org.br/marcha-zumbi-dos-palmares-1995. Acesso em: 24 out. 2022.

MARTINS, Ingrid Fabiane Gonçalves; OLIVEIRA, Jessica Mariane Gonçalves de; MOURA, Thaís de Souza. A voz que tentam calar: relatos de um grupo de estudos. *IX Jornada Internacional de Políticas Públicas*, UNAMA, MA, 2019. Disponível em: http://www.joinpp.ufma.br/jornadas/joinpp2019/

images/trabalhos/trabalho_submissaoId_910_9105cc a2dc48c36d.pdf. Acesso em: 04 jun, 2022.

MBEMBE, Achille. *Crítica da razão negra*. Tradução: Sebastião Nascimento. São Paulo: n-1 Edições, 2018.

MILTON, Barbosa. *Memorial da Resistência de São Paulo*, [s. d.]. Disponível em: http://memorialdaresistenciasp.org.br/pessoas/milton-barbosa/. Acesso em: 7 nov. 2022.

MIZRAHI, Mylene. As políticas dos cabelos negros, entre mulheres: estética, relacionalidade e dissidência no Rio de Janeiro. *Mana*, Rio de Janeiro, v. 25, n. 2, p. 457-488, 2019.

MONDLANE, Eduardo. *Lutar por Moçambique*. Tradução: Maria da Graça Forjaz. Lisboa: Sá da Costa, 1976.

MONTEIRO, Ana Maria. *Ensino de história:* entre saberes e práticas. Tese (Doutorado em Educação) – Programa de Pós-graduação em Educação, Pontifícia Universidade Católica do Rio de Janeiro, Rio de Janeiro, 2009.

MOVIMENTO NEGRO UNIFICADO. *Carta de princípios*, 1978. Disponível em: https://mnu.org.br/wp-content/uploads/2020/07/CARTA-DE-PRINCÍPIO-MNU-1.pdf. Acesso em: 2 nov. 2022.

NASCIMENTO, Tatiana. ("I Can't Breath"). *Palavra, Preta!*, 29 mai. 2020. Disponível em: https://palavrapreta.wordpress.com/2020/05/29/i-cant-breath/. Acesso em: 8 nov. 2022.

NASCIMENTO, Tatiana. *Lundu*. 2. ed. Brasília: Padê, 2017.

NELSON, Alondra. Introduction: Future Texts. *Social Text*, Durham, v. 20, n. 2, p. 1-15, 2002.

NETO, Agostinho. *Sagrada esperança*. São Paulo: Ática, 1985.

NEUMANN, Adriana et al. Produtividade acadêmica durante a pandemia: efeitos de gênero, raça e parentalidade. *Parent in Science*, 2020. Disponível em: https://www.parentinscience.com/_files/ugd/0b341b_81cd8390d0f94bfd8fcd17ee6f29bc0e.pdf?index=true. Acesso 4 de jun. 2022.

NOSSAS histórias. *Portal Geledés*, São Paulo, 2022. Disponível em: https://www.geledes. org.br/artigos-exclusivos/nossas-historias/. Acesso em: 10 nov. 2022.

NUNES, Caroline; ROSÁRIO, Fernanda. Reparação histórica [...]. *Alma Preta*, 24 nov. 2021. Disponível em: https://almapreta.com.br/sessao/cotidiano/reparacao-historica-historiadores-negros-fazem-ocupacao-na-imprensa-nacional. Acesso em: 10 nov. 2022.

NWA Podcasts. *Não serei interrompida* [episódio piloto]: "Mulheres negras reeducando a sociedade". Fernanda Crespo, Thayara de Lima e Leandro Duarte, abr. 2020. Disponível em: https://open.spotify.com/episode/2OA77LDtYt7LOWqOQ8Q5y5?si=ygs_bdA7SbGvzJ9cjWXdYA. Acesso em: 10 nov. 2022.

OLIVEIRA, Antonio José Barbosa de. Entrevista: Por que a criação em 1920? *UFRJ faz 100 anos — 1920-2020*. Fórum de Ciência e Cultura da UFRJ; Universidade Federal do Rio de Janeiro, 2020. Disponível em: https://100anos.ufrj.br/ufrj_tl_video/100-anos-da-ufrj-entrevista-com-antonio-jose-barbosa-de-oliveira/. Acesso em: 10 nov. 2022.

PEREIRA, Amilcar Araujo. Black Lives Matter nos currículos? Imprensa negra e antirracismo em perspectiva transnacional. *Cadernos de Pesquisa*, São Paulo, v. 49, n. 172, p.122-143, abr./jun., 2019.

PEREIRA, Amilcar Araujo. "Por uma autêntica democracia racial!": os movimentos negros nas escolas e nos currículos de história. *Revista História Hoje*, v. 1, p. 111-128, 2012.

PEREIRA, Amilcar Araujo. *O mundo negro:* relações raciais e a constituição do movimento negro contemporâneo no Brasil. Rio de Janeiro: Pallas; Faperj, 2013.

PEREIRA, Amilcar Araujo; LIMA, Thayara Cristine Silva de. Performance e estética nas lutas do movimento negro brasileiro para reeducar a sociedade. *Revista Brasileira de Estudos da Presença*, Porto Alegre, v. 9, n. 4, 2019. Disponível em: https://doi.org/10.1590/2237-266091021. Acesso em: 6 de nov. 2022.

PEREIRA, Amilcar Araujo; MAIA, Jorge Lucas; LIMA, Thayara Cristine Silva de. Os "rolês" do movimento negro brasileiro na atualidade, nas "pegadas" da educação. *Revista do Instituto de Estudos Brasileiros*, São Paulo, n. 75, p. 162-183, abr. 2020. Disponível em: https://doi.org/10.11606/issn.2316-901X.v0i75p162-183. Acesso em: 6 de nov. 2022.

PEREIRA, Amilcar Araujo; OLIVEIRA, Julio Cesar Correia de; LIMA, Thayara Cristine Silva de (org.). *Memórias do baobá:* raízes e sementes na luta por equidade racial no Brasil. Rio de Janeiro: Kitabu, 2015.

PEREIRA, Amilcar Araujo; VITTORIA, Paolo. A luta pela descolonização e as experiências de alfabetização na Guiné-Bissau: Amílcar Cabral e Paulo Freire. *Estudos Históricos*, Rio Janeiro, v. 25, n. 50, p. 291-311, jul.-dez. 2012. Disponível em: https://periodicos.fgv.br/reh/article/view/4033/6576. Acesso em: 7 nov. 2022.

PINAR, William. Currículo: uma introdução. *In*: PINAR, William. *Estudos curriculares:* ensaios selecionados. Organização: Alice C. Lopes, Elizabeth Macedo. Rio de Janeiro: Cortez, 2015. p. 224.

PINTO, Júlio R. de Souza; MIGNOLO, Walter D. A modernidade é de fato universal? Reemergência, desocidentalização e opção decolonial. *Civitas*, Porto Alegre, v. 15, n. 3, p. 381-402, jul.-set. 2015.

PORTO EDITORA. Mass media. *Infopédia*, verbete [*s. d.*]. Disponível em: https://www.infopedia.pt/$mass-media. Acesso em: 7 nov. 2022.

RIBEIRO, Flávia A. C. Parem [...]. *Jornalistas Livres*, 7 jun. 2017. Disponível em: https://jornalistaslivres.org/chacina-parem-de-nos-matar. Acesso em: 10 nov. 2022.

SANCHES, Isilda. Sun Ra [...]. *Máquina de escrever*, 29 jun. 2015. Disponível em: https://maquinadeescrever.org/2015/06/29/sun-ra-jazz-extraterrestres-e-afrofuturismo/. Acesso em: 3 nov. 2022.

SANTOS, Nadja Paraense dos. Entrevista cedida: Vargas e o projeto de Universidade. *UFRJ faz 100 anos — 1920-2020*. Fórum de Ciência e Cultura da UFRJ; Universidade Federal do Rio de Janeiro, 2020. Disponível em: https://100anos.ufrj.br/ufrj_tl_video/100-anos-da-ufrj-nadja-paraense-dos-santos/. Acesso em: 10 nov. 2022.

SAUSSURE, Ferdinand de. *Escritos de linguística geral*. Tradução: Carlos A. L. Salum e Ana Lúcia Franco. Org./ed.: Simon Bouquet e Rudolf Engler. São Paulo: Cultrix, 2002.

SILVA, Adriana M. P. da. *Aprender com perfeição e sem coação:* uma escola para meninos pretos e pardos na corte. Brasília: Plano, 2000.

SIMAS, Luiz Antonio; RUFINO, Luiz. *Flecha no tempo*. Rio de Janeiro: Mórula, 2019.

SODRÉ, Muniz. *Pensar nagô*. Petrópolis: Vozes, 2017.

SOIHET, Rachel; BICALHO, Maria F. B.; GOUVÊA, Maria de F. S. (org.). *Culturas políticas:* ensaios de história política e ensino de história. Rio de Janeiro: Mauad, 2005.

SOUZA, Waldson G. *Afrofuturismo:* o futuro ancestral na literatura brasileira conteporânea. Tese (Doutorado em Literatura) – Instituto de Letras, Universidade de Brasília, Brasília, 2019.

SÜSSEKIND, Maria Luiza. Quem conversa, conversa com. *In*: OLIVEIRA, Inês B. de; PEIXOTO, Leonardo F.; SÜSSEKIND, Maria L. (org.). *Estudos do cotidiano, currículo e formação docente:* questões metodológicas, políticas e epistemológicas. Curitiba: CRV, 2019. p. 99-112.

UFRJ. Todos os vídeos: entrevistas e depoimentos [...]. *UFRJ faz 100 anos — 1920-2020*. Fórum de Ciência e Cultura da UFRJ; Universidade Federal do Rio de Janeiro, 2020. Disponível em: https://100anos.ufrj.br/linha-do-tempo/. Acesso em: 3 nov. 2022.

WATKINS, William H. Blacks and the Curriculum: from Accommodation to Contestation and Beyond. *In*: WATKINS, William H; LEWIS, James H.; CHOU, Victoria (ed.). *Race and Education*: the Roles of History and Society in Educating African American Students. Boston: Allyn & Bacon, 2000.

WOMACK, Ytasha. Cadete espacial. *In*: FREITAS, Kênia (org.). Mostra de cinema *Afrofuturismo: cinema e música em uma diáspora intergaláctica*, São Paulo, 19 nov.-2 dez. 2015. *Catálogo...* Tradução: André Duchiade. São Paulo: Caixa Cultural, 2015. Disponível em: https://issuu.com/tj70/docs/afrofuturismo_catalogo. Acesso em: 17 out. 2022.

YASZEK, Lisa. Race in science fiction: the case of afrofuturism. *In*: SCHMEINK, Lars (ed.). *A Virtual Introduction to Science Fiction*. Hamburg: University of Hamburg, 2012. Disponível em: http://virtual-sf.com/. Acesso em: 18 out. 2022.

ANEXOS

ANEXO 1 – PROGRAMA DA DISCIPLINA RELAÇÕES ÉTNICO-RACIAIS E DIREITOS HUMANOS (VERSÃO FINAL)

Universidade Federal do Rio de Janeiro
Centro de Filosofia e Ciências Humanas, Faculdade de Educação
Curso: Licenciatura em História
Disciplina: Relações Étnico-raciais e Direitos Humanos (PLE 2020)
Professor: Dr. Amilcar Araujo Pereira
Estagiária docente: Me. Thayara Cristine Silva de Lima

EMENTA

História das teorias raciais no "mundo atlântico" a partir do século 16. Relações étnico-raciais no Brasil. As lutas anticolonialistas e antirracistas na Educação: principais perspectivas teórico-metodológicas. História dos Direitos Humanos. Educação e Direitos Humanos. Estudos sobre diferença e diversidade na área educacional. Perspectivas decoloniais e interculturais no ensino de História. Legislação que trata das relações étnico-raciais e dos direitos humanos na Educação. Curso em tempos de ensino remoto.

Devido ao contexto de pandemia de covid-19, entendemos que encontros com 4 horas-aula de aula expositiva seriam inviáveis. Portanto, pensamos, para esse curso, uma dinâmica que permitisse uma experiência proveitosa, mesmo diante das contingências. Nossas aulas expositivas síncronas terão duração entre 1h30 e 2 horas-aula, via aplicativo de videoconferência. O restante da carga horária será preenchido com atividades complementares à discussão realizada nos encontros síncronos. Essas atividades foram elaboradas com o intuito de: 1) incentivar o debate qualificado de intelectuais na esfera pública; e 2) proporcionar uma experiência de vivência em sala de aula, que dialogue com esse novo tempo em que as mídias digitais ganham centralidade na circulação do conhecimento.

ATIVIDADES COMPLEMENTARES

Modelo de atividade 1:
Atividade individual – Elaborar articulação entre as leituras e as mídias digitais sugeridas a cada aula, produzindo, como resultado, um texto (meme, palavra-imagem, podcast etc.) que vise afetar seu público do Instagram e/ou Facebook (caso prefira outra mídia, fazer consulta prévia). Os conteúdos, devidamente referenciados em relação a autoria, deverão ser postados a partir das páginas de Instagram e Facebook do GEPEAR/UFRJ – Grupo de Estudos e Pesquisas em Educação Antirracista. Thayara C. Silva de Lima (mestre e doutoranda em Educação no PPGE-UFRJ, realizando estágio docente na disciplina) ficará responsável por reunir as postagens, referenciar a autoria de cada uma e publicá-las nas páginas do GEPEAR nas redes sociais. Quem preferir poderá elaborar um material de 1 página, visando afetar alunos dos Ensinos Fundamental e Médio (favor indicar a faixa etária e o ano escolar do público-alvo do material).

Modelo de atividade 2:
Atividade em grupo – A turma será dividida em 5 grupos de trabalho (que existirão no WhatsApp – e funcionarão como uma extensão da nossa sala de aula virtual). O texto indicado deverá ser articulado ao episódio do podcast e ao contexto educacional do século 21. Nessa aula, cada grupo terá 10 minutos para apresentar suas reflexões na sala virtual durante o encontro síncrono.

Modelo de atividade 3:
Atividade em grupo – Cada grupo de alunos apresentará uma atividade de ensino de História baseada em uma das biografias indicadas nessa aula. Os grupos terão 20 minutos cada, para apresentar sua atividade na sala virtual durante o encontro síncrono e deverão entregar esse plano de atividade por escrito.

PROGRAMA

1ª AULA (27/8):
Apresentação do programa da disciplina
- "...a pluralidade de passados torna plausível a pluralidade de futuros" (Octavio Paz, em *Os filhos de Barro*).
- Criação de grupo de e-mail e WhatsApp para contato em contexto de aulas remotas. Apoio para adesão à página de Instagram e Facebook do GEPEAR.

2ª AULA (3/9):
Modernidade e "colonialidade" nas Américas

PINTO, Júlio Roberto de Souza; MIGNOLO, Walter D. A modernidade é de fato universal? Reemergência, desocidentalização e opção decolonial. *Civitas*, v. 15, n. 3, jul. set. 2015. (Texto 1a)

GONZALEZ, Lélia. A categoria político-cultural de amefricanidade. *Tempo Brasileiro*, Rio de Janeiro, n. 92/93, p. 69-82, jan.-jun. 1988. (Texto 1b)

Modelo de atividade 1
- Escolher no mínimo 1 material para articulação com o texto.

Matérias de jornal:

https://g1.globo.com/mundo/noticia/2020/07/05/mais-uma-estatua-de-cristovao-colombo-e-derrubada-nos-eua.ghtml

https://brasil.elpais.com/internacional/2020-06-12/estatuas-de-colombo-sao-o-novo-alvo-do-movimento-revisionista-nos-eua.html

"Novas vozes e versões: depredação de estátuas acende debate sobre memória histórica" – Essa matéria será encaminhada por e-mail. (Texto 1c)

Documentário da Netflix *Guerras do Brasil.doc*

Episódio 1: As guerras da conquista – Ailton Krenak, Carlos Fausto, Pedro Puntoni, Sônia Guajajara, João Pacheco de Oliveira.

3ª AULA (10/9):
A constituição da ideia de raça no "mundo atlântico"
- Educação no Brasil do século XX.

PEREIRA, Amilcar Araujo. *O mundo negro:* relações raciais e a constituição do movimento negro no Brasil. Rio de Janeiro: Pallas/Faperj, 2013. Capítulo 1, (Texto 2a).

DÁVILA, Jerry. *Diploma de brancura:* política social e racial no Brasil – 1917-1945. São Paulo: Ed. UNESP, 2006. Introdução, (Texto 2b).

Modelo de atividade 2:
- Cada grupo deverá escolher 1 podcast

Infiltrados no Cast
Especial: *Os maiores racistas da história brasileira*

1. João Batista de Lacerda
Spotify: https://open.spotify.com/episode/6FNGw5KE3WSeDvmPQr3SDF?si=_4I-XKMCRe-CKSLhZ_PkOA
Navegador: http://infiltradosnocast.com/2020/05/07/joao-batista-de-lacerda-os-maiores-racistas-da-historia-brasileira/

2. Monteiro Lobato:
Spotify: https://open.spotify.com/episode/79NIcskeixFgoHurUIhiCO?si=ID210NAAR0CUmeBFHw ZfWw
Navegador: http://infiltradosnocast.com/2020/04/28/monteiro-lobato-os-maiores-racistas-da-historia-brasileira/

3. Renato Kehl:
Spotify: https://open.spotify.com/episode/6unAFPQ8RAHo3bcuSydWaB?si=KA-c8mcWRnaLB-XcYYbMaA
Navegador: http://infiltradosnocast.com/2020/04/15/renato-kehl-os-maiores-racistas-da-historia-brasileira/

4. Raimundo Nina Rodrigues:
Spotify: https://open.spotify.com/episode/6uQpIxpmwWAiu4Y0bE3pL1?si=lGF59JdzQyqZxC_VL HP1sA
Navegador: http://infiltradosnocast.com/2020/04/07/raimundo-nina-rodrigues-os-maiores-racistas-da-historia-brasileira/

4ª AULA (17/9):
Colonialismo e as lutas na Educação I

FANON, Frantz. *Pele negra, máscaras brancas.* Salvador: EDUFBA, 2008. Prefácio e introdução, p. 7-31 e capítulo 5: "A experiência vivida do negro". (Texto 3a)

KILOMBA, Grada. *Memórias da plantação:* episódios de racismo cotidiano. Rio de Janeiro: Cobogó, 2019. Introdução e capítulo 1. (Texto 3b)

5ª AULA (24/9):
Pensar um novo mundo a partir da cultura

CABRAL, Amílcar. *PAIGC:* unida e luta. Lisboa: Nova Aurora, 1974. "Unidade e luta" e "Partir da realidade da nossa terra. Ser realistas", p. 67-132. (Texto 4a)

Modelo de atividade 1
- Podcast *Mamilos*

Afrofuturismo: Oga Mendonça, Nátaly Neri, Ale Santos, Morena Mariá.
Spotify: https://open.spotify.com/episode/21XPZ2rz6hRLqb6WbVNeq3?si=xYlMcheDSx-w3ozBTUNxJQ
Navegador: https://www.b9.com.br/shows/mamilos/mamilos-227-afrofuturismo/?highlight=Afrofuturis

6ª AULA (1/10):
Colonialismo e as lutas na Educação II

KRENAK, Ailton. *Ideias para adiar o fim do mundo.* Rio de Janeiro: Companhia das Letras, 2019. (Texto 5a)

LUCIANO, Gersem dos Santos (Baniwa). *O índio brasileiro: o que você precisa saber sobre os povos indígenas no Brasil de hoje.* Brasília: Ministério da Educação, Secretaria de Educação Continuada, Alfabetização e Diversidade; LACED/Museu Nacional, 2006. Capítulos 1 e 2. (Texto 5b)

7ª AULA (8/10):
Diferentes experiências de antirracismo na História: algumas biografias

Modelo de atividade 3

CRESPO, Fernanda. Laudelina de Campos Mello: histórias de vida e demandas do presente no ensino de História. *Cantareira* (UFF), v. II, p. 162-177, 2016.

DUARTE, Eduardo de A. Maria Firmina dos Reis: na contracorrente do escravismo, o negro como referência moral. *In*: CHALHOUB, Sidney; PINTO, Ana Flávia M. (orgs.). *Pensadores negros – pensadoras negras:* Brasil, séculos XIX e XX. Belo Horizonte: Fino Traço, 2016.

AZEVEDO, Elciene. Se negro sou, ou sou bode, pouco importa, o que isso pode?: inclusão e cidadania na pena de Luiz Gama. *In*: CHALHOUB, Sidney; PINTO, Ana Flávia M. (orgs.) *Pensadores negros – pensadoras negras:* Brasil, séculos XIX e XX. Belo Horizonte: Fino Traço, 2016.

ALBUQUERQUE, Wlamyra. Teodoro Sampaio, "eminência parda" e a "cor não luzidia": negócios da liberdade e racialização no tempo da abolição. *In*: SAMPAIO, Gabriela dos Reis; LIMA, Ivana Stolze; BALABAN, Marcelo. *Marcadores da diferença:* raça e racismo na história do Brasil. Salvador: EDUFBA, 2019.

8ª AULA (15/10):
História dos Direitos Humanos e legislação no Brasil

- BRASIL, Secretaria de Direitos Humanos da Presidência da República. Educação em Direitos Humanos: diretrizes nacionais. Brasília: Coordenação Geral em Educação SDH/PR, 2013. (Texto 6a)
- Debate sobre o vídeo *História dos Direitos Humanos*, acessível no link: https://www.youtube.com/watch?v=uCnIKEOtbfc

CANDAU, Vera. Educação em Direitos Humanos no Brasil: gênese, desenvolvimento e desafios atuais. *In*: PAIVA, Angela Randolpho (org.). *Direitos Humanos em seus desafios contemporâneos.* Rio de Janeiro: Pallas, 2012. (Texto 6b)

Modelo de atividade 1
- Podcast *Professores contra o Escola sem Partido*

Episódio 12 – 70 anos da Declaração Universal dos Direitos Humanos. Cínthia Araújo e Diogo Salles.

Spotify: https://open.spotify.com/episode/1HUq6LSOLqnMQXqU9mSBRy?si=SCWgaLQTRX-XRqVVQqbjLA

Navegador: https://profscontraoesp.org/2018/12/10/pcesp-podcast-12-70-anos-da-declaracao-universal-dos-direitos-humanos/

9ª AULA (22/10):
Educação como prática da liberdade

HOOKS, bell. *Ensinando a transgredir*: a educação como prática da liberdade. São Paulo: Martins Fontes, 2013. (Texto 7a)

Modelo de atividade 1

O que é uma educação transgressora, diante dos desafios que enfrentamos?

10ª AULA (29/10):
Pedagogia decolonial e educação antirracista

GOMES, Nilma L. O movimento negro e a intelectualidade negra descolonizando os currículos. *In*: BERNARDINO-COSTA, Joaze; MALDONADO-TORRES, Nelson; GROSFOGUEL, Ramón (orgs.). *Decolonialidade e pensamento afrodiaspórico*. Belo Horizonte: Autêntica, 2019. (Texto 8a)

OLIVEIRA, Luiz Fernandes; CANDAU, Vera M. F. Pedagogia decolonial e educação antirracista e intercultural no Brasil. *Educação em Revista*, Belo Horizonte, v. 26, n. 1, p. 15-40, abr. 2010. (Texto 8b)

11ª AULA (5/11):
Movimento Negro e Educação

PEREIRA, Amilcar A. Black Lives Matter nos currículos? Imprensa negra e antirracismo em perspectiva transnacional. *Cadernos de Pesquisa*, São Paulo, v. 49, n. 172, p.122-143, abr./jun. 2019. (Texto 9a)

Modelo de atividade 1
Podcast *Não Serei Interrompida*
Episódio piloto: "Mulheres negras reeducando a sociedade" – Fernanda Crespo, Thayara de Lima e Leandro Duarte.
Spotify: https://open.spotify.com/episode/2OA77LDtYt7LOWqOQ8Q5y5?si=ygs_bdA7SbGvzJ9cjW XdYA
Navegador: http://nwapodcasts.com.br/2020/04/25/nao-serei-interrompida/

12ª AULA (12/11):
"Cultura de luta antirracista": estética e música
PEREIRA, Amilcar A; LIMA, Thayara C. Silva de. Performance e estética nas lutas do movimento negro brasileiro para reeducar a sociedade. *Revista Brasileira de Estudos da Presença*, v. 9, p. 1-30, 2019. (Texto 10a)
- Debate sobre as músicas selecionadas a seguir (assistir aos clipes):

"Carta à mãe África" (GOG): https://www.letras.mus.br/gog/872766/
"Raça" (Fernando Brant – Milton Nascimento): https://www.letras.com/milton-nascimento/843341/
"Olhos coloridos" (Macau – Sandra de Sá): https://www.letras.com/sandra-de-sa/74666/
"Identidade" (Jorge Aragão): https://www.letras.com/jorge-aragao/77012/
"Nego do cabelo bom" (Max de Castro) https://www.letras.mus.br/max-de-castro/140608/
"Negro drama" (Racionais MC's): https://www.letras.mus.br/racionais-mcs/63398/
"Mandume" (Emicida – Drik Barbosa – Amiri – Rico Dalasam – Raphão Alaafin – Muzzike): https://www.letras.mus.br/emicida/mandume/
"Eminência parda" (Emicida – Dona Onete – Jé Santiago – Pappilon): https://www.letras.mus.br/emicida/eminencia-parda-part-dona-onete-je-santiago-e-papillon/
"Poetisas no topo 2" (Stefanie – Cynthia Luz – Winnit – Ebony – Lourena – Kmila CDD): https://www.letras.mus.br/pineapple/poetisas-no-topo-2/
"Ritual" (Souto MC – Pedro Neto): https://www.letras.mus.br/souto-mc/ritual/

METODOLOGIA:

Serão utilizadas, ao longo do curso, diferentes estratégias didáticas: aulas expositivas, dinâmica em pequenos grupos, debates e análise de vídeo e de textos de diferentes naturezas.

AVALIAÇÃO:

A composição da nota final da disciplina será subsidiada pela avaliação dos seguintes aspectos:
- assiduidade e pontualidade;
- participação em todas as atividades propostas;
- trabalhos em grupo: atividades de modelos 2 e 3;
- trabalho final individual: plano de atividades de Ensino de História articulado às discussões e leituras (das mais diversas mídias), realizadas ao longo do curso.

ANEXO 2 – PROGRAMA DA DISCIPLINA RELAÇÕES ÉTNICO-RACIAIS E DIREITOS HUMANOS (VERSÃO INICIAL)

Universidade Federal do Rio de Janeiro, Centro de Filosofia e Ciências Humanas, Faculdade de Educação
Curso: Licenciatura em História
Disciplina: Relações Étnico-raciais e Direitos Humanos (2020/1)
Professor: Dr. Amilcar Araujo Pereira

EMENTA

História das teorias raciais no "mundo atlântico" a partir do século 16. Relações étnico-raciais no Brasil. As lutas anticolonialistas e antirracistas na Educação: principais perspectivas teórico-metodológicas. História dos Direitos Humanos. Educação e Direitos Humanos. Estudos sobre diferença e diversidade na área educacional. Perspectivas decoloniais e interculturais no ensino de História. Legislação que trata das relações étnico-raciais e dos direitos humanos na Educação.

PROGRAMA

"...a pluralidade de passados torna plausível a pluralidade de futuros" (Octavio Paz, em *Os filhos de barro*).

1ª AULA (11/3):
Apresentação do programa da disciplina

2ª AULA (25/3):
Modernidade e "colonialidade" nas Américas
PINTO, Júlio Roberto de Souza; MIGNOLO, Walter D. A modernidade é de fato universal? Reemergência, desocidentalização e opção decolonial. *Civitas.* v. 15, n. 3, jul.-set., 2015.

3ª AULA (1/4):
A constituição da ideia de raça no "mundo atlântico"
PEREIRA, Amilcar Araujo. *O mundo negro:* relações raciais e a constituição do movimento negro no Brasil. Rio de Janeiro: Pallas/Faperj, 2013. (Capítulo 1)

4ª AULA (8/4):
Raça e Educação no Brasil do século XX
DÁVILA, Jerry. Diploma de Brancura: política social e racial no Brasil: 1917-1945. São Paulo: Unesp, 2006. (Introdução)

5ª AULA (15/4):
Colonialismo e as lutas na Educação I
FANON, Frantz. *Pele negra, máscaras brancas.* Salvador: EDUFBA, 2008. Prefácio e introdução, p. 7-31; capítulo 5: "A experiência vivida do negro" (texto complementar).
CABRAL, Amílcar. *PAIGC*: unidade e luta. Lisboa: Nova Aurora, 1974. "Unidade e luta" e "Partir da realidade da nossa terra. Ser realistas", p. 67-132.
Leitura e análise de trechos do capítulo 1 do livro: ALBERTI, Verena; PEREIRA, Amilcar Araujo. *Histórias do movimento negro no Brasil:* depoimentos ao CPDOC. Rio de Janeiro: Pallas/CPDOC/FGV, 2007.

6ª AULA (29/4):
Colonialismo e as lutas na Educação II
KRENAK, Ailton. *Ideias para adiar o fim do mundo.* Rio de Janeiro: Companhia das Letras, 2019.
LUCIANO, Gersem dos Santos (Baniwa). *O índio brasileiro:* o que você precisa saber sobre os povos indígenas no Brasil de hoje. Brasília: Ministério da

Educação, Secretaria de Educação Continuada, Alfabetização e Diversidade; LACED/Museu Nacional, 2006. (Capítulos 1 e 2)

7ª AULA (6/5):
Diferentes experiências de antirracismo na História: algumas biografias

1ª avaliação – Trabalho em grupo, realizado em sala a partir da leitura prévia: cada grupo de alunos apresentará uma atividade de ensino de História baseada em uma das biografias a seguir:

CRESPO, Fernanda. Laudelina de Campos Mello: Histórias de vida e demandas do presente no ensino de história. *Cantareira* (UFF), v. II, p. 162-177, 2016.

DUARTE, Eduardo de A. Maria Firmina dos Reis: na contracorrente do escravismo, o negro como referência moral. *In*: CHALHOUB, Sidney; PINTO, Ana Flávia M. (orgs.). *Pensadores negros – pensadoras negras: Brasil, séculos XIX e XX*. Belo Horizonte: Fino Traço, 2016.

AZEVEDO, Elciene. Se negro sou, ou sou bode, pouco importa, o que isso pode?: inclusão e cidadania na pena de Luiz Gama. *In*: CHALHOUB, Sidney; PINTO, Ana Flávia M. (orgs.). *Pensadores negros – Pensadoras negras: Brasil, séculos XIX e XX*. Belo Horizonte: Fino Traço, 2016.

ALBUQUERQUE, Wlamyra. Teodoro Sampaio, "eminência parda" e a "cor não luzidia": negócios da liberdade e racialização no tempo da abolição. *In*: SAMPAIO, Gabriela dos Reis; LIMA, Ivana Stolze; BALABAN, Marcelo. *Marcadores da diferença:* raça e racismo na história do Brasil. Salvador: EDUFBA, 2019.

8ª AULA (13/5):
História das desigualdades raciais no Brasil
- Debate sobre o filme *A última abolição*.

9ª AULA (20/5):
História dos Direitos Humanos e legislação no Brasil

BRASIL, Secretaria de Direitos Humanos da Presidência da República. Educação em Direitos Humanos: diretrizes nacionais. Brasília: Coordenação Geral de Educação em SDH/PR, 2013.

- Debate sobre o vídeo *História dos Direitos Humanos,* acessível no link: https://www.youtube.com/watch?v=uCnIKEOtbfc

10ª AULA (27/5):
Educação em Direitos Humanos no Brasil
CANDAU, Vera. Educação em Direitos Humanos no Brasil: gênese, desenvolvimento e desafios atuais. *In*: PAIVA, Angela Randolpho (org.). *Direitos Humanos em seus desafios contemporâneos.* Rio de Janeiro: Pallas, 2012.

11ª AULA (3/6):
Educação como prática da liberdade
HOOKS, bell. *Ensinando a transgredir:* a educação como prática da liberdade. São Paulo: Martins Fontes, 2013.

12ª AULA (10/6):
Pedagogia decolonial e educação antirracista
GOMES, Nilma L. O movimento negro e a intelectualidade negra descolonizando os currículos. *In*: BERNARDINO-COSTA, Joaze; MALDONADO-TORRES, Nelson; GROSFOGUEL, Ramón (orgs.). *Decolonialidade e pensamento afrodiaspórico.* Belo Horizonte: Autêntica, 2019.

OLIVEIRA, Luiz Fernandes; CANDAU, Vera M. F. Pedagogia decolonial e educação antirracista e intercultural no Brasil. *Educação em Revista*, Belo Horizonte. v. 26, n. 1, p.15-40, abr. 2010.

13ª AULA (17/6):
Movimento Negro e Educação
PEREIRA, Amilcar A. Black Lives Matter nos currículos? Imprensa negra e antirracismo em perspectiva transnacional. *Cadernos de Pesquisa*, São Paulo, v. 49, n. 172, p.122-143, abr./jun. 2019.

14ª AULA (24/6):
"Cultura de luta antirracista": estética e música

PEREIRA, Amilcar A; LIMA, Thayara C. Silva de. Performance e estética nas lutas do movimento negro brasileiro para reeducar a sociedade. *Revista Brasileira de Estudos da Presença*, v. 9, p. 1-30, 2019.

- Debate sobre as músicas selecionadas a seguir:

"Carta à mãe África" (GOG): https://www.youtube.com/watch?v=ZofeToDtbnQ&feature=youtu.be

"Raça" (Fernando Brant – Milton Nascimento): https://www.letras.com/milton-nascimento/843341/

"Sub-raça" (Câmbio Negro): https://www.letras.com/cambio-negro/194010/

"Olhos coloridos" (Macau – Sandra de Sá): https://www.letras.com/sandra-de-sa/74666/

"Identidade" (Jorge Aragão): https://www.letras.com/jorge-aragao/77012/

"Negro drama" (Racionais MC's): https://www.letras.mus.br/racionais-mcs/63398/

"Ubuntu Fistaili" (Emicida): https://www.letras.mus.br/emicida/ubuntu-fristili/

"Mandume" (Emicida – Drik Barbosa – Amiri – Rico Dalasam – Raphão Alaafin – Muzzike): https://www.letras.mus.br/emicida/mandume/

15ª AULA (1/7):
Apresentação do trabalho final individual
- Apresentação e entrega do plano de atividades de ensino de História articulado às discussões e leituras realizadas ao longo do curso.

METODOLOGIA:

Serão utilizadas, ao longo do curso, diferentes estratégias didáticas: aulas expositivas, dinâmica em pequenos grupos, debates e análise de vídeo e de textos de diferentes naturezas.

AVALIAÇÃO:

A composição da nota final da disciplina será subsidiada pela avaliação dos seguintes aspectos:
- assiduidade e pontualidade;
- participação nas atividades propostas;
- trabalho de grupo: elaboração em sala de uma atividade de ensino de História baseada em uma biografia;
- trabalho final individual: plano de atividades de ensino de História articulado às discussões e leituras realizadas ao longo do curso.

FONTES Warnock Pro e Proxima Nova
PAPEL offset 75g/m²
IMPRESSÃO Gráfica Edelbra, setembro de 2024
1ª edição